Rainer Stark

Berlin nach dem
Vier-Mächte-Abkommen

Materialien zur Berlin – Politik

Rahel – Bürger – Verlag

Titelfoto:
Landesbildstelle Berlin, Wikingerufer 7, 1000 Berlin 21
Aufnahmedatum: 11.06.82
Berlin-Besuch des amerikanischen Präsidenten
Ronald Reagan
Empfang im Park des Schlosses Charlottenburg.
Vorn von rechts: Bundeskanzler Helmut Schmidt, Nancy Reagan,
US-Präsident Ronald Reagan
Dr. Richard von Weizsäcker (Reg. Bürgermeister von Berlin)

Rahel – Bürger – Verlag
Celsiusstr.31 Tel.0228/25 70 63
5300 BONN 1

Alle Rechte vorbehalten

ISBN 3-925756-33-7

Prof. Dr. Rupert Scholz, MdA
Senator für Justiz und Bundesangelegenheiten

Justiz:
Salzburgerstraße 21-25
1000 Berlin 62
Telefon (0 30) 7 83 - 32 24

Bundesangelegenheiten:
Joachimstraße 7
5300 Bonn 1
Telefon (02 28) 22 82 - 1 37

Rathaus Schöneberg
1000 Berlin 62
Telefon (0 30) 7 83 - 39 93

Sehr geehrter Herr Stark!

Mit großem Interesse habe ich Ihr Manuskript "Berlin nach dem Vier-Mächte-Abkommen" gelesen. Es freut mich, daß Sie sich so viel Mühe gemacht und umfangreiches und vielfältiges Material aus den verschiedensten Veröffentlichungen zusammengetragen haben.

Ich bin sicher, daß dieses Buch vornehmlich auch junge Leser ansprechen und interessieren wird. Überall, wo es um unsere jüngste Berliner Geschichte geht, bietet es übersichtliche Informationen.

Besonders freue ich mich, daß Sie dieses Buch zu einem Zeitpunkt veröffentlichen, an dem Berlin auf sein 750-jähriges Bestehen zurückblicken kann.

Mit den besten Empfehlungen

Inhaltsverzeichnis

1.	Vorwort	11
1.1.	Einleitung	13
2.	Historische Entwicklung von 1945 bis 1970	14
3.	Die rechtliche Stellung Berlins und die politische Entwicklung seit dem Vier-Mächte-Abkommen	23
3.1.	Die rechtliche Stellung Berlins	23
3.2.	Das Vier-Mächte-Abkommen	33
3.2.1.	Allgemeines	33
3.2.2.	Die Bestimmungen im Einzelnen	34
3.2.3.	Auswirkungen des Vier-Mächte-Abkommens	39
3.3.	Innerdeutsche Ausführungsvereinbarungen	42
3.3.1.	Protokoll vom 30.September 1971 zur Verbesserung des Funk- und Fernmeldeverkehrs nach Berlin (West)	45
3.3.2.	Das Transitabkommen vom 17.Dezember 1971	45
3.3.3.	Reise- und Besuchsregelung vom 20.Dezember 1971	47

3.3.4.	Verkehrsvertrag vom 26.Mai 1972	47
3.3.5.	Grundlagenvertrag vom 21.Dezember 1972	48
3.3.6.	Regelung über Arbeitsmöglichkeiten für Journalisten	50
3.3.7.	Protokoll über die Errichtung der Ständigen Vertretungen	50
3.3.8.	Abkommen auf dem Gebiet des Gesundheitswesens	51
3.3.9.	Vereinbarung über den Transfer von Unterhaltszahlungen vom 25.April 1974	51
3.3.10.	Vereinbarung über Verbesserungen im Berlin-Verkehr vom 19.Dezember 1975	52
3.3.11.	Festlegung der Transitpauschale	54
3.3.12.	Abkommen auf dem Gebiet des Post- und Fernmeldewesens vom 30.März 1976	54
3.3.13.	Vereinbarung über die Modernisierung der Spandauer Schleuse vom 01.Dezember 1977	55
3.3.14.	Ausführungsvereinbarung vom 22.Dezember 1977 zur Vereinbarung vom 19.Dezember 1975	55
3.3.15.	Vereinbarung über den Berlin-Verkehr vom 16.November 1978	56
3.3.16.	Abkommen über Verkehrsverbesserungen und Erklärung über Gewässerschutzfragen vom 30.April 1980	57

3.3.17.	Abkommen über die Befreiung von Straßenfahrzeugen von Steuern und Gebühren	58
3.3.18.	Abkommen auf dem Gebiet des Veterinärwesens vom 21.Dezember 1979	59
3.3.19.	Vereinbarung über die Umgestaltung von Verkehrsanlagen im Südbereich von Berlin (West) vom 24.Januar 1980	59
3.3.20.	Unterzeichnung des Erdgas-Röhren-Vertrages vom 20.November 1980	59
3.3.21.	Vereinbarung zwischen den Deutschen Sportbünden	60
3.3.22.	Erleichterungen im innerdeutschen Reiseverkehr zum 01.August 1984	60
3.3.23.	Sonstige Vereinbarungen seit 1985	62
3.3.24.	Kulturabkommen	63
3.4.	Berlin-Politik nach dem Viermächte-Abkommen	65
3.5.	Die Berlin-Politik der drei westlichen Alliierten	95
3.5.1.	Berlin-Politik der USA	96
3.5.2.	Berlin-Politik Großbritanniens	101
3.5.3.	Berlin-Politik von Frankreich	104
3.6.	Berlin-Politik der NATO	109
3.7.	Berlin-Politik der UdSSR	115

3.8.	Berlin-Politik anderer Ostblock-Staaten	119
3.9.	Durchführung des Vier-Mächte-Abkommens und der ergänzenden Vereinbarungen	121
4.	Die Einbeziehung Berlins in internationale Vereinbarungen der Bundesrepublik Deutschland	126
5.	Berlins Stellung in der EG	130
6.	Berlin und die Vereinten Nationen	136
7.	Sonstige Berlin-politische Aspekte	142
7.1.	S-Bahn	142
7.2.	Verkehrswasserwirtschaft	144
7.3.	Erdgas	145
8.	Schlußwort	146
9.	Berlin-Chronik 1945 -1986	151
10.	Auszüge aus der Rede des Regierenden Bürgermeisters, von Berlin, Eberhard Diepgen, am 24.04.1986	210
10.1.	Antwort (Auszüge) des SPD-Fraktionsvorsitzenden	221
11.	Abkürzungsverzeichnis	224
12.	Literaturverzeichnis	227
13.	Auszug aus dem Vier-Mächte-Abkommen	231
14.	Bericht über die Durchführung des Vier-Mächte-Abkommens	243

1. Vorwort

Liebe Leserinnen und Leser,

als Mitarbeiter des Regierenden Bürgermeisters von Berlin – Senatskanzlei – habe ich das Bedürfnis verspürt, über den Rahmen der täglichen Arbeit hinaus nicht nur Daten und Fakten, sondern auch Hintergründe und Motive der neueren Berlin-Politik einer breiten Öffentlichkeit zugänglich zu machen. Darüber hinaus soll dieses Buch gerade bei der jungen Generation Verständnis für die Situation in und um Berlin wecken und das politische Bewußtsein junger Menschen schärfen. Dabei kam es mir gerade darauf an, Zusammenhänge aufzuzeigen. Obwohl das Buch deskriptiven Charakter hat, glaube ich, dem Anspruch gerecht geworden zu sein.

Alle interessant erscheinenden Publikationen, Zeitungsausschnitte, Veröffentlichungen in Schriftenreihen, veröffentlichte Reden usw. habe ich durchgearbeitet und so zusammengefügt, daß die politischen Grundauffassungen und Leitlinien, aber auch die Veränderungen und feinen Abstufungen der deutschen Berlin-Politik, der Berlin-Politik der Schutzmächte, aber auch die Gegensätze zu den Auffassungen des Ostblocks und Ost-Berlins deutlich werden.

Mit freundlichen Empfehlungen

Ihr

Rainer Stark

1.1.

Einleitung

Bundeskanzler Helmut Kohl in seiner Regierungserklärung vor dem Deutschen Bundestag am 13. Oktober 1982:

„Die Lage Deutschlands spiegelt sich im Brennpunkt Berlin.... Berlin bleibt Gradmesser für die Ost-West-Beziehungen. Berlin ist Symbol für die Offenheit der deutschen Frage."

Die Worte des deutschen Bundeskanzlers verdeutlichen, daß nirgendwo sonst in der Welt das Leben einer Stadt mit der großen Politik so verwoben ist, wie in Berlin.

Die Grenzen Berlins sind auch die Grenzen von Ost und West in Deutschland und Europa.

Sie sind die Grenzen zweier grundsätzlich verschiedener Wirtschafts- und Gesellschaftsordnungen. Das gilt nicht einmal für die ganze Stadt, da die Trennung mitten durch Berlin geht. Als Folge davon reicht die Weltpolitik in den Berliner Alltag hinein, und umgekehrt geraten zahlreiche innerstädtische Vorhaben in größere politische Zusammenhänge.

Darum liegt es im Interesse Berlins, daß die west-östlichen Verhältnisse, auf welcher Ebene auch immer, möglichst entspannt – zumindest aber erträglich – sind. Nur dann können Vorteile für Berlin und die Berliner – auch im persönlichen Bereich – erwartet werden.

2. Historische Entwicklung von 1945 bis 1970

Nach der bedingungslosen Kapitulation der deutschen Wehrmacht im Mai 1945 übernahmen die Siegermächte die oberste Regierungsgewalt in Deutschland. Durch die militärische Niederlage erlangten die Alliierten originäre (Sieger-) Rechte. Bereits im September und November 1944 hatten die USA, die UdSSR und Großbritannien im sogenannten „Londoner Protokoll beschlossen, Deutschland in drei Besatzungszonen und in ein besonderes Berliner Gebiet einzutei len. Frankreich, daß sich dieser Vereinbarung später anschloß, erhielt auch eine eigene Besatzungszone.

Die Reichshauptstadt sollte unter gemeinsamer Besatzung (joint occupation) aller beteiligten Mächte stehen. Ferner wurde ein Kontrollrat als Kontrollbehörde für alle Besatzungszonen und die Alliierte Kommandantur als gemeinsame alliierte Regierungsbehörde für Berlin vereinbart. Die Alliierte Kommandantur in Berlin sollte die Regierungsgewalt gemeinsam und einstimmig ausüben.

Abkommen über die Besatzungzonen in Deutschland und die Verwaltung von Groß-Berlin:

Protokoll vom 12. September 1944

Die Regierungen der Vereinigten Staaten von Amerika, des Vereinigten Königreichs von Großbritannien und Nord-Irland und der Union der Sozialistischen Sowjetrepubliken haben folgendes Übereinkommen im Hinblick auf die Ausführung des Artikels 11 der Urkunde der bedingungslosen Kapitulation Deutschlands erreicht:

1. Deutschland, innerhalb der Grenzen, wie sie am 31. Dezember 1937 bestanden, wird zum Zwecke der Besetzung in drei Zonen eingeteilt, deren je einer der drei Mächte zugewiesen wird, und ein besonderes Berliner Gebiet, das gemeinsam von den drei Mächten besetzt wird...

2. .... Das Berliner Gebiet (unter welchem Ausdruck das Territorium Groß-Berlins, wie im Gesetz vom 27. April 1920 definiert, zu verstehen ist) wird gemeinsam von den bewaffneten Streitkräften der USA, des UK und der UdSSR, die durch die entsprechenden Oberkommandierenden dazu bestimmt werden, besetzt.

5. Eine interalliierte Regierungsbehörde (Kommandantura), bestehend aus drei Kommandanten, die jeweils von ihren entsprechenden Oberkommandierenden ernannt worden sind, wird gegründet, um eine gemeinsame Verwaltung des Groß-Berliner Gebietes zu erreichen.

Die alliierte Praxis bestätigte die Behandlung ganz Berlins als gemeinsames Viermächte-Sondergebiet.

Zur ersten politischen Konfrontation kam es im Frühjahr 1946, als – von der sowjetischen Besatzungsmacht unterstützt – die Vereinigung von Kommunisten und Sozialdemokraten vorangetrieben wurde. Die Sozialdemokraten in Berlin setzten jedoch eine Urabstimmung durch, bei der sich am 31. März 1946 die überwältigende Mehrheit der Mitglieder in den Westsektoren der Stadt für das Fortbestehen einer selbständigen SPD aussprach. Der Zusammenschluß zur Sozialistischen Einheitspartei Deutschlands (SED) konnte deshalb nur in der sowjetischen Besatzungszone vollzogen werden, während in Berlin, aufgrund eines Beschlusses der alliierten Kommandantur, SPD und SED nebeneinander bestanden.

Während die sowjetische Politik nach Ende des 2. Weltkrieges darauf gerichtet war, die Kontrolle über das am Ende des Krieges eroberte strategische Vorfeld auf Dauer zu sichern, forderte der amerikanische Außenminister Byrnes in seiner Stuttgarter Rede am 6. September 1946, daß dem deutschen Volk wieder die wesentliche Verantwortung für seine Geschichte übertragen und die Berufung einer demokratischen Regierung als Partner für einen Friedensvertrag vorbereitet werden sollten; dieser Frieden sollte nicht hart oder mild, sondern dauerhaft sein. Nach einem Abkommen noch im gleichen Jahr wurden die amerikanische und die britische Zone unter einer gemeinsamen Wirtschaftsverwaltung (Bizone) zusammengeschlossen.

Im Laufe der Nachkriegszeit nahmen die Zerwürfnisse über die Politik in Deutschland zu. Am 5. Juni 1947 schlug der amerikanischee Außenminister Marshall den nach ihm benannten Plan für den europäischen Wiederaufbau vor; demgegenüber forderte die Sowjetunion noch Milliardenwerte aus der laufenden deutschen Produktion als Reparationen, was angesichts der ohnehin am Boden liegenden deutschen Wirtschaft unrealistisch war.

Der sowjetische Oberbefehlshaber, Marshall Sokolowski, nahm die seit Anfang 1948 stattfindenden Drei-Mächte-Beratungen in London – die einen selbständigen Weg der drei westlichen Zonen vorzeichneten – zum Anlaß, um am 20. März 1948 den Alliierten Kontrollrat zu verlassen. Am 16. Juni 1948 fand die letzte gemeinsame Sitzung der Vier Mächte im Rahmen der (Berliner) Alliierten Kommandantur statt.

Anders als beim Kontrollrat, der seine Tätigkeit mit dem Auszug des sowjetischen Vertreters einstellte, arbeitete die alliierte Kommandantur auf der Grundlage der drei westlichen Besatzungsmächte weiter. Bei Abstimmungen wird die Abwesenheit des sowjetischen Vertreters von ihnen als Stimmenthaltung gewertet.

Die Vertreter der Sowjetunion arbeiteten aber weiterhin in der Luftsicherheitszentrale, die – noch heute – für die ordnungsgemäße Abwicklung des Flugverkehrs in den drei Luftkorridoren zuständig ist, mit. Auch das Kriegsverbrechergefängnis in Spandau steht bis heute unter der Verantwortung aller vier Besatzungsmächte. Nach dem Tode des einzigen Gefängnisinsassen, des ehemaligen Hitler-Stellvertreters Heß, wird die Luftsicherheitszentrale die einzige noch funktionierende Vier-Mächte-Institution sein.

Nachdem am 20. Juni 1948 von den Westmächten für ihre Besatzungszonen eine Währungsreform durchgeführt wurde, ordnete die sowjetische Militärverwaltung ebenfalls eine Währungsreform für ihre Besatzungszone und Groß-Berlin an, während sie gleichzeitig die Blockade der Land- und Wasserwege nach Westen begann. Die Westmächte antworteten mit der Einbeziehung der Berliner Westsektoren in die westdeutsche Währungsreform und der Errichtung einer Luftbrücke, deren Initiator der amerikanische Militärgouverneur General Lucius D. Clay, war, zur Aufrechterhaltung der Versorgung der drei Westsektoren.

Berlin war zum Brennpunkt des kalten Krieges geworden.

Nachdem im August und September 1948 die im Oktober 1946 gewählte Stadtverordnetenversammlung an der Fortsetzung ihrer Arbeit in Ostberlin gehindert worden war, setzte sie ihre Arbeit (ohne die Ostberliner Abgeordneten) in den Westsektoren Berlins fort. Gleichzeitig wurde im Westteil der Stadt die Freie Universität Berlin gegründet.

Die im Dezember fälligen Neuwahlen konnten nur in den

Westsektoren abgehalten werden. Danach übernimmt Ernst Reuter offiziell die Führung der Stadt.

Nach elf Monaten Blockade wird am Sitz der Vereinten Nationen in New York das Yessup-Malik-Abkommen über die Aufhebung der gegen Berlin verhängten „Einschränkungen" ausgehandelt. Es wird am 12. Mai 1949 wirksam.

Am gleichen Tag genehmigen die drei westlichen Militärgouverneure das Grundgesetz für die Bundesrepublik Deutschland mit der Einschränkung, daß „Berlin nicht durch den Bund regiert wird".

Obwohl Berlin, später als andere Städte, mit dem Wiederaufbau beginnen kann, normalisiert sich die Lage im Innern. Die Stadt bleibt jedoch Brennpunkt der Ost-West-Spannungen.

Am 16. und 17. Juni 1953 entwickelt sich aus einem Streik Ostberliner Bauarbeiter ein Volksaufstand gegen das kommunistische System, der nur mit Hilfe sowjetischer Truppen niedergeschlagen werden kann.

In den folgenden Jahren setzte sich der stetig anwachsende Flüchtlingsstrom aus der DDR nach Berlin (West) fort und drohte das kommunistische System der DDR in eine Krise zu stürzen. Dies war sicherlich einer der Hauptgründe für die neuen Auseinandersetzungen, die 1958 begannen. Die UdSSR forderte in Noten an die Westmächte den Abzug der Truppen der westlichen Schutzmächte und die Umwandlung West-Berlins in eine „Freie Stadt"; dabei drohte sie mit dem Abschluß eines separaten Friedensvertrages mit der DDR, durch den auch die Rechte der Alliierten in Berlin (West) beeinträchtigt werden sollten. Nach diesem – allerdings erfolglosen – Vorstoß versuchte die östliche Seite, Berlin (West) weiterhin zu isolieren. Schließlich folgte mit dem Bau der

Mauer am 13. August 1961 auch die physische Trennung der beiden Teile Berlins. Der Bau der Mauer sollte – so der Ministerrat der DDR am Vortag – „zur Unterbindung der feindlichen Tätigkeit der revanchistischen Kräfte Westdeutschlands und Westberlins" dienen, führte aber tatsächlich dazu, daß der Flüchtlingsstrom, der kurz vor dem Mauerbau dramatisch zunahm (durchschnittlich ca. 1000 Flüchtlinge pro Tag), abrupt abbrach. Bis zum Mauerbau hatten seit 1949 ca. 1,5 Millionen Bürger aus der DDR und Ostberlin ihre Heimat in Richtung Berlin (West) verlassen.

„Wir können die Mauer nicht wegschweigen, wir können sie allerdings auch nicht wegreden." Der Regierende Bürgermeister Willy Brandt zum 13. August 1964.

Mit dem Mauerbau war die Krise – trotz einer zeitweiligen Beruhigung – nicht zu Ende. Die nach dem Mauerbau von den USA angestrebte Einigung mit der UdSSR in der Berlin-Frage wurde von der sowjetischen Seite hinausgezögert. Im Sommer 1962 spitzte sich die Lage erneut zu und führte zu militärischen Maßnahmen auf beiden Seiten. Das Amt des sowjetischen Stadtkommandanten im Ostsektor der Stadt wurde aufgelöst.

Eine erneute Verzögerung der Verhandlungen trat durch die Kuba-Krise ein; die Kreml-Führung versprach sich offensichtlich von der Aufstellung sowjetischer Raketen auf Kuba ein Einlenken der USA in der Berlin- und Deutschlandfrage. Durch die feste Haltung der Vereinigten Staaten (Seeblockade Kubas, Forderung nach Abbau und Rückführung der Atomsprengköpfe) lenkte die Sowjetunion am 28. Oktober 1962 ein.

Bereits vier Wochen später erklärte der Staatsratsvorsitzende der DDR, Walter Ulbricht, daß die Politik der friedlichen Koexistenz Kompromisse auch mit der Bundesrepublik Deutschland erfordere.

In den folgenden Jahren setzte sich immer mehr die Bereitschaft zu gegenseitigen Gesprächen zwischen West und Ost durch. Immer mehr Menschen in der Bundesrepublik Deutschland schien es vernünftiger, anstatt auf eine – möglicherweise in ferner Zukunft liegende – akzeptable Lösung der deutschen Frage zu warten, lieber den DDR-Bewohnern in der Gegenwart die Lebensbedingungen zu erleichtern. Zudem konnte durch bessere Beziehungen zu den kommunistischen Ländern Osteuropas deren Mißtrauen abgebaut und zugleich mehr Verständnis für die deutsche Frage geweckt werden.

Diese Politik wurde durch mehrere Handelsverträge, die die Bundesrepublik Deutschland mit den Ländern des Ostblocks (ausgenommen die UdSSR) in den Jahren nach dem Mauerbau abschloß, eingeleitet. UdSSR und DDR waren jedoch insbesondere wegen der Nichtanerkennung der DDR durch die Bundesrepublik Deutschland und der ungelösten Frage der von der UdSSR an Polen übergebenen deutschen Ostgebiete äußerst zurückhaltend. Der Anspruch auf die ehemaligen deutschen Ostgebiete wurde jedoch nunmehr moralisch-rechtlich von der deutschen Seite vorgetragen.

Am 25. Mai 1966 erklärte Bundeskanzler Ludwig Erhard in seiner „Friedensnote" die Bereitschaft, mit den osteuropäischen Staaten förmliche Erklärungen über den gegenseitigen Verzicht auf Gewalt und Androhung von Gewalt auszutauschen.

Aber der Wandel wird auch in Berlin spürbar: Weihnachten 1963 können Westberliner erstmals mit Passierscheinen die Mauer durchqueren und Verwandte in Ostberlin besuchen.

1967 kommt es zu einem ersten Briefwechsel zwischen den Regierungen der Bundesrepublik Deutschland und der DDR. Ebenfalls 1967 nimmt die Bundesrepublik Deutschland diplomatische Beziehungen mit Rumänien auf.

Der Gedanke der Friedenssicherung trat an die Stelle der Kriegsverhütung. Mit der Annahme des „Harmel-Berichts" 1967/8 hat sich die NATO auf zwei gleichwertige Voraussetzungen für die Sicherheit festgelegt: ausreichende militärische Stärke und die Suche nach Entspannung.

Die internationalen Entspannungsbemühungen erleiden im Sommer 1968 einen Rückschlag, als Truppen des Warschauer Paktes (ein schließlich der DDR-Truppen) die Tschechoslowakei besetzten und damit dem Reformkurs der damaligen CSSR-Regierung unter Alexander Dubcék ein Ende bereiteten.

Dennoch erklärte Bundeskanzler Kiesinger: „Es gibt keine Alternative zu der Politik der Anbahnung einer europäischen Friedensordnung."

Nachdem es Anfang Mai 1969 zu schweren bewaffneten Grenzzwischenfällen an der sowjetisch-chinesischen Grenze gekommen war (China beansprucht noch heute große Teile Sibiriens), traten die Warschauer Pakt Staaten für eine gesamteuropäische Sicherheitskonferenz ein. Nun galt es, einen Weg zu finden, die Meinungsverschiedenheiten in der deutschen Frage abzubauen. Die wichtigste Voraussetzung dafür war die Anerkennung der DDR.

Der Regierende Bürgermeister Klaus Schütz zum „Tag der Heimat" am 7. September 1969:

„West-Berlin – seine Existenz, seine freiheitliche Grundordnung, seine Bindungen – ist genauso eine Realität wie wohl auch die DDR eine Realität ist. Da es zum Frieden keine Alternative gibt, werden wir uns jetzt und hier bemühen müssen – so unvollkommen und unerträglich auch manches hier in und um Berlin ist... In diesem Sinne bin ich der Meinung, mit vielen anderen in unserem Volk, daß wir alle in Ost und West diese heutigen Wirklichkeiten zu erkennen, zu respektieren und – so verstanden – auch anzuerkennen haben."

Anläßlich eines Deutschlandbesuches erklärte US-Präsident Nixon am 27.02.1969 in Berlin:

„Die Frage vor aller Welt ist nicht, ob wir uns der Herausforderung, Berlin zu verteidigen, stellen werden. Daß dem so ist, haben wir bereits bewiesen. Die Frage ist jetzt, wie man die Herausforderung am besten beenden und den Weg zu einer friedlichen Lösung eines geteilten Deutschlands freimachen kann... Lassen sie uns die Situation in Berlin als einen Appell zum Handeln betrachten, als eine Aufforderung zur Beendigung der Spannungen eines vergangenen Zeitalters, hier und überall auf der Welt."

Nach einer positiven Reaktion der UdSSR stimmten sich die Westmächte mit der Bundesregierung ab und signalisierten die Bereitschaft der Bundesregierung, mit der DDR-Regierung über die Probleme des Berlin-Verkehrs zu reden.

Schließlich begannen am 26. März 1970 die Berlin-Verhandlungen im ehemaligen Alliierten Kontrollratsgebäude im Berliner Bezirk Schöneberg.

3. Die rechtliche Stellung Berlins und die politische Entwicklung seit dem Vier-Mächte-Abkommen

3.1.
Die rechtliche Stellung Berlins

In der Verfassung von Berlin vom 1. September 1950 heißt es in Artikel 1:

Artikel 1

(1) Berlin ist ein deutsches Land und zugleich eine Stadt.
(2) Berlin ist ein Land der Bundesrepublik Deutschland.
(3) Grundgesetz und Gesetze der Bundesrepublik Deutschland sind für Berlin bindend.

Damit entspricht die Verfassung von Berlin dem Artikel 23 des Grundgesetzes, das Berlin als Land der Bundesrepublik Deutschland aufführt. Auch nach der Rechtsprechung des Bundesverfassungsgerichts ist Berlin ein Land der Bundesrepublik Deutschland (Entscheidungen des BVerfGE Bd.7,S.1 (7ff), Bd. 19, S.377 (388) und Bd.20, S.257 (266)).

Allerdings unterliegt die Anwendung des Grundgesetzes auf Grund der Vorbehalte der westlichen Alliierten in Berlin gewissen Beschränkungen. In dem Genehmigungsschreiben der Militärgouverneure zum Grundgesetz vom 12.5.1949 wird der Inhalt der Art. 23 und 144 Abs. 2 GG dahingehend interpretiert, „daß er die Annahme" eines früheren „Ersuchens darstellt, demzufolge Berlin keine stimmberechtigte Vertretung im Bundestag oder Bundesrat erhalten und auch nicht durch den Bund regiert wird, daß es jedoch eine beschränkte Anzahl von Vertretern zur Teilnahme an den Sitzungen dieser gesetzgebenden Körperschaften benennen darf."

Nach dem Genehmigungsschreiben zur Verfassung von Berlin (BK/O (50) 75 vom 29. August 1950) wurden die Absätze 2 und 3 des Artikel 1 zurückgestellt und Artikel 87 „dahingehend aufgefaßt, daß Berlin während der Übergangsperiode keine der Eigenschaften eines zwölften Bundeslandes besitzen wird..."

Diese alliierten Vorbehalte machen deutlich, daß keine volle Übereinstimmung zwischen der herrschenden deutschen Auffassung, daß Berlin ein deutsches Bundesland ist, und der Auffassung der westlichen Alliierten besteht, die zwar die engen rechtlichen, wirtschaftlichen, finanziellen und politischen Bindungen zwischen dem Bundesgebiet und den Westsektoren Berlins akzeptieren, aber Berlin (West) nicht als (Bundes-) Land der Bundesrepublik Deutschland anerkennen.

Allerdings erkennt die in der Bundesrepublik Deutschland herrschende sog. Integrationslehre an, daß die Bindungen zwischen dem Bundesgebiet und Berlin nur soweit ausgedehnt werden können, wie es die westlichen Besatzungsmächte kraft der ihnen in den Westsektoren Berlins zustehenden obersten Gewalt zulassen (zur gesamten Problematik des Berlin Status vgl. auch das Standardwerk von Ernst R. Zivier. „Der Rechtsstatus des Landes Berlin", 1973, Berlin Verlag).

Für die Rechtspraxis haben die alliierten Vorbehalte auch in Bezug auf die Anwendbarkeit des Grundgesetzes in Berlin nur geringe Bedeutung. Ein Konflikt besteht nur dann, wenn die Berliner Verfassung zu einem anderen Ergebnis führt als das Grundgesetz (GG). Ist z.B. ein Berliner Landesgesetz nach dem GG verfassungswidrig (nach der Berliner Verfassung jedoch nicht), so findet das GG Anwendung. Allerdings sind die Vorschriften des GG in Berlin nicht anwendbar, die die Regierung der Länder durch den Bund betreffen sowie die verteidigungsrechtlichen und Notstands-Bestimmungen.

Die Übernahme einfacher Bundesgesetze geschieht seit 1951 durch sog. „Mantelgesetze", d.h. das Abgeordnetenhaus von Berlin erklärt die Vorschriften eines Bundesgesetzes für anwendbar (vgl. Zivier, a.a.O., S. 71ff).

Nicht übernommen werden konnten (und können) solche Gesetze, deren Anwendung in Berlin nach Auffassung der Westmächte mit dem Rechtsstatus der Stadt unvereinbar waren (und sind) oder die die alliierten Vorbehalte verletzt hätten (bzw. verletzen würden).

Regelungen hierzu finden sich im sog. Dritten Überleitungsgesetz vom 4. Januar 1952 (Gesetz über die Stellung des Landes Berlin im Finanzsystem des Bundes). Nach §§ 12 und 13 dieses Gesetzes wird Bundesrecht über die in Art. 105 GG bezeichneten Angaben (§ 12) und Sonstiges Bundesrecht (§ 13) im Land Berlin binnen eines Monats nach seiner Verkündung im Bundesgesetzblatt oder im Bundesanzeiger gem. Art. 87 Abs. 6 der Verfassung von Berlin in Kraft gesetzt. Die Durchführungsverordnungen, die aufgrund der Ermächtigung von nach Berlin übernommenem Bundesrecht erlassen werden, gelten gem. § 14 des Dritten Überleitungsgesetzes von dem Zeitpunkt ab, zu dem die Ermächtigungsvorschrift im Land Berlin in Kraft tritt. Falls die Durchführungsverordnungen im Bundesgebiet zu einem späteren Zeitpunkt in Kraft treten, so gelten sie in Berlin von diesem Zeitpunkt ab.

Abweichungen bei dem nach Berlin zu übernehmenden Bundesrecht gegenüber dem im Bundesgebiet geltenden Rechtsvorschriften sind nach § 15 des Dritten Überleitungsgesetzes nur zulässig, soweit sie

1. durch die Bezugnahme auf bisher abweichende Regelungen des Landes Berlin,

2. durch das nach diesem Gesetz zugelassene Sonderrecht des Landes Berlin,
3. durch abweichende Behördenbezeichnungen im Land Berlin bedingt sind.

Im Übrigen gilt für die finanziellen Beziehungen des Bundes zum Land Berlin nach § 1 des Dritten Überleitungsgesetzes dasselbe Recht, das nach dem Grundgesetz und den Bundesgesetzen für die finanziellen Beziehungen des Bundes zu den übrigen Ländern gilt. Ferner gilt für die finanziellen Beziehungen der übrigen Länder zu Berlin dasselbe Recht, das nach dem Grundgesetz und den Bundesgesetzen für die finanziellen Beziehungen der Länder untereinander gilt.

In der Rechtsprechung ist Berlin – mit Ausnahme der Tatsache, daß das Bundesverfassungsgericht durch einen Vorbehalt der Westmächte gegen die Übernahme des Gesetzes über das Bundesverfassungsgericht von der Entscheidung in Berliner Sachen ausgeschlossen ist – fast lückenlos in das Rechtssystem des Bundes eingegliedert. So sind gegen Entscheidungen Berliner Gerichte die in den Prozeßordnungen vorgesehenen Rechtsmittel an die zuständigen obersten Bundesgerichte zulässig. Allerdings unterliegen auch diese, wenn sie in Berliner Sachen entscheiden, den gleichen Einschränkungen, wie die Berliner Gerichte, insbesondere in Bezug auf die Gültigkeit der alliierten Vorschriften und der Gerichtsbarkeit über Angehörige der Besatzungsstreitkräfte, die nur mit alliierter Genehmigung ausgeübt werden darf.

Bei der Ausführung von nach Berlin übernommenen Bundesgesetzen finden Art. 83 ff GG Anwendung, d.h. bei Angelegenheiten, die die Länder als eigene Angelegenheiten ausführen (Art. 83 GG), übt die Bundesregierung gem. Art. 84 Abs. 3 GG die entsprechenden Kontrollrechte aus, und bei Angelegenheiten sog. Bundesauftragsverwaltung übt die Bundesregierung die Kontrollrechte gem. Art. 85 GG aus.

Unterschiedliche Regelungen bestehen in Berlin in Fällen der bundeseigenen Verwaltung (Art. 86 und 87 GG). So nehmen in Berlin die Landespostdirektion und die Oberfinanzdirektion Berlin Befugnisse wahr, für die nach dem GG bundeseigene Behörden vorgesehen sind.

Die Zuständigkeit von bundesunmittelbaren Körperschaften des öffentlichen Rechts oder von Bundesoberbehörden erstreckt sich auf Berlin, soweit die nach Berlin übernommenen Bundesgesetze gem. Art. 87 Abs. 2 und 3 GG von diesen ausgeführt werden; Beispiele sind hier das Bundespatentamt, das Bundeskartellamt und die Bundesversicherungsanstalt für Angestellte (BfA).

Nach der in Deutschland herrschenden Meinung gelten die nach Berlin übernommenen Bundesgesetze als Bundesrecht. Dem haben die westlichen Alliierten nicht ausdrücklich widersprochen, wenn auch die Stadtkommandanten der Westmächte anläßlich der Niekisch-Entscheidung des Bundesverfassungsgerichts festgestellt haben, daß es sich zumindest bei den Mantelgesetzen, durch die die Bundesgesetze übernommen werden, um Gesetzgebungsakte des Berliner Abgeordnetenhauses handelt, die sich rechtlich von den betroffenen Bundesgesetzen unterscheiden.

Im übrigen werden Berlin und der Bund als legislative Einheit betrachtet, was sich auch darin zeigt, daß Berlin und das Bundesgebiet für die übernommenen Bundesgesetze (aber auch für das als Bundesrecht fortgeltende vorkonstitutionelle Recht) ein einheitliches Geltungsgebiet bilden. Eine Konsequenz daraus ist, daß übernommenes Bundesrecht dem Berliner Verfassungs- und Landesrecht übergeordnet ist. Dagegen sind die in

Berlin geltenden alliierten Rechtsvorschriften sowohl dem Berliner Landesrecht als auch dem übernommenem Bundesrecht übergeordnet.

Obwohl die Beziehungen Berlins nach außen unter alliiertem Vorbehalt stehen, hat die alliierte Kommandantur es den Berliner Behörden gestattet, „die Vertretung der Interessen Berlins im Ausland durch geeignete Maßnahmen zu gewährleisten" (Grundsatzerklärung vom 14. Mai 1949 i.d.F. vom 7.3.1951). Ferner hat sich die alliierte Kommandantur damit einverstanden erklärt, daß Berlin in internationale Verträge und Vereinbarungen der Bundesrepublik Deutschland einbezogen wird (BKC/L (52)6 v. 21.5.1952). Als Grundlage auch für die sonstige Einbeziehung Berlins in die Außenbeziehungen der Bundesrepublik Deutschland können die Erklärung der Westmächte vom 23. Oktober 1954 (die mit den Pariser Verträgen am 5. Mai 1955 in Kraft trat) und die Erklärung der Bundesregierung über die Hilfeleistung für Berlin vom 23. Oktober 1954 angesehen werden. In der Erklärung der Bundesregierung heißt es, daß „die Bundesrepublik die Vertretung Berlins und der Berliner Bevölkerung nach außen sicherstellen und die Einbeziehung Berlins in die von der Bundesrepublik abgeschlossenen internationalen Abkommen erleichtern wird, soweit dies nicht nach der Natur der betreffenden Abkommen ausgeschlossen ist."

Die Einbeziehung Berlins in internationale Verträge wurde bei neutralen und westlich orientierten Staaten problemlos vollzogen. Die kommunistischen Staaten, insbesondere die DDR und die UdSSR, widersetzten sich dem mit der Behauptung, daß Berlin die Hauptstadt der DDR sei und der völkerrechtliche Status der Stadt diese Einbeziehung nicht zulasse. Die UdSSR versuchte auch bei internationalen Organisationen und multilateralen Verträgen die Vertretung der Interessen Berlins durch die Bundesrepublik zu verhindern. Sie konnte jedoch nicht verhindern, daß Berlin auch in die Verträge über die Europäischen Gemeinschaften (Montanunion, Euratom, Europäische Wirtschaftsgemeinschaft) einbezogen wurde.

(Zum Verfahren bei der Einbeziehung Berlins in internationale Verträge vgl. insbes. Zivier, a.a.O. S.83 ff und Gottfried Zieger: Berlin Klauseln in den Verträgen der Bundesrepublik Deutschland)

Als die Bundesrepublik Deutschland dem Wiener Abkommen über diplomatische und konsularische Beziehungen beitrat, daß sich damit auch auf Berlin erstreckte, hat sich die Alliierte Kommandantur in BK/O (70) 8 vom 26.10.1970 (GVBl. S.2094) die Rechte bei der Errichtung von konsularischen Vertretungen und die Bestellung und Zulassung ihrer Leiter vorbehalten.

Die aufgrund des Berlin-Status von den drei westlichen Alliierten angemeldeten alliierten Vorbehaltsrechte (vgl. das Genehmigungsschreiben der drei Militärgouverneure zum GG) haben – trotz einer vollen Integration Berlins in das politische Leben der Bundesrepublik Deutschland – zu beschränkten Mitwirkungsrechten der Berliner Abgeordneten im Bundesrat und Bundestag geführt (vgl. Art. 144 Abs. 2, Art. 38 und Art. 50 GG), wonach die Berliner Abgeordneten in Bundesrat und Bundestag nicht direkt gewählt werden dürfen und kein Stimmrecht bei Abstimmungen in dem jeweiligen Plenum, wohl aber in den Ausschüssen und in der Bundesversammlung, haben.

Der Regierende Bürgermeister von Berlin kann aber als Vorsitzender des Bundesrates (der Vorsitz wechselt turnusmäßig) gem. Art. 57 GG den Bundespräsidenten vertreten.

Bundespräsenz in Berlin

1. Betonte (=demonstrative) Präsenz: Nachdem eine Sitzung

des Bundestages im April 1965 zu Auseinandersetzungen und fast zu einer Krise um Berlin geführt hatte – das Plenum tagte bereits 1955, 1956 und 1957 in Berlin – wurde auf derartige Plenarsitzungen in Berlin verzichtet. Seitdem finden jedoch häufig Ausschuß- und Fraktionssitzungen des Bundestages in Berlin statt.

Das Plenum des Bundesrates tagte zuletzt 1959 in Berlin. Die Bundesversammlung wurde früher ebenfalls in Berlin (1954, 1959, 1964, 1969) zusammengerufen. Die Bundesregierung tagte ebenfalls öfter (später nur noch informell) in Berlin.

Das Vier-Mächte-Abkommen vom 3.9.1971 hat die demonstrative Bundespräsenz eingeschränkt (s. unter 3.2. Das Vier-Mächte-Abkommen).

2. Dauernde Präsenz: Neben ca. 50 Bundesbehörden, die – einschließlich der Zweigstellen und Vertretungen – in Berlin ansässig sind (z.B. Bundesversicherungsanstalt für Angestellte (BfA), Bundesversicherungsamt, Bundesverwaltungsgericht), ist der Bundesbevollmächtigte der Bundesrepublik in Berlin zu nennen. Nach dem Vier-Mächte-Abkommen wurde das Amt in eine Verbindungsbehörde umgewandelt, die die Bundesregierung beim Senat von Berlin und bei den Behörden der drei Westmächte vertritt. Die Berliner Zweigstellen der Ministerien wurden in Abteilungen dieser Behörde umgewandelt.

Zufahrtswege

Umstritten war bis zum Abschluß des Vier-Mächte-Abkommens auch die Frage der Zufahrtswege von und nach Berlin (West).

Während die DDR vor Abschluß dieses Abkommens (insbesondere seit Abschluß des Moskauer Vertrages über die Souveränität der DDR vom 20.9.1955) stets behauptete, alle Hoheitsrechte einschließlich des Luftraumes auszuüben, verwies die westliche Seite auf die Verpflichtung zur Aufrechterhaltung der Versorgung Berlins, die sich notwendigerweise aus dem Recht der Anwesenheit der westlichen Streitkräfte in Berlin ergibt, denn durch die Einnahme ihrer Sektoren in Berlin haben die drei Mächte das Recht des Durchgangs ihrer Streitkräfte durch das Gebiet der sowjetisch-besetzten Zone erworben. Da den Siegermächten zugleich die Pflicht der Versorgung der in ihren Sektoren lebenden Berliner Bevölkerung oblag, konnte und mußte hieraus das Recht hergeleitet werden, den Personen- und Güterverkehr von und nach Berlin durch das Gebiet der sowjetisch besetzten Zone in der gleichen Weise zu führen, wie es für die Besatzungstruppen selbst von der sowjetischen Seite zugestanden wurde.

Die Sowjetunion – so die Westmächte – könne die DDR nicht einseitig von der Pflicht zur Duldung dieser Rechte befreien. So haben die drei westlichen Botschafter am 3.9.1960 erklärt: „Die ostdeutsche Einmischung in den Verkehr von und nach Berlin per Auto oder Eisenbahn ist rechtswidrig. Sie stellt insbesondere eine Verletzung des New Yorker Vier-Mächte-Abkommens vom 4.5.1949 sowie des Pariser Beschlusses des Rates der Außenminister vom 20.6.1949 dar, der die normale Abwicklung und Benutzung des Schienen-, Wasser- und Straßenverkehrs sicherstellt."

Darüber hinaus haben die Vier-Mächte in dem Pariser Beschluß vereinbart, daß die Besatzungsbehörden „die Verpflichtung haben, in ihren eigenen Zonen die nötigen Maßnahmen zu ergreifen, damit ein normales Funktionieren und ein normaler Gebrauch der Schienen-, Wasser- und Straßenverbindungen sichergestellt wird."

Der Luftverkehr dagegen liegt im ausschließlichen Gewährleitungsbereich der UdSSR, denn die Überflugrechte sind in gleicher Weise wie die Rechte des Truppendurchzugs in unmittelbarem Besitz der Drei Mächte; sie enthalten in sich auch Überflugrechte für zivile Maschinen „der Deutschland regierenden Nationen", wie es in einem Kontrollratsbeschluß vom 30. November 1945 heißt. (vgl. Zivier: a.a.O. S.103 ff, Wolfgang Heidelmeyer: Erläuterungen zum Status von Berlin)

3.2.
Das Vier-Mächte-Abkommen

3.2.1.
Allgemeines

Grundsätzlich hat die UdSSR die Bindung Berlins zur Bundesrepublik anerkannt. Allerdings hat die Sowjetunion sich nicht bereit erklärt, ihre bisherige Rechtsposition aufzugeben (vgl. diesbezügliche Vorbehalte im Vorwort: „handelnd auf der Grundlage ihrer Vier-Mächte-Rechte und -Verantwortlichkeiten und der entsprechenden Vereinbarungen und Beschlüsse der Vier Mächte aus der Kriegs- und Nachkriegszeit, die nicht berührt werden...unter Berücksichtigung der bestehenden Lage in diesem Gebiet" und in Abschnitt I Nr. 4: „ungeachtet der Unterschiede in den Rechtsauffassungen").

„Deshalb war von Anfang an eine restriktive Auslegung und Anwendung des Vier-Mächte-Abkommens durch die Sowjetunion vorauszusehen (so Gerhard Wettig in „Das Vier-Mächte-Abkommen in der Bewährungsprobe", 1981, Berlin Verlag; das Buch wird zur Vertiefung der Problematik zum Vier-Mächte-Abkommen ebenso empfohlen wie das o.g. Buch von Ernst R. Zivier: „Der Rechtsstatus des Landes Berlin", beide mit weiteren Nachweisen; vgl. auch Benno Zündorf: „Die Ostverträge", 1979, C.H.Beck Verlag).

Ebenso konnte man sich nicht über den Status von Ost-Berlin einigen. Während die Sowjetunion behauptete, als Vier-Mächte-Gebiet lebe nur noch West-Berlin fort, wurde dies von den drei westlichen Besatzungsmächten mit Hinblick auf die Fortgeltung der Vier-Mächte-Verantwortlichkeit für Gesamt-Berlin energisch bestritten. So einigten sich die Vier Mächte – unter Wahrung ihrer bestehenden Rechte und Pflichten – auf eine Regelung der praktischen Schwierigkeiten (so auch Wettig: a.a.O. S.140, Zivier: a.a.O. S.122-123).

Offen blieben z.B. die Fragen, welche Rechte und Pflichten aus dem Vier-Mächte-Abkommen von den beteiligten Mächten hergeleitet werden können und wie diese „Rechte und Verantwortlichkeiten" zu definieren sind. Fraglich bleibt auch, welches denn „das betreffende Gebiet" (vgl. Vorwort zum Vier-Mächte-Abkommen) sei. Während die westliche Seite ganz Berlin darunter versteht und diese Auffassung mit der Systematik des Abkommens begründen kann (Abschnitt I des Abkommens enthält allgemeine Bestimmungen, Abschnitt II enthält Bestimmungen, die die Westsektoren Berlins betreffen), will die östliche Seite das gesamte Abkommen nur auf „West-Berlin" beziehen (vgl. Abrassimov: „Westberlin gestern und heute").

3.2.2.
Die Bestimmungen im einzelnen

Abschnitt I enthält die Verpflichtung der Vertragsparteien, die Beseitigung von Spannungen und die Verhütung von Komplikationen zu fördern (vgl. Abschnitt I Nr.1). Demzufolge sollen keine Anwendung oder Androhung von Gewalt erfolgen und Streitigkeiten ausschließlich mit friedlichen Mitteln beigelegt werden (vgl. Abschnitt I Nr.2). Dabei sollen die gegenseitigen Rechte und Verantwortlichkeiten geachtet werden (vgl. Abschnitt I Nr.3).

Abschnitt II A nebst Anlage I enthält die Verpflichtung der UdSSR, daß der (zivile) Transitverkehr zwischen den Westsektoren Berlins und der Bundesrepublik Deutschland ohne Behinderungen (in der einfachsten und schnellsten Weise) vor sich gehen und daß er Begünstigungen erfahren wird. In der Anlage I wird festgelegt, daß Kontrollen (bei Personen und Gütern) nur vorgenommen werden, wenn hinreichende Verdachtsgründe bestehen, daß ein Mißbrauch der Transitwege vorliegt.

Personen werden lediglich zur Identifikation kontrolliert. Gebühren für den Transitverkehr werden jährlich als Pauschalsumme von der Bundesrepublik Deutschland an die DDR gezahlt. Durchführungs- und Ergänzungsregelungen sollen zwischen der Bundesrepublik und der DDR vereinbart werden.

Abschnitt II B des VMA enthält die Erklärung der Vier Mächte, daß „die Bindungen zwischen den Westsektoren Berlins und der Bundesrepublik Deutschland aufrechterhalten und entwickelt werden, wobei sie berücksichtigen, daß diese Sektoren, so wie bisher, kein Bestandteil (konstitutiver Teil) der Bundesrepublik Deutschland sind und auch weiterhin nicht von ihr regiert werden."

In der Anlage II teilen die Drei Mächte der UdSSR mit: „Die Bestimmungen des Grundgesetzes der Bundesrepublik Deutschland und der in den Westsektoren Berlins in Kraft befindlichen Verfassung, die zu dem Vorstehenden in Widerspruch stehen, sind suspendiert worden und auch weiterhin nicht in Kraft. (Abs.1) Der Bundespräsident, die Bundesregierung, die Bundesversammlung, der Bundesrat und der Bundestag, einschließlich ihrer Ausschüsse und Fraktionen, sowie sonstige staatliche Organe der Bundesrepublik Deutschland werden in den Westsektoren Berlins keine Verfassungs- oder Amtsakte vornehmen, die in Widerspruch zu Absatz 1 stehen" (Abs.2). (vgl. auch oben unter 3.1. Bundespräsenz in Berlin)

Weiter heißt es in der Anlage II: „Die Regierung der Bundesrepublik Deutschland wird in den Westsektoren Berlins bei den Behörden der drei Regierungen und beim Senat durch eine ständige Verbindungsbehörde vertreten sein." (Abs.3)

Abschnitt II C und Anlage III des Vier-Mächte-Abkommens enthalten die Mitteilung der UdSSR, daß die Besuchsregelung für Westberliner in der DDR und Ostberlin verbessert wird „und zwar zu Bedingungen, die denen vergleichbar sind, die für andere ... einreisende Personen gelten." Hierzu werden zusätzliche Übergangsstellen eröffnet werden.

Ebenso soll das Problem der kleinen Enklaven einschließlich Steinstücken und anderer kleiner Gebiete durch Gebietsaustausch gelöst werden.

Die Telefon-, Telegrafen-, Transport- und anderen Verbindungen der Westsektoren Berlins nach außen werden erweitert werden. Die entsprechenden Durchführungs- und Ergänzungsbestimmungen zu den Reise- , Kommunikations- und Gebietsaustauschangelegenheiten werden zwischen den zuständigen deutschen Behörden vereinbart.

Abschnitt II D und Anlage IV des Vier-Mächte-Abkommens regeln die Vertretung der Interessen der Westsektoren Berlins im Ausland und die konsularische Tätigkeit der UdSSR in den Westsektoren Berlins. Die Anlage IV enthält jeweils parallele, gleichlautende Erklärungen der Drei Mächte (Anlage IV A) und der UdSSR (Anlage IV B) bezüglich der Außenvertretung Berlins und der Errichtung eines Generalkonsulats der UdSSR in den Westsektoren Berlins.

Die Drei Mächte behalten ihre Rechte und Verantwortlichkeiten hinsichtlich der Vertretung der Interessen der Westsektoren Berlins und der Personen mit ständigem Wohnsitz in den Westsektoren Berlins im Ausland. Unbeschadet dessen (Status und Sicherheit dürfen nicht berührt werden) haben sich die Drei Mächte einverstanden erklärt, daß

„a) die Bundesrepublik Deutschland die konsularische Betreuung für Personen mit ständigem Wohnsitz in den Westsektoren Berlins ausüben kann;

b) in Übereinstimmung mit den festgelegten Verfahren völkerrechtliche Vereinbarungen und Abmachungen, die die Bundesrepublik Deutschland schließt, auf die Westsektoren Berlins ausgedehnt werden können, vorausgesetzt, daß die Ausdehnung solcher Vereinbarungen und Abmachungen jeweils ausdrücklich erwähnt wird;

c) die Bundesrepublik Deutschland die Interessen der Westsektoren Berlins in internationalen Organisationen und auf internationalen Konferenzen vertreten kann;

d) Personen mit ständigem Wohnsitz in den Westsektoren Berlins gemeinsam mit Teilnehmern aus der Bundesrepublik Deutschland am internationalen Austausch und an internationalen Ausstellungen teilnehmen können. Tagungen internationaler Organisationen und internationale Konferenzen sowie Ausstellungen mit internationaler Beteiligung können in den Westsektoren Berlins durchgeführt werden. Einladungen werden vom Senat oder gemeinsam von der Bundesrepublik Deutschland und dem Senat ausgesprochen."

Die Sowjetunion hat erklärt, daß sie gegen diese Regelungen (a-d) keine Einwendungen haben wird. Außerdem genehmigen die drei (westlichen) Regierungen „die Errichtung eines Generalkonsulats der UdSSR in den Westsektoren Berlins, das gemäß den üblichen in diesen Sektoren geltenden Verfahren bei den entsprechenden Behörden der drei Regierungen zum Zwecke der Ausübung konsularischer Betreuung nach Maßgabe der in einem gesonderten Dokument vom heutigen Tage (gemeint war das vereinbarte Verhandlungsprotokoll II) niedergelegten Bestimmungen akkreditiert wird." Dieses Verhandlungsprotokoll enthält auch die Erweiterung der kommerziellen Aktivitäten der Sowjetunion (Einrichtung eines „Büros der Sowjetischen Außenhandelsvereinigungen in den Westsektoren Berlins", Ausweitung der Tätigkeiten des Intourist-Büros und des Aeroflot-Büros).

Das vereinbarte Verhandlungsprotokoll I regelt u.a. die Einreisemodalitäten von Westberlinern in die Sowjetunion.

In zwei Schreiben haben die Drei Mächte die Bundesregierung von den Vier-Mächte-Vereinbarungen in Kenntnis gesetzt (Übermittlungsschreiben) und diese erläutert (Interpretationsbrief). Der Interpretationsbrief enthält „Klarstellungen und Interpretationen der Erklärungen...welche in Anlage II (des Vier-Mächte-Abkommens) enthalten sind." Da der Brief zwischen den drei westlichen Botschaftern einerseits und dem sowjetischen Botschafter andererseits notifiziert worden war, wurde dieser zu einer authentischen Interpretation des Vier-Mächte-Abkommens, obwohl die sowjetische Seite von dem Brief lediglich Kenntnis genommen hat.

Demnach ist die Formulierung „...werden in den Westsektoren Berlins keine Verfassungs- oder Amtsakte vornehmen, die den Bestimmungen von Absatz I widersprechen," in Anlage II Absatz 2 (s.o.) so auszulegen, daß darunter Akte in Ausübung unmittelbarer Staatsgewalt über die Westsektoren Berlins verstanden werden.

Bezüglich der Sitzungen von Bundesversammlung, Bundesrat und Bundestag heißt es: „Einzelne Ausschüsse des Bundesrats und des Bundestags können in den Westsektoren Berlins im Zusammenhang mit der Aufrechterhaltung und Entwicklung der Bindungen zwischen diesen Sektoren und der Bundesrepublik Deutschland tagen. Im Falle der Fraktionen werden Sitzungen nicht gleichzeitig abgehalten werden."

Staatliche Organe (die in den Westsektoren Berlins keine Verfassungs- oder Amtsakte ausführen dürfen) im Sinne der Anlage II sind: Bundespräsident, Bundeskanzler, Bundeskabinett, Bundesminister, Bundesministerien, sowie deren Zweigstellen, Bundesrat, Bundestag sowie alle Bundesgerichte.

In dem Interpretationsbrief ist ebenfalls enthalten, daß das geltende Verfahren bezüglich der Anwendbarkeit der Gesetzgebung der Bundesrepublik auf Berlin unverändert bleiben soll.

Am 3. Juni 1972 wurde von den Außenministern der Vier Mächte das Schlußprotokoll unterzeichnet, in dem die Vier Mächte das Abkommen mit seinen Begleitdokumenten und die innerdeutschen Ausführungsvereinbarungen zu einem einheitlichen Vertragswerk verbunden und in Kraft gesetzt haben.

3.2.3.
Auswirkungen des Vier-Mächte-Abkommens

Durch das Vier-Mächte-Abkommen haben sich unter anderem auch die Chancen für eine langfristige stabile ökonomische Zukunft Berlins verbessert. Der Verlust der Hauptstadtfunktion mit ihren vielfältigen öffentlichen und privaten überregionalen Dienstleistungen und viele andere Faktoren, wie z.B. das Fehlen des Hinterlandes und die ungünstige Altersstruktur, wirkten sich stets wachstumshemmend aus. Hinzu kam die politische Ungewißheit um die Zukunft der Stadt (z.B. Chruschtschow-Ultimatum, Mauerbau).

Das Gefühl der politischen Sicherheit wurde durch die verbalen Auseinandersetzungen über die Auslegung des Abkommens in den folgenden Jahren (siehe 3.2.1. und 3.5. bis 3.9.) nicht gefährdet, vielmehr durch die ständigen Verhandlungen zwischen den beiden deutschen Staaten und deren Ergebnissen ständig gestärkt. Auf den 13. Bericht des Senats über die Durchführung des Vier-Mächte-Abkommens und der ergänzenden Vereinbarungen wird insoweit verwiesen (siehe unten Punkt Nr.14).

Aus Anlaß des 15. Jahrestages der Unterzeichnung des Vier-Mächte-Abkommens würdigte der Regierende Bürgermeister von Berlin, Eberhard Diepgen, das Abkommen mit folgenden Worten:

„Vor 15 Jahren, am 3. September 1971, haben in Berlin die Botschafter Frankreichs, Großbritanniens, der Vereinigten Staaten und der Sowjetunion nach langen Verhandlungen das Vier-Mächte-Abkommen unterzeichnet.

Seitdem ist Berlin weder Ausgangspunkt noch Ziel schwerwiegender Spannungen gewesen. Das Vier-Mächte-Abkommen hat im Gegenteil auch bei weltweit erhöhten Spannungen seine stabilisierende Wirkung bewiesen und zu einer ruhigen Situation in Europa beigetragen. Es hat nicht nur praktische Verbesserungen für unsere Stadt gebracht. Es hat auch die Bindungen Berlins an den Bund – und deren Entwicklung – sowie das Recht der Bundesrepublik Deutschland, Berlin nach außen zu vertreten, bestätigt. Das Abkommen eröffnet die dynamische Perspektive, Berlins enge politische, wirtschaftliche und kulturelle Bindungen an den Bund, zur Europäischen Gemeinschaft und den Schutzmächten auf allen Ebenen weiter zu entwickeln und zu vertiefen.

Der Senat von Berlin wird sich zusammen mit der Bundesregierung und den alliierten Schutzmächten auch weiterhin für die strikte Einhaltung und volle Anwendung des Vier-Mächte-Abkommens einsetzen. Der Senat von Berlin hält dies für ein wesentliches Element europäischer Friedenspolitik und verbindet damit die Hoffnung, daß diese Politik zur Überwindung der Spaltung Berlins, Deutschlands und Europas beitragen wird.

Die wesentlichen praktischen Erleichterungen für die Menschen wurden im Transitverkehr mit Westdeutschland sowie im Reise- und Besuchsverkehr mit Ostberlin und der DDR erzielt. Der

Transitverkehr hat sich seit 1972 bei weitestgehend vertragsgemäßer Abwicklung annähernd verdoppelt. Gleichwohl sind auch hier weitere Verbesserungen insbesondere beim Eisenbahnverkehr denkbar und möglich.

Im Reise- und Besuchsverkehr sind seit 1972 über 36 Millionen Besuche zu verzeichnen. Diese Zahl wäre noch weitaus höher, wenn es nicht durch den von der DDR im Oktober 1980 einseitig erweiterten und erhöhten Mindestumtausch zu einer schweren Beeinträchtigung dieser Besuchskontakte gekommen wäre. Diese Maßnahme der DDR steht im Widerspruch zu dem Ziel des Abkommens, die Kommunikationen zu verbessern: Seitdem sind die jährlichen Besuchszahlen um durchschnittlich 40 Prozent niedriger als zuvor. Der Senat fordert daher nachdrücklich eine Rücknahme dieser Einschränkungen. Im übrigen ist es unverändert Ziel des Senats, den Reise- und Besucherverkehr mindestens dem Standard des Kleinen Grenzverkehrs an der innerdeutschen Grenze anzupassen.

Der Senat von Berlin dankt der Bundesregierung und den alliierten Schutzmächten, daß sie die Sicherheit und Lebensfähigkeit dieser Stadt gewährleisten."

3.3.
Zu den innerdeutschen Ausführungsvereinbarungen des Vier-Mächte-Abkommens gehören:

3.3.1.
das am 30.9.1971 von den beiden deutschen Postministern unterzeichnete Protokoll, dessen Ziffern 6 und 7 die Verbesserung des Funk- und Fernmeldeverkehrs nach Berlin (West) vorsehen

3.3.2.
das am 17.12.1971 zustande gekommene Transitabkommen zwischen der Bundesregierung und der Regierung der DDR

3.3.3.
die am 20.12.1971 von dem Senat von Berlin und der Regierung der DDR unterschriebene Reise- und Besuchsregelung sowie die Vereinbarung über den Gebietsaustausch

3.3.4.
der Verkehrsvertrag

3.3.5.
der Grundlagenvertrag

3.3.6.
die Vereinbarung über die Arbeitsmöglichkeiten für Journalisten

3.3.7.
das Protokoll über die Errichtung der Ständigen Vertretungen

3.3.8.
das Abkommen auf dem Gebiet des Gesundheitswesens

3.3.9.
die Vereinbarung über den Transfer von Unterhaltungszahlungen

3.3.10.
weitere Verkehrsvereinbarungen

3.3.11.
Transitpauschale

3.3.12.
Abkommen auf dem Gebiet des Post- und Fernmeldewesens

3.3.13.
Vereinbarung über die Modernisierung der Spandauer Schleuse

3.3.14.
Ausführungsvereinbarung vom 22.12.1977 zur Vereinbarung vom 19.12.1975

3.3.15.
Vereinbarung über den Berlin-Verkehr

3.3.16.
Abkommen über Verkehrsverbesserungen und Erklärung über Gewässerschutzfragen

3.3.17.
Abkommen über die Befreiung von Staßenfahrzeugen von Steuern und Gebühren

3.3.18.
Abkommen auf dem Gebiet des Veterinärwesens

3.3.19.
Vereinbarung über die Umgestaltung von Verkehrsanlagen im Südbereich von Berlin (West)

3.3.20.
Unterzeichnung des Erdgas-Röhren-Vertrages

3.3.21.
Vereinbarung zwischen den deutschen Sportbünden

3.3.22.
Erleichterungen im innerdeutschen Reiseverkehr

3.3.23.
Sonstige Vereinbarungen seit 1985

3.3.24.
Kulturabkommen

3.3.1.
Das Protokoll der beiden deutschen Postminister sieht Verbesserungen des Post- und Fernmeldeverkehrs gegen Zahlung einer Pauschale von 200 Millionen DM an die DDR vor.

Zu den Verbesserungen gehören weitere Fernsprechleitungen in beide Richtungen bei Einführung der halbautomatischen Betriebsweise, Automatisierung des Telegrammverkehrs (bis 45 Leitungen je Richtung), Erhöhung des Telexverkehrs (Erhöhung um zwölf Leitungen je Richtung), Koordinierung der Frequenznutzung, Einführung des vollautomatischen Fernsprechverkehrs bis 31.12.1974 sowie die Verkürzung der Laufzeiten für Briefe, Päckchen und Pakete. Zu den Verbesserungen gehören ferner die Vereinbarung über die Errichtung einer farbtüchtigen Richtfunkstrecke (Farb-TV) zwischen der DDR und der Bundesrepublik Deutschland und eine Verbesserung der Übertragungsqualität der Tonrundfunkleitungen und Veränderung der Leitungsführung. Ähnliche Verbesserungen wurden auch in Bezug auf den Funk- und Fernmeldeverkehr zwischen Berlin (West) und der DDR sowie Ostberlin getroffen.

3.3.2.
Das Transitabkommen regelt den „Transitverkehr von zivilen Personen und Gütern auf Straßen, Schienen- und Wasserwegen zwischen der Bundesrepublik Deutschland und den Westsektoren Berlins – Berlin (West) – durch das Hoheitsgebiet der Deutschen Demokratischen Republik." (Artikel 1) (unterzeichnet am 17. Dezember 1971)

„Der Transitverkehr wird erleichtert werden und ohne Behinderung sein. Er wird in der einfachsten, schnellsten und günstigsten Weise erfolgen, wie es in der internationalen Praxis üblich ist" (Artikel 2). Entsprechend dem Transitabkommen soll der Transitverkehr über die vorgesehenen Grenzübergangsstellen und Transitstrecken erfolgen. Die DDR erteilt an den Grenzübergangsstellen Visa für Transitreisende. In Artikel 9 Abs. 4 des Transitabkommens ist festgelegt, daß die Reisenden, ihre Transportmittel und ihr persönliches Gepäck nicht der Durchsuchung und der Festnahme unterliegen oder von der Benutzung der vorgesehenen Wege ausgeschlossen sein werden. Für den Transitverkehr können durchgehende Züge benutzt bzw. für den Gütertransport können Binnenschiffe eingesetzt werden. In dem Abkommen gewährleistet die DDR bei Unfällen, Betriebsstörungen und Havarien, an denen Transitreisende beteiligt sind, die notwendige Hilfe (Artikel 14). In Artikel 16 des Abkommens heißt es: „Transitmißbrauch liegt vor, wenn ein Transitreisender (rechtswidrig oder schuldhaft) selbst oder als Mittäter; Anstifter oder Gehilfe

a) Materialien verbreitet oder aufnimmt,
b) Personen aufnimmt,
c) die vorgesehenen Transitwege verläßt, ohne durch besondere Umstände, wie Unfall oder Krankheit oder durch Erlaubnis der zuständigen Organe der DDR dazu veranlaßt worden zu sein;
d) andere Straftaten begeht oder
e) durch Verletzung der Straßenverkehrsvorschriften Ordnungswidrigkeiten begeht".

In Artikel 19 ist die Bildung einer Transitkommission vorgesehen, die „durch einen bevollmächtigten Vertreter des Bundesministeriums für Verkehr der Bundesrepublik Deutschland bzw. den Minister für Verkehrswesen der DDR geleitet" wird.

Artikel 18 verpflichtet die Bundesregierung, eine jährliche Transitpauschale in Höhe von 234,9 Mio DM für 1972 bis 1975 zu zahlen. Die ab 1976 zu zahlende Pauschale soll im zweiten Halbjahr 1975 vereinbart werden (siehe unter 3.3.11).

3.3.3.
Die Reise- und Besuchsregelung vom 20.12.1971 sieht unter anderem vor, daß „Personen mit ständigem Wohnsitz in Berlin (West) an 30 Tagen im Jahr die DDR und Ostberlin besuchen können; darüber hinaus sind Einreisen aus gesellschaftlichen, wissenschaftlichen, wirtschaftlich-kommerziellen oder kulturellen Zwecken möglich." Artikel 5 des Abkommens sieht auch Touristik-Reisen vor. Gemäß Artikel 8 haben sich beide Seiten verpflichtet, einen Besuchsbeauftragten zu benennen, deren Aufgabe es ist, Meinungsverschiedenheiten und Schwierigkeiten, die sich im einzelnen aus der Anwendung und Durchführung dieser Vereinbarung ergeben, zu klären.

Die am gleichen Tage unterzeichnete Vereinbarung zwischen dem Senat und der Regierung der DDR über die Regelung der Frage von Enklaven durch Gebietsaustausch sieht vor, daß 15,6 ha Land an die DDR im Austausch gegen 17,1 ha Land gegeben werden.

Dazu hat die DDR 4 Mio DM als Wertausgleich bekommen. Am 21. Juli 1972 hat der Senat von Berlin und die Regierung der DDR eine zusätzliche Vereinbarung über den Gebietsaustausch des Geländes am ehemaligen Potsdamer Bahnhof (das von der DDR an Berlin (West) abgegeben wurde) abgeschlossen. Für dieses Gelände wurden der DDR 31 Mio DM gezahlt.

Ab 3. Oktober 1972, so ADN am 2. Oktober 1972, sollte es möglich sein, in den Büros für Besuchs- und Reiseangelegenheiten in Westberlin Berechtigungsscheine zum mehrmaligen Empfang eines Visums entgegenzunehmen. Diese Berechtigungsscheine sollten bei jeweils erneuter Antragstellung innerhalb eines Vierteljahres bis zu acht Mal genutzt werden.

3.3.4.
Wichtig im Zusammenhang mit dem Abschluß des Vier-

Mächte-Abkommens ist der am 26.5.1972 unterzeichnete Vertrag zwischen der Bundesrepublik Deutschland und der Deutschen Demokratischen Republik über Fragen des Verkehrs (Verkehrsvertrag), der den gegenseitigen „Wechsel- und Transitverkehr auf Straßen, Schienen- und Wasserwegen mit Transportmitteln, die im Geltungsbereich dieses Vertrages zugelassen und registriert sind" regelt.

Dieser Vertrag, der u. a. die Verpflichtung der Vertragsparteien enthält, „den Verkehr in und durch ihre Hoheitsgebiete entsprechend der internationalen Praxis auf der Grundlage der Gegenseitigkeit und Nichtdiskriminierung in größtmöglichem Umfang zu gewährleisten, zu erleichtern und möglichst zweckmäßig zu gestalten", (Artikel Nr.2) soll nach dem Willen der Vertragsparteien unter der Voraussetzung angewandt werden, daß in Berlin (West) die Einhaltung der Bestimmungen des Verkehrsvertrages gewährleistet wird. Dieser Vertrag, so erklärten auch die beiden Staatssekretäre Bahr (BRD) und Kohl (DDR), ist der erste Vertrag zwischen der Bundesrepublik Deutschland und der Deutschen Demokratischen Republik, den diese beiden Staaten aus ihrer eigenen Verantwortung heraus miteinander geschlossen haben.

3.3.5.
Am 21.12.1972 wurde der Vertrag über die Grundlagen der Beziehungen zwischen der Bundesrepublik Deutschland und der Deutschen Demokratischen Republik (sogenannter Grundlagenvertrag) abgeschlossen, in dem beide Staaten vereinbart haben, „normale gutnachbarliche Beziehungen zueinander auf der Grundlage der Gleichberechtigung" (Artikel 1) zu entwickeln.

Beide Staaten haben sich zu den Zielen und Prinzipien der Charta der Vereinten Nationen bekannt und ausdrücklich auf die Drohung mit Gewalt oder der Anwendung von Gewalt verzichtet und die Unverletzlichkeit der zwischen ihnen bestehenden Grenzen bekräftigt.

Beide Staaten erklärten ihren Willen, friedliche Beziehungen zwischen den europäischen Staaten zu fördern und zur Sicherheit und Zusammenarbeit in Europa beizutragen (Artikel 5). In Artikel 6 ist festgelegt, daß die Hoheitsgewalt jedes der beiden Staaten sich auf sein Hoheitsgebiet beschränkt und die Unabhängigkeit und Selbständigkeit jedes der beiden Staaten in seinen inneren und äußeren Angelegenheiten respektiert wird. Artikel 8 sieht den Austausch von ständigen Vertretungen vor. Diese Bestimmungen (wie u.a. auch Artikel 4, in dem festgelegt wird, „daß keiner der beiden Staaten den anderen international vertreten oder in seinem Namen handeln kann") gelten „unbeschadet der unterschiedlichen Auffassungen ... zu grundsätzlichen Fragen, darunter zur nationalen Frage" (siehe auch Präambel zum Grundlagenvertrag).

Dies kommt auch in dem Brief von Staatssekretär Bahr an DDR- Staatssekretär Kohl vom 21.12.1972 zum Ausdruck, der betont, „daß dieser (der Grundlagenvertrag; d. Red.) nicht im Widerspruch zu dem politischen Ziel der Bundesrepublik Deutschland steht, auf einen Zustand des Friedens in Europa hinzuwirken, in dem das deutsche Volk in freier Selbstbestimmung seine Einheit wie dererlangt". Ebenso ist in getrennten Erklärungen die Frage der Staatsangehörigkeit ausgeklammert. Ferner ist in dem Grundlagenvertrag nebst Zusatzprotokoll die Einrichtung einer Grenzkommission vorgesehen und die Absicht festgehalten, auf fast allen Gebieten (Sport, Kultur, Wirtschaft, Wissenschaft und Technik, Verkehr, Gesundheitswesen, Umweltschutz, Regelung des nichtkommerziellen Zahlungs- und Verrechnungsverkehrs) weitere Verbesserungen zu treffen.

In dem beiderseitigen Briefwechsel haben sich beide Seiten auf die Erlangung der Mitgliedschaft beider Staaten in der Organisation der Vereinten Nationen (UN) verständigt und erklärt, daß die Rechte und Verantwortlichkeiten der Vier Mächte von dem Grundlagenvertrag unberührt bleiben. Außerdem haben beide Seiten in einer Erklärung in bezug auf Berlin (West) Einvernehmen erzielt, „daß die Ausdehnung von Abkommen und Regelungen (Sport, Kultur, Wirtschaft usw.) in Übereinstimmung mit dem Vier-Mächte-Abkommen vom 3. September 1971 auf Berlin (West) im jeweiligen Fall vereinbart werden kann": Weiter heißt es in dieser Erklärung: „Die ständige Vertretung der Bundesrepublik Deutschland in der Deutschen Demokratischen Republik wird in Übereinstimmung mit dem Vier-Mächte-Abkommen vom 3. September 1971 die Interessen von Berlin (West) vertreten. Vereinbarungen zwischen der Deutschen Demokratischen Republik und dem Senat bleiben unberührt."

3.3.6.
Ferner wurden in einem Briefwechsel nebst Protokollerklärungen Regelungen über Arbeitsmöglichkeiten für Journalisten getroffen, in denen u.a. die gegenseitigen Arbeits- und Bewegungsmöglichkeiten einschließlich der Ein- und Ausreise und der unverzüglichen Übermittlung von Nachrichten, Meinungen und Kommentaren zugesichert wurden. Bei der Paraphierung wurde in einer Erklärung beider Seiten auf das Einvernehmen hingewiesen, diese Bestimmungen „in Übereinstimmung mit dem Vier-Mächte-Abkommen vom 3. September 1971 auf Berlin (West) unter der Voraussetzung sinngemäß anzuwenden, daß in Berlin (West) die Einhaltung der Bestimmungen dieses Briefwechsels gewährleistet wird." Die Reise- und Besucherregelung vom 20.12.1971 (siehe 3.3.3) soll unberührt bleiben.

3.3.7.
Am 14. März 1974 konnte das Protokoll über die Errichtung der

Ständigen Vertretungen zwischen der Regierung der Bundesrepublik Deutschland und der Regierung der Deutschen Demokratischen Republik unterzeichnet werden, das im Protokollvermerk (Nr.6) festlegt, „daß die Ständige Vertretung der Bundesrepublik Deutschland in Übereinstimmung mit dem Vier-Mächte-Abkommen die Interessen von Berlin (West) vertreten" wird.

3.3.8.
Am 25. April 1974 wird das beiderseitige Abkommen auf dem Gebiet des Gesundheitswesens unterzeichnet, das nicht nur eine Vereinbarung über Informationsaustausch zu Fragen der Verbreitung und Bekämpfung übertragbarer Krankheiten sowie auf dem Gebiet der Bekämpfung des Drogen-, Rausch- und sonstigen Suchtmittelmißbrauchs darstellt, sondern vor allem die ambulante und stationäre Behandlung von Besuchern des jeweilig anderen Staates und den Austausch von Arzneimitteln u.ä. sowie die Durchführung von Spezialbehandlungen und Kuren regelt.

Auch hier ist (in Artikel 8) die Ausdehnung dieses Abkommens auf Berlin (West) enthalten.

Die Kosten für die medizinische Hilfe trägt (vorbehaltlich einer späteren Regelung) jeder Abkommenspartner für die in seinem Staat entstehenden Kosten selbst. In einem Briefwechsel bekräftigten beide Parteien die Absicht der Aufnahme eines gegenseitigen medizinisch-wissenschaftlichen Erfahrungsaustausches sowie die Bereitschaft, zu einem späteren Zeitpunkt Verhandlungen über den Austausch von Organtransplantaten aufzunehmen.

3.3.9.
Ebenfalls in Berlin Anwendung findet die aufgrund des Zusatzprotokolls zu Artikel 7 des Grundlagenvertrages geschlossene

Vereinbarung zwischen dem Bundesminister für Finanzen der Bundesrepublik Deutschland und dem Minister der Finanzen der Deutschen Demokratischen Republik vom 25. April 1974 über den Transfer von Unterhaltszahlungen. Die Vereinbarung sieht vor, daß ab 1. Juni 1974 Unterhaltszahlungen zur Erfüllung familienrechtlich begründeter Verpflichtungen und Schadensersatzzahlungen aufgrund gesetzlicher Haftpflichtbestimmungen zum Transfer grundsätzlich in voller Höhe der laufenden Verpflichtungen im Verhältnis 1:1 zugelassen sind.

Da die Transferzahlungen gemäß Artikel 3 dieser Vereinbarung über die Deutsche Bundesbank und die Staatsbank der DDR abgewickelt werden sollten, wurden die entsprechenden Bankvereinbarungen getroffen, die am gleichen Tage unterzeichnet wurden.

3.3.10.
Weitere Ergebnisse im Hinblick auf Verbesserungen im Berlin-Verkehr wurden bei den in Berlin am 19. Dezember 1975 abgeschlossenen Verhandlungen erzielt:

1. Straßenverkehr

1.1. Autobahn Helmstedt – Berlin
Die DDR erneuert von Grund auf, beginnend mit dem 2. Januar 1976, innerhalb von vier Jahren die Autobahn Marienborn – Berlin und verbreitert ein Teilstück des Berliner Ringes zwischen den Abzweigen Leipzig und Drewitz auf sechs Spuren. Von den Kosten in Höhe von 405 Mio DM trägt die Bundesregierung 259,5 Mio DM.

1.2. Ferner wurde vereinbart, ab 1978 Verhandlungen über den Bau einer Autobahn Berlin – Hamburg mit dem Ziel zu führen, mit den Baumaßnahmen 1980 zu beginnen und für die künftige Autobahn einen Anschluß im Norden von Berlin (West) vorzusehen.

1.3. Neuer Straßenübergang in Berlin (West). In dem Briefwechsel zwischen dem Beauftragten des Senats, Herrn Senatsrat Gerhard Kunze, und dem Beauftragten der Regierung der DDR, Herrn Dr. Joachim Mitdank, hat die DDR die Bereitschaft erklärt, einen Übergang in nördlicher Richtung zu eröffnen. Dieser Übergang, der bis 1976 fertig sein sollte, soll auch für den Wechselverkehr in die DDR und für den Transitverkehr in dritte Länder zugelassen werden. Tatsächlich wird dieser neue Übergang nach der Fertigstellung nur für den Wechselverkehr und den Transitverkehr in dritte Länder benutzt.

Durch diese Verkehrsverbesserungen wurden die wichtigsten Anliegen der Bundesregierung und des Senates erfüllt, da über die Strecke Helmstedt – Berlin ca. 60% des Transitverkehrs abgewickelt wurde.

2. Schienenverkehr

Mit dem Inkrafttreten des Winterfahrplanes für das Jahr 1976/77 hat die DDR gegen Zahlung von 51 Mio DM zugesichert (davon gingen Aufträge für 30 Mio DM an Westberliner Unternehmen), den Übergang Staaken für den Reisezugverkehr zu öffnen und drei zusätzliche Verkehrshalte in Wannsee, Charlottenburg und Spandau einzurichten, die vielen Berlinern den Weg zum Bahnhof Zoo ersparten, der damit entlastet wurde. Durch den neuen Übergang Staaken und den Wegfall des Lokwechsels in Wittenberg hat sich die Fahrzeit der Züge nach Hamburg um ca. 45 Minuten verkürzt.

Ferner wurden Verbesserungen des Reisezugverkehrs auf den Linien Frankfurt – Berlin (zusätzliches Schnellzugpaar), Hamburg – Berlin (ganzjähriger Verkehr eines bis dahin nur zu bestimmten Zeiten eingesetzten Schnellzugpaares) und Hannover – Berlin (Beschleunigung um ca. 15 Minuten) vereinbart.

3. Binnenschiffahrtsverkehr

Am 22. Dezember 1975 begannen die Gespräche des Senats mit dem Verkehrsministerium der DDR über Fragen, die mit der Öffnung des Teltow-Kanals zusammenhingen.

3.3.11.
Am 19. Dezember 1975 wurde die nach dem Transitabkommen für 1972 bis 1975 festgelegte Transitpauschale in Höhe von 234,9 Mio DM auf 400 Mio DM für 1976 bis 1979 unter der Vereinbarung von Zu- oder Abschlägen bei Abweichungen der für 1976 und 1979 zugrunde gelegten Jahresbeträge von 6,25% oder mehr festgelegt. Für 1980 wurde eine neue Festlegung im zweiten Halbjahr vereinbart.

3.3.12.
Entsprechend dem Grundlagenvertrag wurde am 30. März 1976 das Abkommen zwischen der Bundesrepublik Deutschland und der Deutschen Demokratischen Republik auf dem Gebiet des Post- und Fernmeldewesens geschlossen, das als Gegenstand den gegenseitigen Post- und Fernmeldeverkehr, den Post- und Fernmeldetransit und die Koordinierung der Frequenznutzung auf der Grundlage der Satzung des Weltpostvereins und des Internationalen Fernmeldevertrages hatte.

Dieses Abkommen gilt gemäß Artikel 21 auch in Berlin (West). Zusätzlich wurden gleichzeitig drei Verwaltungsabkommen zwischen dem Bundesminister für das Post- und Fernmeldewesen der Bundesrepublik Deutschland und dem Ministerium für Post- und Fernmeldewesen der DDR über den Postverkehr, über den Fernmeldeverkehr und über die Abrechnung von Leistungen im Post- und Fernmeldetransit abgeschlossen, in dem Berlin (West) ebenfalls eingeschlossen ist.

Diese Abkommen sollen nach einer Erklärung des Staatssekretärs Elias (Bundesrepublik Deutschland) die künftige Basis für die wechselseitigen Beziehungen auf dem Gebiet des Post- und Fernmeldewesens bilden. Die Satzung des Weltpostvereins und der Internationale Fernmeldevertrag sollen nur subsidiär gelten, d.h. nur insoweit, als die beiden Vertragspartner keine Regelungen getroffen haben. Mit dem Abkommen sind Benutzungsbedingungen und Formalitäten für den Post- und Fernmeldeverkehr gegenüber den ebengenannten Internationalen Vorschriften stark vereinfacht worden.

DDR Staatssekretär Calov wertet die Abkommen zugleich als Ausdruck der Erfüllung des Grundlagenvertrages und als einen Beitrag zur weltweiten internationalen Zusammenarbeit von Völkern und Staaten im Interesse der Sicherung des Friedens in Europa entsprechend der Schlußakte in Helsinki.

Am 22. Februar 1972 setzte die DDR für Ostern und Pfingsten das Transitverkehrsabkommen sowie die Vereinbarung über Besuche von Westberlinern in Ostberlin in Kraft. Ostern besuchten rd. 450.000 Westberliner den Ostteil der Stadt (Pfingsten ca. 626.000). Die Transitstrecke wurde zu Ostern von insgesamt 150.000 Pkw und 1.200 Bussen befahren.

3.3.13.
Am 1. Dezember 1977 unterzeichnen Vertreter des Berliner Senats und des DDR-Verkehrsministeriums in Berlin (Ost) eine Vereinbarung über die Modernisierung der Spandauer Schleuse in Berlin (West).

3.3.14.
Am 22. Dezember 1977 wird laut Bulletin in Ergänzung der am 19. Dezember 1975 getroffenen Absprache in Berlin (Ost) ein

Briefaustausch über den sechsspurigen Ausbau des Autobahnabschnittes Grenze Abfertigungsanlage Marienborn vollzogen. Außerdem ist festgelegt, daß die DDR für die Erneuerungsarbeiten der auf dem Bundesgebiet befindlichen Autobahnbrücke einen Geländestreifen von 15 m Tiefe zur Verfügung stellt und ergänzende Baumaßnahmen und verkehrslenkende Maßnahmen vornimmt. (AdG Seite 22 503; Archiv der Gegenwart – nur zitiert als AdG)

3.3.15.
Am 16.11.1978 wurden Verhandlungen zwischen der Bundesrepublik Deutschland und der DDR in Zusammenarbeit mit dem Senat von Berlin geführt und in Abstimmung mit den Drei Mächten die Vereinbarung über Verbesserungen im Berlin-Verkehr zu Land (Autobahn Berlin – Hamburg) und zu Wasser über eine langfristige Festlegung der Transitpauschale und über den nichtkommerziellen Zahlungsverkehr getroffen.

Die DDR verpflichtete sich in dieser Vereinbarung innerhalb von vier Jahren eine Autobahn von Berlin nach Hamburg zu bauen. Hierfür stellte die Bundesrepublik eine Summe von 1,2 Milliarden DM bereit. Ferner wurde vereinbart, daß für die neue Autobahn, die an Stelle der Fernstraße 5 treten würde, in Berlin und Schleswig-Holstein zusätzliche Übergänge eingerichtet werden. Die DDR erklärte sich für 150 Millionen DM bereit, dringend notwendige Reparaturarbeiten an den Transitwasserstraßen nach Berlin (West) und am Schiffshebewerk Rothensee vorzunehmen. Ferner wurde die Instandsetzung des Teltow-Kanals sowie dessen Öffnung für den durchgehenden Schiffsverkehr vereinbart (Gegenleistung 70 Millionen DM).

Ferner wurden weitere Baumaßnahmen (Kostenbeteiligung der Bundesrepublik bis zu 500 Millionen DM) in Aussicht genommen. Ferner wurde eine Erhöhung der Transitpauschale zur Begleichung von Gebühren, Abgaben und anderen Kosten im

Verkehr von und nach Berlin (West) für den gesamten Zeitraum der 80er Jahre von 1980 bis 1989 mit jährlich 525 Millionen DM langfristig festgelegt. Zusätzlich wurde vereinbart, daß die DDR zur Beseitigung der bestehenden Schwierigkeiten beim Transfer von Guthaben im nicht kommerziellen Zahlungs- und Verrechnungsverkehr bis 1982 200 Millionen DM für den Sperrkontentransfer zur Verfügung stellt.

Entsprechend der obigen Regelung wurde am 20. November 1981 der Teltow-Kanal in Berlin nach 36 Jahren für den zivilen Binnenschiffsverkehr wieder geöffnet.

Am 20.November 1982 wurde die 265 km lange Autobahn Berlin – Hamburg für den Verkehr freigegeben. Der Übergang in Berlin Heiligensee/Stolpe-Dorf konnte auf Westberliner Gebiet wegen der Einsprüche von Anliegern und Umweltschützern nicht rechtzeitig fertiggestellt werden. Die neue Verbindung zwischen Berlin und Hamburg hat den Personenkraftwagenverkehr um 1 1/2 Stunden verkürzt.

3.3.16.
Am 30.April 1980 wurde das Abkommen über Verkehrsverbesserungen und eine Erklärung über Gewässerschutzfragen von der Bundesrepublik Deutschland und der DDR in Berlin (Ost) unterzeichnet. Es wurden folgende Vereinbarungen getroffen:

1. Zwischen Berlin und der Grenze bei Herleshausen wird durch Neu- bzw. Ausbau von Autobahnteilstücken eine durchgehende Autobahnverbindung hergestellt.

2. Der Mittellandkanal wird in einem knapp 27 km langen Abschnitt verbreitert.

3. Im Eisenbahnverkehr zwischen Berlin und Helmstedt wird ein durchgängig zweigleisiger Betrieb durch den Ausbau von

Streckenabschnitten ermöglicht. Die Wasch- und Reinigungsanlage Rummelsburg soll ausgebaut werden.

4. Expertengespräche über beide Seiten belastende Umweltprobleme sollen noch 1980 aufgenommen werden (Werra/Weser-Versalzung und Berliner Gewässerschutzfragen sowie grenzüberschreitender Kaliabbau und Erhöhung der Bergbausicherheit im Grenzgebiet). (AdG Seite 23 505)

Das Bundesministerium für innerdeutsche Beziehungen gab am 28.September 1982 bekannt, daß die DDR in drei Klärwerken im Raum Berlin dritte Reinigungsstufen einbauen werde. Diese Vereinbarung wurde als die erste größere innerdeutsche Regelung im Bereich des Umweltschutzes bezeichnet. Die DDR hat sich in einem Schreiben an den Berliner Senat verpflichtet, eine bestimmte Gewässergüte zu gewährleisten und die Meßergebnisse der Abflußläufe zu übermitteln. Die Bundesrepublik hat sich mit 68 Millionen DM an den Investitionen beteiligt (AdG Seite 25 997).

3.3.17.
Am 31. Oktober 1979 wurde das Abkommen zwischen der Regierung der Bundesrepublik Deutschland und der Regierung der DDR über die Befreiung von Straßenfahrzeugen von Steuern und Gebühren unterzeichnet, das u.a. vorsieht, daß Fahrzeuge, die in der Bundesrepublik Deutschland bzw. in der DDR zugelassen sind und sich vorübergehend im jeweils anderen Staat aufhalten, für die Aufenthaltsdauer bis zu einem Jahr grundsätzlich von der Kraftfahrzeugsteuer befreit sind.

Gleichzeitig wurde ein Protokoll über die Vereinbarung einer Pauschalabgeltung von Straßenbenutzungsgebühren für Pkw's im Verkehr in und durch das Gebiet der DDR gemäß Artikel 6 Abs. 1 des Vertrages vom 26. Mai 1972 zwischen der Bundesrepublik Deutschland und der DDR über Fragen des Verkehrs unterzeichnet, das die zu zahlende Pauschalsumme für die Jahre 1980 bis 1989 auf 50 Millionen DM festlegt.

In beiden Vereinbarungen wurde Berlin (West) einbezogen. Das Protokoll über die Vereinbarung einer Pauschalabgeltung von Straßenbenutzungsgebühren wurde durch einen Briefwechsel zwischen dem DDR-Beauftragten, Walter Müller, und dem Beauftragten des Senats von Berlin, Gerhard Kunze, ergänzt.

3.3.18.
Am 21. Dezember 1979 unterzeichneten die Bundesrepublik Deutschland und die DDR ein Abkommen auf dem Gebiet des Veterinärwesens. Auch in diesem Abkommen, das zur Verhütung und Bekämpfung übertragbarer Tierkrankheiten abgeschlossen wurde, war Berlin entsprechend dem Vier-Mächte-Abkommen eingebunden. Das Abkommen sah unter anderem die gegenseitige Unterrichtung und den wissenschaftlichen Erfahrungsaustausch im Bezug auf übertragbare Tierkrankheiten vor (Im Einzelnen AdG Seite 23 160, 1980).

3.3.19.
Der Senator für Bau- und Wohnungswesen in Berlin und das Ministerium für Verkehrswesen unterzeichneten am 24. Januar 1980 eine Vereinbarung über die Umgestaltung von Verkehrsanlagen im Südbereich von Berlin (West). Der Senat führt dieses Bauvorhaben auf der Grundlage von Projekten des Ministeriums für Verkehrswesen in der DDR durch und finanziert dieses Vorhaben.

3.3.20.
Der am 20. November unterzeichnete 4. Erdgas-Röhren-Vertrag sieht vor, daß die UdSSR von 1984/85 an, während

einer Laufzeit von 25 Jahren, jährlich 10,4 Milliarden Kubikmeter Erdgas an die Bundesrepublik liefern wird. Das Erdgas müßte durch die DDR nach Berlin weitergeleitet werden. Dazu waren weitere innerdeutsche Verhandlungen notwendig.

3.3.21.
Vereinbarung zwischen den Sportbünden

Im Rahmen der deutsch-deutschen Verhandlungen kam es auch zwischen den beiden Sportbünden DTSB (DDR) und dem DSB zu mehreren Vereinbarungen. Am 8. Mai 1974 wurde in Ostberlin ein Sportabkommen zwischen den beiden Präsidenten der Sportbünde unterzeichnet. Diesem Abkommen lag ein bereits am 20. März paraphiertes Protokoll zugrunde, in dem beide Seiten vereinbart haben, jährlich einen Plan über die Durchführung von Sportveranstaltungen zu vereinbaren. In diesem Übereinkommen sollte Berlin (West) entsprechend den Bestimmungen des Vier-Mächte-Abkommens einbezogen werden. In dem Abkommen war ferner ein Sportplan mit zunächst 33 Wettkämpfen (4 davon in Berlin (West)) enthalten. Die deutsch-deutschen Sportgespräche wurden am 10. Oktober des gleichen Jahres fortgesetzt.

Am 29. März 1977 unterzeichneten der DSB-Präsident Willi Weyer und der Sportminister der UdSSR Pawlow ein Sportprotokoll zum Abkommen über kulturelle Zusammenarbeit von 1973, daß in Übereinstimmung mit dem Vier-Mächte-Abkommen Jahrespläne für sportliche Veranstaltungen vorsah.

3.3.22.
Die zum 1.8.1984 in Kraft getretenen Erleichterungen im innerdeutschen Reiseverkehr (Pressemitteilung des Presse- und Informationsamtes der Bundesregierung Nr. 386/84 vom 25.7.1984):

1. Senkung des Mindestumtausches für alle Rentner, Invalidenvollrentner, Unfallvollrentner auf 15,-DM (seit Oktober 80: 25,-DM).

2. Erweiterung der möglichen Dauer des Aufenthaltes für „Bürger aus der Bundesrepublik Deutschland und Berlin (West)" von 30 auf bis zu 45 Tage im Jahr.

3. Erweiterung der Ausreisemöglichkeiten für Alters- und Invalidenrentner aus der DDR in die Bundesrepublik und nach Berlin (West), auch zum Zwecke des Besuches von Bekannten (nicht nur Verwandte).

4. Verdoppelung der möglichen Ausreisedauer für Rentner und Invalidenrentner aus der DDR in die Bundesrepublik und nach Berlin (West) bis auf 60 Tage im Jahr (bisher: 30 Tage).

5. Erweiterung der Freigrenze für Mitnahme von Gegenständen im Reiseverkehr aus der DDR in die Bundesrepublik und Berlin (West) für 1 Tagesaufenthalt auf 100,-DM (bisher 20,-DM). Für mehr tägigen Aufenthalt: 200,-DM bei vier Tagen.

6. Verdoppelung der Geltungsdauer des Mehrfachberechtigungsscheines für die Einreise in grenznahe Kreise der DDR von 3 auf 6 Monate.

7. Ausdehnung der Einreisegenehmigung auf mehr als 3 Kreise in die DDR im grenznahen Verkehr.

8. Verlängerung der Aufenthaltsdauer für Einreise in grenznahe Kreise der DDR auf 2 Tage (bis 24.00 Uhr des auf die Einreise folgenden Tages).

9. Großzügigere Handhabung der Mitnahme von Literatur- und anderen Druckerzeugnissen.

10. Großzügigere Gestaltung des Schallplattenversandes.

11. Genehmigung von Mitführung von Wohnmobilen auch mit Nutzlast von mehr als 1t im Einreiseverkehr in die DDR.

3.3.23.
Sonstige Vereinbarungen seit 1985

Am 15. Februar 1985 treffen Vertreter des Berliner Umweltsenators und des DDR-Ministers für Umweltschutz und Wasserwirtschaft eine neue Vereinbarung über die Abnahme von Abwasser aus Berlin (West) durch die DDR.

Bundesverkehrsminister Dollinger erklärt am 6. März 1985 nach einem Gespräch mit dem Regierenden Bürgermeister Eberhard Diepgen im Rathaus Schöneberg, daß er Ende Februar 1985 in einem Schreiben an den DDR-Verkehrsminister Arndt der DDR Verhandlungen über Qualitätsverbesserungen im Eisenbahntransit zwischen Berlin und der Bundesrepublik vorgeschlagen hat.

Am 15. März 1985 unterzeichnen Vertreter der Ministerien für Post- und Fernmeldewesen der Bundesregierung und des DDR-Ministerrates in Bonn zwei Vereinbarungen, die die Errichtung einer Glasfaserstrecke und einer digitalen Richtfunkverbindung zwischen der Bundesrepublik und Berlin (West) vorsehen.

Für die Richtfunkverbindung, die am 30. Juni 1986 in Betrieb genommen werden soll, zahlt die Bundesrepublik 4,5 Millionen Mark. Das Glasfaserkabel, das in einer Länge von 211 Kilometern durch die DDR bis nach Berlin verlegt wird, soll 1987 fertig sein und kostet der Bundesrepublik 35 Millionen Mark.

Am 5. Juli 1985 vereinbaren die Treuhandstelle für Industrie und Handel (TSI) und das DDR-Außenhandelsministerium in Ost-Berlin eine neue Swing-Regelung, die diesen zinslosen Überziehungskredit im innerdeutschen Handel für die Jahre 1986 bis 1990 auf 850 (bisher 600) Millionen Verrechnungseinheiten festsetzt. Nach einer Erklärung von Regierungssprecher Friedhelm Ost steht die neue Swing-Regelung „für die Politik des Dialogs und der Zusammenarbeit". Der Swing sei ein stabilisierendes Element der politischen Beziehungen zwischen der Bundesrepublik Deutschland und der DDR. In Zusammenhang mit der neuen Swing-Regelung wird mit der DDR Einvernehmen darüber erzielt, den Handel mit der DDR bis 1990 weiter auszubauen. Mit dem DDR-Finanzministerium wird gleichzeitig im Bereich des nichtkommerziellen Zahlungsverkehrs vereinbart, daß die DDR künftig jährlich einen Einschuß von 70 (bisher 60) Millionen Mark in den Sperrkontentransfer leistet.

Diese Vereinbarungen fügen sich, genauso wie das Kulturabkommen, das am 5. Juni 1986 geschlossen wird, in das Gesamtbild der innerdeutschen Beziehungen ein.

3.3.24.
Kulturabkommen

Am 6. Mai 1986 unterzeichnen der Leiter der Ständigen Vertretung der Bundesrepublik Deutschland bei der DDR, Staatssekretär Hans Otto Bräutigam, und der stellvertretende Außenminister der DDR, Kurt Nier, in Ost-Berlin ein Abkommen zwischen der Regierung der Bundesrepublik Deutschland und der Regierung der Deutschen Demokratischen Republik über kulturelle Zusammenarbeit. Dieses Kulturabkommen, über das zwölf Jahre verhandelt worden war, soll „die Zusammenarbeit auf den Gebieten der Kultur, Kunst, Bildung und

Wissenschaft sowie auf den anderen damit in Zusammenhang stehenden Gebieten" fördern.

Mit der Unterzeichnung des Kulturabkommens wurde ein weiterer wesentlicher Schritt zur Ausfüllung des Grundlagenvertrages vollzogen.

Der Regierende Bürgermeister von Berlin, Eberhard Diepgen, erklärte hierzu:

„Berlin ist in dieses Abkommen ausreichend einbezogen. Die reichhaltige Berliner Kulturszene wird an den neuen Entwicklungen teilhaben können. So sind bereits ein Gastspiel der Schaubühne in der DDR, die Präsentation des Bauhaus-Archivs in Dessau oder Weimar und eine Ausstellung des Ost-Berliner Otto-Nagel-Hauses bei uns fest vereinbart. Dies kann und wird nur ein erster Schritt sein, weitere werden folgen."

3.4.
Berlin-Politik nach dem Vier-Mächte-Abkommen

Aber auch nach Abschluß des Vier-Mächte-Abkommens gab und gibt es immer wieder Reibungspunkte und Auseinandersetzungen mit der anderen Seite. Hier soll der Versuch unternommen werden, die Position des Senats von Berlin und der Bundesregierung einerseits und der Regierung der DDR andererseits anhand des chronologischen Ablaufs der Ereignisse von 1972 bis 1986 darzustellen, soweit sich diese Positionen nicht bereits in der Vertragspolitik manifestiert haben.

Am 9. Februar 1972 erklärte Bundesaußenminister Walter Scheel in einer Bundesratsdebatte:

„Mit der Vier-Mächte-Vereinbarung ist das Ende eines schweren Weges dieser Stadt in Sicht. In Zukunft wird sich Berlin frei entwickeln können. Der Zugang wird frei sein, er wird gesichert sein. Die Bindungen der Stadt werden nicht mehr in Frage gestellt werden." (AdG 1972 Seite 16 875).

In einer Entschließung des Bundesrates die mit 21 zu 20 Stimmen angenommen worden ist, wurde jedoch in Frage gestellt, ob „die zwischen der Bundesregierung, dem Senat von Berlin und der Regierung der DDR abgeschlossenen ergänzenden Vereinbarungen diejenige befriedigende Berlin-Regelung enthalten, die die Bundesregierung als Voraussetzung für die Ratifizierung der Ostverträge bezeichnet hat." (AdG Seite 16 878)

Dagegen erklärte der 1. Sekretär des ZK der SED, Erich Honecker, anläßlich des Vertragsabschlusses: „Das Vier-Mächte-Abkommen bringt zum Ausdruck, daß Westberlin als Einheit in seinen gegebenen Grenzen besteht und von der DDR, einschließlich ihrer Hauptstadt, umgeben ist. Dementsprechend berücksichtigen die Vereinbarungen zwischen der Regierung der DDR und dem Westberliner Senat, daß Berlin die Hauptstadt der DDR ist" (AdG 1972, Seite 16 807). Zu Fragen der Einheit äußerte sich Honecker am 6. Januar 1972: „Zwischen der sozialistischen DDR und der kapitalistischen BRD gibt es keine Einheit und kann es keine Einheit geben. ...die BRD ist somit Ausland."

In einem Beschluß der Fraktionen des Deutschen Bundestages über die gemeinsamen Grundansichten zur Deutschland- und Außenpolitik, die anläßlich der von der Bundesregierung eingebrachten Gesetzesentwürfe zu den Verträgen mit der UdSSR vom 12. August 1970 und der VR Polen vom 7. Dezember 1970 am 10. Mai 1972 gefaßt wurde, heißt es u.a.:

„2. Die Verpflichtung, die die Bundesrepublik in den Verträgen eingegangen ist, hat sie im eigenen Namen auf sich genommen. Dabei gehen die Verträge von den heute tatsächlich bestehenden Grenzen aus, deren einseitige Änderung sie ausschließen. Die Verträge nehmen eine friedensvertragliche Regelung für Deutschland nicht vorweg und schaffen keine Rechtsgrundlage für die heute bestehenden Grenzen.

3. Das unveräußerliche Recht auf Selbstbestimmung wird durch die Verträge nicht berührt. ... Mit der Forderung auf Verwirklichung des Selbstbestimmungsrechts erhebt die Bundesrepublik Deutschland keinen Gebiets- oder Grenzänderungsanspruch.

4. Der Deutsche Bundestag stellt fest, daß die fortdauernde und uneingeschränkte Geltung des Deutschlandvertrages und der mit ihm verbundenen Abmachungen und Erklärungen von 1954 sowie die Fortgeltung des zwischen der Bundesrepublik Deutschland und der UdSSR am 13. September 1955 geschlossenen Abkommens von den Verträgen nicht berührt wird.

5. Die Rechte und Verantwortlichkeiten der Vier Mächte in bezug auf Deutschland als Ganzes und auf Berlin werden durch die Verträge nicht berührt. Der Deutsche Bundestag hält angesichts der Tatsache, daß die endgültige Regelung der deutschen Frage im Ganzen noch aussteht, den Fortbestand dieser Rechte und Verantwortlichkeiten für wesentlich.

9. Die Bundesrepublik Deutschland bekräftigt ihren festen Willen, die Bindungen zwischen Berlin (West) und der Bundesrepublik Deutschland gemäß dem Vier-Mächte-Abkommen aufrechtzuerhalten und fortzuentwickeln. Sie wird auch in Zukunft für die Lebensfähigkeit der Stadt und das Wohlergehen ihrer Menschen Sorge tragen."

Entsprechend dem Vier-Mächte-Abkommen, das vorsah, daß die Regierung der Bundesrepublik Deutschland bei den westlichen Stadtkommandanten und beim Senat durch eine Verbindungsbehörde vertreten ist, trat am 4. Juni 1972 ein Erlaß in Kraft, in dem die Bundesregierung die Dienststellen ihrer Bevollmächtigten in Berlin organisiert. Der Bundesbevollmächtigte in Berlin (damals Egon Bahr) stand danach einer einheitlichen Dienststelle vor, die sich aus den schon bislang im Bundeshaus tätigen Abteilungen bzw. Referaten zusammensetzte. (AdG 1972 Seite 17 141)

Honecker behauptete am 6. Juli 1972, daß die drei Westmächte in dem Vier-Mächte-Abkommen das Bestehen der DDR zum ersten Male in völkerrechtlich gültiger Form anerkannt haben und das von den Bestimmungen der Vier-Mächte-Vereinbarung ausschließlich Westberlin berührt wird. Ferner führte er aus: „Westberlin ist kein Bestandteil der BRD und darf nicht von der BRD regiert werden.... Hiermit wird bekräftigt, daß Westberlin einen besonderen politischen Status besitzt." Mit der Ratifizierung der Ostverträge „hat die BRD völkerrechtlich verbindlich die Souveränität der DDR anerkannt." (AdG Seite 17 152)

Die Bundesregierung beschließt am 1. Juli 1973 die Streichung der Visagebühren für Besucher der DDR. Nach heftigen innerpolitischen Debatten erklärt der Regierende Bürgermeister Schütz:

„1. Die Einreisegenehmigungsgebühren im Rahmen der Reise- und Besuchsregelung für Westberlin werden nach dem bisherigen Verfahren weiterhin von der öffentlichen Hand erstattet.

2. Wie die erforderlichen Mittel aufgebracht werden, wird der Senat in den nächsten Tagen mit der Bundesregierung klären." (AdG Seite 17 698)

Am 31. Juli 1973 äußert sich das Bundesverfassungsgericht zur Berlin-Frage.

Zum Grundlagenvertrag heißt es, daß dieser nichts an der Rechtslage Berlins ändert. Die Bundesregierung und ihre Organe müssen nach dem Grundgesetz in jedem Fall bei Verträgen mit der DDR auf die Einbeziehung Berlins bestehen. Entsprechendes gilt auch für die Vertretung der Interessen von Berlin (West) in bezug auf die Ständige Vertretung der Bundesrepublik Deutschland in der DDR. Auch der Senat hat bei Vereinbarungen mit der DDR die grundgesetzliche Ordnung zu beachten.

Die DDR lehnt am 16. August 1973 die Aussagen (insbesondere, daß Berlin ein Land der Bundesrepublik Deutschland ist) des Bundesverfassungsgerichtsurteils über den Grundlagenvertrag als nicht vereinbar mit dem Vier-Mächte-Abkommen und der UN-Charta ab. Am 26. Oktober 1973 wiederholt der 1. Sekretär des ZK der DDR Honecker die Auffassung, daß Westberlin kein Bestandteil der BRD ist und von ihr nicht regiert werden darf und fügt hinzu, daß die Präsenz der BRD in Westberlin abgebaut werden muß. (AdG Seite 18 293)

Die DDR protestiert jeweils bei Besuchen von bundesdeutschen Regierungsmitgliedern in Berlin (West), die Staatsbesuche aus dem Ausland nach Berlin begleiten. Die Proteste werden regelmäßig von der Bundesregierung zurückgewiesen.

Am 24. Januar 1974 erklärte Bundeskanzler Willy Brandt in der „Erklärung der Bundesregierung über die Lage der Nation":

Die Schwierigkeiten bei der Regelung unseres Verhältnisses zum anderen deutschen Staat, von denen jedenfalls wir in der Bundesregierung nicht überrascht worden sind, gehen doch gewiß nicht zu Lasten der einen und zu Nutzen einer anderen Partei. Das sind doch immer Schwierigkeiten, Nöte und Belastungen, die wir alle zu tragen und alle zu beklagen haben. Wir wissen hier miteinander, daß es im vergangenen Jahr von Seiten der DDR aus Verhärtungen gegeben hat. Die Erhöhung des Mindestumtauschsatzes bei der Einreise, Versuche der DDR, zu bestreiten, daß im Vier-Mächte-Abkommen die Bindungen zwischen der Bundesrepublik und Westberlin bestätigt und als entwicklungsfähig deklariert worden sind – dies und anderes zeigt, daß es eben auch in der DDR Kräfte gibt, denen Entspannungspolitik nicht gefällt. Die Führung der DDR muß wissen, daß sie die Lage nicht weiter verschärfen darf, ohne daß dies Folgen hätte, die über das Verhältnis zwischen den beiden Staaten hinausreichen. Es wird für beide Seiten von Vorteil sein, wenn sich beide Seiten um eine konstruktive Haltung bemühen. ...

An dieser Stelle möchte ich Gelegenheit nehmen, den Westberlinern zu sagen: Sie sollen sich nicht beirren lassen, weder von dem einen oder anderen hier im deutschen Westen, der die Fakten leugnet, noch von reaktionären Kräften drüben. Der erste Punkt ist: das Vier-Mächte-Abkommen hat den Westberlinern die Sicherheit für ihre Stadt verbrieft und verbürgt. Der zweite Punkt ist: wir lassen an den Bindungen mit Westberlin nicht rütteln – und stützen uns dabei auf das Vier-Mächte-Abkommen, das unsererseits selbstverständlich und ebenso wie alle Verträge, die wir selbst geschlossen haben, voll beachtet und exakt gehalten wird. Die Bundesregierung hat beschlossen, daß das Umweltbundesamt in Westberlin seinen Sitz haben soll. Wir haben diesen Beschluß, der ja kein feindseliger ist, sondern der konstruktiven Aufgaben dient – Aufgaben denen des Umweltschutzes bei uns und im europäischen und im weltweiten Zusammenhang –, sorgfältig mit unseren drei Verbündeten, die für Westberlin Träger der obersten Gewalt sind, abgestimmt. Ich sage in aller Offenheit: befänden wir uns hier nicht in voller Übereinstimmung mit den Drei Westmächten, dann wäre unser Beschluß überprüft worden. Wir haben es begrüßt, daß wir uns in der Frage des Umweltbundesamtes auf die Erklärung stützen konnten, die die Drei Westmächte der Sowjetunion gegeben haben. ...

Die notwendigen Folgeverhandlungen zum Grundvertrag sind mit der DDR in Gang gekommen. Westberlin ist dabei einbezogen. Unbeschadet der im Grundvertrag festgehaltenen unterschiedlichen Auffassungen zur nationalen Frage wird die Bundesregierung die DDR als einen unabhängigen, souveränen Staat behandeln und entsprechende Abmachungen mit ihm treffen. Wir kennen die Unter schiede in den Gesellschaftssystemen der beiden deutschen Staaten, sie trennen uns noch stärker als die unterschiedlichen Auffassungen von der Nation. Diese Bundesregierung steht dafür ein, daß es keine erfolgreichen Versuche geben wird, die realitätsbezogene, den Menschen in beiden deutschen Staaten dienende Politik zurückzudrehen oder aufzugeben. Wir suchen weiter die Verständigung. Das Bundesverfassungsgericht hat in seinem Urteil die Verfassungsmäßigkeit des Grundvertrages bestätigt. Daran habe ich

nie gezweifelt. Die gegenteilige Auffassung des Antragstellers wurde verworfen. Kreise, die hinter den Anträgen standen, versuchen jetzt gelegentlich, den Spruch des Gerichtes nachträglich zu relativieren, etwa dadurch, daß sie aus der Begründung einzelne Teile oder Sätze isolieren und zu selbständigen politischen Richtlinien zu erheben versuchen. Die Bundesregierung hält derartige Versuche mit der Stellung und der Aufgabe des Gerichts für unvereinbar. Das Bundesverfassungsgericht legt das Grundgesetz aus, es treibt keine Politik. Darüber bestehen bei der Regierung und bei Gericht keine Zweifel. Wer derartige Zweifel jedoch nährt und dem Gericht eine Rolle zuzuschreiben versucht, die es selbst zu übernehmen ablehnt, erweist unserer Verfassungsordnung keinen guten, sondern einen schlechten Dienst. Die Regierung beteiligt sich aus Respekt vor dem Gericht und seiner bedeutsamen Aufgabe im Rahmen unserer Verfassung nicht an solchen Argumentationen. Aus den gleichen Gründen hält sie sich auch aus der kritischen Diskussion heraus, die in unserer Rechtswissenschaft um Leitsätze und Gründe des Urteils entstanden ist. Die unsachliche und häufig ganz abwegige Kritik, die aus dem Osten am Verfassungsgericht geübt wird, weisen wir zurück.
(AdG Seite 18 467)

In der Erwiderung sagte der Vorsitzende der Bundestagsfraktion der CDU/CSU Prof. Carstens:
Es gelang nicht die Einbeziehung West-Berlins in dem gewünschten Umfang bei den Verhandlungen mit der CSSR durchzusetzen. Bei dem Versuch, ein Bundesamt für den Umweltschutz in Westberlin zu errichten, stieß die Bundesregierung bei der Sowjetunion und bei der DDR auf erhebliche Schwierigkeiten. Soweit ich sehe, sind diese Schwierigkeiten, jedenfalls bei der DDR, noch nicht ausgeräumt. Die DDR verdoppelte die Umtauschquote für den Besuchsverkehr und fügte damit diesem Glanzstück der Entspannungspolitik der Bundesrepublik einen schweren Schlag zu. ...

Der entscheidende Punkt unserer Kritik besteht darin, daß die Bundesregierung in ihren Ostverträgen die Forderungen ihrer osteuropäischen Partner erfüllte, ohne ihre eigenen Ziele – der Bundesregierung und unser aller eigene Ziele, sei es auf dem Gebiet der Einheit der Nation, sei es auf dem Gebiet der Einbeziehung Berlins – in eindeutigen Vereinbarungen abzusichern. (AdG Seite 18 470)

Der Erste Sekretär des ZK der SED Erich Honecker erklärte Mitte Februar 1974: „Die Regierung der BRD steht vor der Aufgabe, die abgeschlossenen Verträge nach Geist und Buchstaben zu erfüllen. Dazu gehört das Vierseitige Abkommen über Westberlin, das kein Bestandteil der BRD ist, nicht von ihr regiert wird. Mit dem Umweltbundesamt möchte die BRD ihre Präsenz in Westberlin erweitern, statt sie den Forderungen des Vierseitigen Abkommens gemäß abzubauen, das heißt zu reduzieren. Sie fährt fort, Berlin demonstrativ als Bundesland zu behandeln, obwohl dies im Widerspruch zum Vierseitigen Abkommen steht. ... Trotz aller Störversuche und Gegenangriffe dauert der Prozeß der Entspannung weiter an. (AdG Seite 18 496)

Dagegen erklärte Bundeskanzler Schmidt in seiner Regierungserklärung am 17. Mai:
„Die internationale Entwicklung zeigt uns, daß es richtig war, in der Vertragspolitik gegenüber unseren östlichen Nachbarn die Chance nicht zu versäumen, unsere eigenen Interessen mit der weltweiten Entspannungspolitik zu verbinden. Die Verträge von Moskau und Warschau sowie der noch nicht ratifizierte Vertrag von Prag sind Ergebnisse unserer internationalen Entspannungsbemühungen. Das daraus resultierende Vier-Mächte-Abkommen über Berlin hat die Lebensfähigkeit der Stadt auf eine sichere Basis gestellt und zur Befriedung Mitteleuropas beigetragen. Die Bundesregierung wird ihrerseits alles tun, um die Lebensfähigkeit Berlins zu sichern, das Vertrauen der

Berliner in die Zukunft zu stärken und die Bindungen ihrer Stadt an die Bundesrepublik Deutschland aufrechtzuerhalten und zu entwickeln". (AdG Seite 18 677/79)

Die Schaffung eines Umweltbundesamtes in Berlin (West) führte zu erheblichen Auseinandersetzungen zwischen beiden Seiten. Die UdSSR und die DDR hatten schon vor Inkrafttreten des Gesetzes über die Schaffung eines Umweltbundesamtes in Berlin am 25. Juli Proteste erhoben, da es sich ihrer Ansicht nach um eine Verletzung des Vier-Mächte-Abkommens über Berlin handelt. Die Aufgaben des neuen Amtes sind erstens die wissenschaftliche Unterstützung der Bundesregierung auf den Gebieten des Immissionsschutzes und der Abfallwirtschaft und zweitens die wissenschaftliche Aufbereitung aller für künftige Umweltpolitik entscheidungserheblichen Befunde und Erkenntnisse für die ressortübergreifenden Umweltaufgaben des Bundes.

Die DDR drohte damit, in Wahrnehmung ihrer berechtigten Interessen und zur Gewährleistung der Einhaltung des Vierseitigen Abkommens entsprechende Maßnahmen zu ergreifen. Entsprechend dieser Äußerung wurde die Durchreise von Mitarbeitern des Bundesamtes sowie die Beförderung entsprechenden Eigentums und entsprechender Dokumente auf den Transitwegen behindert.

Dazu erklärte Regierungssprecher Bölling am 20. Juli 1974:

„1. Die Entscheidung des Gesetzgebers, das Umweltbundesamt in Berlin (West) zu errichten, steht in vollem Einklang mit dem Vier-Mächte-Abkommen. In dieser Auffassung weiß sich die Bundesregierung einig mit den Drei Mächten.

2. Die Bundesregierung sieht in der angekündigten Maßnahme der DDR einen ernsten Schritt, der nicht mit den eindeutigen,

in Übereinstimmung mit dem Vier-Mächte-Abkommen stehenden Bestimmungen des Transitabkommens vereinbar ist. Nach den vertraglichen Regelungen ist der Ausschluß bestimmter Personengruppen von der Benutzung der Transitwege unzulässig."

Am 24. Juli gaben die Drei Westmächte laut Mitteilung der britischen Botschaft/Bonn folgende Erklärung ab: „Die Regierungen der Drei Mächte sind der festen Auffassung, daß zivile Personen nicht von den Transitwegen nach Berlin ausgeschlossen werden sollten, nur weil sie Bedienstete des Umweltbundesamtes sind. ...

Alle vorgeschobenen Gründe für den Ausschluß von Reisenden von den Transitwegen entbehren daher jeder rechtlichen Grundlage. Die Drei Mächte vertreten den Standpunkt, daß die Errichtung des Umweltbundesamtes in den Westsektoren Berlins nicht gegen das Vier-Mächte-Abkommen verstößt. Das Vier-Mächte-Abkommen sieht ausdrücklich vor, daß die Bindungen zwischen der BRD und den Westsektoren Berlins aufrechterhalten und entwickelt werden. Als die Drei Alliierten die Errichtung des Umweltbundesamtes genehmigten, berücksichtigten sie selbstverständlich, wie sie es im Vier-Mächte-Abkommen erklärt haben, daß die Westsektoren Berlins, so wie bisher, kein Bestandteil (konstitutiver Teil) der BRD sind und auch weiterhin nicht von ihr regiert werden. Die sowjetische Regierung ist dafür verantwortlich, daß der Transitverkehr von zivilen Personen und Gütern zwischen den Westsektoren Berlins und der BRD ohne Behinderung bleibt."
(AdG Seite 18 850)

Die sowjetische Botschaft in der DDR erklärte am 31. Juli 1974, daß es die Botschaft der UdSSR in der DDR für erforderlich hält zu betonen, daß die Bildung des Bundesamtes für Umweltschutz in West-Berlin ein Schritt ist, der auf die Verletzung des Vierseitigen Abkommens abzielt.

Gegen die am 7. Oktober veranstaltete Ehrenparade durch die NVA (Nationale Volksarmee) auf der Karl-Marx-Allee in Ostberlin protestierten die drei westlichen Stadtkommandanten, da diese Veranstaltung zum 25. Jahrestag der DDR den Bestimmungen des Potsdamer Abkommens über den entmilitarisierten Zustand der Stadt Berlin und damit ein Bruch der Vier-Mächte-Vereinbarungen über den Berlinstatus darstellt. Diesem Protest entsprechend nahmen weder der Ständige Vertreter der BRD in der DDR, Günter Gaus, noch die Botschafter von USA, Großbritannien und Frankreich noch die diplomatischen Vertreter der übrigen 10 NATO-Staaten in der DDR an den Veranstaltungen teil (AdG Seite 18 975).

Die unterschiedlichen Auffassungen spiegelten sich auch bei der von der DDR verhängten Verdoppelung der Mindestumtauschsätze im November 1973 wider:

Am 4. Juni 1972 war laut ADN durch Anordnung des Ministers der Finanzen der DDR im Sinne der Vereinbarungen über Reiseerleichterungen festgelegt worden, daß Besucher der DDR mit Wohnsitz in nichtsozialistischen Staaten und Westberlin pro Person und Tag konvertierbare Währungen im Gegenwert von 10,-DM, bei Tagesbesuchen in Ostberlin 5,-DM umzutauschen hätten (Ausnahme Jugendliche unter 16 Jahren und Rentner). Am 5. November 1973 ordnete der DDR-Finanzminister per 15. November an, daß die bisherige Regelung außer Kraft sei, und der Mindestumtausch verdoppelt würde, und auch Rentner am Mindestumtausch teilnehmen. Daraufhin gingen die Tagesbesuche in Ostberlin um 33% zurück.

Der Regierende Bürgermeister Schütz erklärte am 11. Januar 1974:
Die Verdoppelung des Zwangsumtausches für Besucher Ostber-

lins und der DDR aus West-Berlin steht unleugbar im Widerspruch zu der Erklärung der DDR zur finanziellen Praxis für Besucher und Reisende aus West-Berlin, die sie vor der Unterzeichnung der Vereinbarung verbindlich abgegeben hat."

Dagegen erklärte ein Sprecher des Ministeriums für Auswärtige Angelegenheiten der DDR laut ADN u.a.:
Was die vom Westberliner Regierenden Bürgermeister bis zum Überdruß aufgeworfene Frage des Mindestumtausches anlangt, so handelt es sich hierbei, wie auch in anderen Staaten, um eine souveräne Entscheidung der Regierung der DDR, die natürlich kein Gegenstand von vertraglichen Regelungen oder Verhandlungen ist und je war."

Schließlich wurde der Zwangsumtausch auf 13,-DM pro Person und Tag für den Aufenthalt in der DDR und von 6,50 DM pro Person bei Tagesaufenthalten in Ostberlin festgesetzt. Vom Umtausch befreit waren nunmehr Jugendliche bis zur Vollendung des 16. Lebensjahres.

Am 6. Dezember 1974 gab das Bundespostministerium bekannt, daß per 14. Dezember der Selbstwählferndienst von Westberlin aus in weitere 33 Ortsnetze der DDR ausgedehnt wird. Nachdem am 6. Dezember 1974 die DDR ein neues Swing-Abkommen mit einem Jahresvolumen von 850 Millionen Verrechnungseinheiten mit der Bundesregierung vereinbart hatte, kündigte sie gegenüber der Bundesrepublik Deutschland und Berlin (West) die Aufhebung des Mindestumtausches für Besucher im Rentenalter an und unterbreitete gleichzeitig umfangreiche Vorschläge betreffend Verhandlungen über praktische Verbesserungen z.B. im Bereich des Verkehrswesens, der Besuchsmöglichkeiten und industrieller, wirtschaftlicher und energiewirtschaftlicher Kooperationen. Ferner über koordinierte Rettungsmaßnahmen bei Unglücksfällen im Grenzbereich.

Anläßlich des jährlichen „Berichtes zur Lage der deutschen Nation" führte Bundeskanzler Helmut Schmidt aus:

„Die Lebensfähigkeit Berlins bleibt für uns von elementarer Bedeutung. Wir werden auch künftig alles tun, um die Bindung aufrechtzuerhalten und zu entwickeln, die zwischen Berlin und der Bundesrepublik Deutschland gewachsen und deren Aufrechterhaltung und Entwicklung durch das Vier-Mächte-Abkommen bestätigt und bekräftigt worden sind."

Der Ständige Vertreter der DDR bei der UNO, Peter Florin, richtete am 20. März 1975 ein Protestschreiben an den UNO-Generalsekretär, da die Tätigkeit des Bundeskartellamtes in Berlin (West), das widerrechtlich Hoheitsgewalt der BRD in und über Berlin (West) ausübt, im Widerspruch zum Vierseitigen Abkommen steht.

In dem am 26. Gründungstag der DDR in Moskau unterzeichneten Vertrag zwischen der DDR und der UdSSR über Freundschaft, Zusammenarbeit und gegenseitigen Beistand heißt es in Artikel 7: In Übereinstimmung mit dem Vierseitigen Abkommen vom 3. September 1971 werden die hvS ihre Verbindungen zu Westberlin ausgehend davon unterhalten und entwickeln, daß es kein Bestandteil der BRD ist und auch weiterhin nicht von ihr regiert wird.

Hierzu erklärten die Botschafter der Drei Mächte, daß ihre Regierungen Wert auf die Feststellung legen, „daß kein von einer der 4 Mächte mit einem dritten Staat abgeschlossener Vertrag in irgendeiner Weise die Rechte und Verantwortlichkeiten der 4 Mächte und die entsprechenden diesbezüglichen vierseitigen Vereinbarungen, Beschlüsse und Praktiken berühren kann. Deshalb bleiben alle Rechte und Verantwortlichkeiten der 4 Mächte für Berlin und Deutschland als Ganzes durch den Vertrag über Freundschaft, Beistand und gegenseitige

Hilfe, der zwischen der UdSSR und der DDR am 7. Oktober 1975 geschlossen wurde, unberührt." (AdG Seite 19 764)

Die unterschiedlichen Auffassungen kamen auch bei einem Briefwechsel des Senats von Berlin mit der DDR über Rettungsaktionen in den Gewässern zwischen Ost- und Westberlin zu Tage. Die DDR erklärte sich einverstanden, daß auf bestimmten Grenzgewässern Hilfsmaßnahmen zur Unfallrettung bzw. -verhütung von westlicher Seite aus durchgeführt werden können. In einer Erklärung der Westmächte und des Senats heißt es, daß „die betreffenden Behörden im sowjetischen Sektor Berlins sich in Zukunft Notmaßnahmen nicht widersetzen ... Die Alliierte Kommandantura hat den Senat bevollmächtigt, jede Verpflichtung anzunehmen und, falls das nötig ist, von ihr offiziell Kenntnis zu nehmen, durch die die Sicherheit der Retter sichergestellt und ihre Aufgabe erleichtert wird." Die UdSSR verwahrte sich gegen die Bezeichnung „sowjetischer Sektor". In einer von ADN veröffentlichten Erklärung vom 30. Oktober 1975 heißt es: „Diese Versuche können nichts an der unbestreitbaren Tatsache ändern, daß Berlin die Hauptstadt der DDR war und bleibt." (AdG Seite 19 805)

Zu den Grundsätzen bilateraler Beziehungen erklärte die Bundesregierung am 29. Juni 1976, in der das Vier-Mächte-Abkommen als ein wesentliches Element der Entspannung in Europa bezeichnet wird folgendes: „Die Bundesregierung bezeichnet den durch Art. 7 des Freundschaftsvertrages zwischen der UdSSR und der DDR vom 7. Oktober 1975 erweckten Eindruck als unzutreffend, daß das Vier-Mächte-Abkommen außer den dort bestätigten Bindungen zwischen Berlin (West) und der BRD auch Verbindungen der Stadt zu anderen Staaten in ähnlicher Weise vorgesehen wären."

Am 16. Dezember 1976 erklärte Bundeskanzler Helmut Schmidt:

„Die Bundesregierung bekräftigt ihre Verpflichtung, mit den Drei Mächten die Lebensfähigkeit Berlins aufrechtzuerhalten und zu stärken. Unsere Verbündeten haben erneut vor einer Woche gemeinsam mit uns erklärt, daß Berlin voll in den Genuß jeder Verbesserung in den Ost-West-Beziehungen kommen muß, insbesondere durch seine Bindungen an die Bundesrepublik Deutschland, wie sie im Vier-Mächte-Abkommen bekräftigt wurden. An Berlin wird besonders deutlich, daß es keine Alternative zur Entspannungspolitik geben kann. In Berlin erweist sich aber auch immer wieder, wo wir denn in der Entspannungspolitik stehen. Niemand kann diese Stadt im Zentrum Europas aus der Entspannungspolitik herauslösen. Was in Berlin geschieht, hat Folgen für die Be ziehungen zwischen Ost und West. ... Im Mittelpunkt unserer Anstrengungen für Berlin muß in den nächsten Jahren die Wirtschaft im weitesten Sinne stehen. Unser Ziel ist es, die Unternehmen und Wirtschaftsbetriebe in Berlin voll zu entfalten und dort zusätzliche produktive Arbeitsplätze zu schaffen. Wir wissen uns darin voll einig mit dem Senat von Berlin und dem Regierenden Bürgermeister." (AdG Seite 20 669/74)

Laut „Die Welt" erklärte der Ständige Vertreter der Bundesrepublik Deutschland in Ostberlin, Staatssekretär Günter Gaus, Ende Juli 1976 auf einer Botschafterkonferenz:"Da aus der Sicht der DDR das Berlinproblem politisch gesehen durch das Vier-Mächte-Abkommen nicht gelöst worden sei, verfolge die DDR und mit ihr die östliche Seite das älteste Ziel, nämlich Westberlin soweit wie möglich von der Bundesrepublik zu trennen..." (AdG Seite 20 690)

Bei einem Berlin-Besuch erklärte Bundeskanzler Helmut Schmidt Mitte Mai 1977:

„Der Viermächtestatus gelte für ganz Berlin; die Verbündeten seien entschlossen, jeden Versuch zurückzuweisen, der die Verantwortlichkeit der Vier Mächte für ganz Berlin in Frage stelle; der amerikanische Präsident wisse ganz genau, wie wichtig Berlin für die ganze Welt sei; was die Berliner Mauer angehe, könne zwar niemand der SED verbieten, aus dem Vier-Mächte-Abkommen eine Rechtfertigung für sie zu konstruieren. Aber niemand kann uns daran hindern, die Mauer als das zu bezeichnen, was sie ist, ein unmenschliches Zeugnis eines völlig verfehlten politischen Systems." (AdG Seite 21 015)

Nach dem 14 Punkte Programm des Berliner Senats vom 11. Januar 1978 zur Förderung der Arbeitsplätze in Berlin gaben die Vorsitzenden der Bundestagsparteien ihre gemeinsame Berlin-Erklärung am 19. Juni 1978 ab, in der sie ihre Ansicht bekundeten, die wirtschaftliche, geistige und kulturelle Anziehungskraft von Berlin (West) zu erhalten und zu stärken. Sie appellierten deshalb an alle staatlichen und gesellschaftlichen Institutionen und Verbände, dieses Ziel durch eigene Bemühungen wirksam zu unterstützen. Insbesondere sollten die Standortnachteile ausgeglichen werden, Wohnungen für zuziehende Fachkräfte eingerichtet und das Gesetz zur Förderung der Berliner Wirtschaft erweitert werden. Sie erklärten weiter, daß sie die Bindungen zwischen Berlin (West) und der Bundesrepublik Deutschland aufrechterhalten und entwickeln werden, um die Lebensfähigkeit der Stadt dauerhaft zu sichern. Sie sehen darin eine nationale Aufgabe.

Das Gesetzblatt der DDR veröffentlichte in seiner Ausgabe vom 11. Juni 1978 eine „Verordnung über den staatlichen Museumsfonds der DDR vom 12. April 1978" in der der größte Teil der Kunstschätze im Besitz der „Stiftung Preußischer Kulturbesitz" aus 14 staatlichen Museen in Westberlin als DDR-Volkseigentum reklamiert wird.

Im Oktober 1978 wird der Regierende Bürgermeister von Berlin, Dietrich Stobbe, zum Präsidenten des Deutschen Bundesrates gewählt. (Amtszeit 1 Jahr) Vor Stobbe waren bereits 1957/58 Willy Brandt und 1967/68 Klaus Schütz Bundesratspräsidenten. Die DDR hat unter Hinweis auf die stellvertretende Funktion des Bundesratspräsidenten als Bundespräsident die Wahl von Stobbe als offensichtliche und schwerwiegende Verletzung des Vier-Mächte-Abkommens bezeichnet. Die Bundesregierung hat diese Vorwürfe unter Hinweis auf die hergebrachte Übung, die von den Drei Mächten gebilligt wurde, und der Geschäftsordnung des Bundesrates zurückgewiesen.

Bundeskanzler Helmut Schmidt erklärte am 17. Mai 1977 zur Lage der Nation:

„In meinen Gesprächen mit dem sowjetischen Generalsekretär Breschnew im vorigen Mai habe ich den Eindruck gewonnen, daß die sowjetische Führung die Berlin-Situation heute realistischer und ebenso wie wir in ihrer Bedeutung für die Entspannung in Europa und für die deutsch-sowjetischen Beziehungen sieht. Tatsächlich ist die politische Situation der Stadt seit Mitte des letzten Jahres ruhiger geworden."

Am 28. Juni 1979 verabschiedete die DDR-Volkskammer u.a. ein Gesetz zur Änderung des Wahlgesetzes, in dem die Direktwahl der Ostberliner Abgeordneten zur DDR-Volkskammer enthalten ist. Die Bundesrepublik Deutschland und die Westmächte haben gegen diese Verletzung des Berlin-Status protestiert. Der Protest wurde jedoch von der DDR und der UdSSR zurückgewiesen. Damit wurde Ostberlin in bezug auf die Wahl der Volkskammerabgeordneten restlos in die DDR einbezogen. Nunmehr verblieben als Reste des Vier-Mächte-Status die ungehinderte Bewegungsfreiheit alliierter Militärpersonen in ganz Berlin, die alliierte Luftsicherheitszentrale mit der Luftkontrollzone Berlin und das alliierte Kriegsverbrechergefängnis in Spandau.

Eine für Ende August 1980 geplante Reise von Bundeskanzler Schmidt in die DDR wurde wenige Tage vor dem geplanten Beginn, von Bundeskanzler Schmidt, abgesagt.

Am 31. August 1980 kam es zu einer Begegnung zwischen dem Generalsekretär des ZK der SED, Erich Honecker, und dem Leiter der Ständigen Vertretung der Bundesrepublik Deutschland in Ostberlin anläßlich der Eröffnung der Leipziger Herbstmesse, in der beide Seiten ihr Interesse an einer weiteren Normalisierung der Beziehungen zwischen beiden Staaten bekundeten. Ferner betonten beide Seiten ihren Willen zum weiteren Ausbau der gegenseitigen Beziehungen.

Am 9. Oktober 1980 erhöhte die DDR den Mindestumtausch für Besucher aus nichtsozialistischen Staaten von bisher 13,-DM auf 25,-DM pro Tag (Kinder bis zum vollendeten 6. Lebensjahr waren nunmehr befreit, Kinder bis zum vollendeten 15. Lebensjahr sollten 7,50 DM zahlen). Der Regierende Bürgermeister von Berlin, Dietrich Stobbe, betonte, daß der Schritt der DDR einer Verhinderung des Reise- und Besuchsverkehrs nach Ost-Berlin und in die DDR sehr nahe komme. Am 10. Oktober 1980 legte der Ständige Vertreter der Bundesrepublik in der DDR Verwahrung gegen die Erhöhung des Mindestumtausches ein. Die von der DDR vorgebrachte Begründung (Inflationsausgleich) wurde von der Bundesregierung zurückgewiesen. Gaus betonte vor Journalisten, daß er die Maßnahme als größten und schwersten Rückschlag seit 1974 betrachte. (AdG Seite 23 935)

Nachdem Mitte Januar 1980 die DDR-Reichsbahn 78 Westberliner Angestellten zum Monatsende gekündigt hatte und nachdem die DDR wiederholt auf den defizitären Betrieb des Westbahnnetzes hingewiesen hatte, übergab am 31. Juli 1980 der Besuchsbeauftragte der DDR, Walter Müller, dem Beauftragten des Westberliner Senats, Senatsrat Gerhard Kunze, ein Dokument mit der erneuten Forderung nach Subventionen des S-Bahn-Verkehrs in Berlin (West) durch den Senat.

Am 17. September 1980 legte ein Streik der Westberliner Beschäftigten der DDR-Reichsbahn den gesamten Güterverkehr und den S-Bahn-Betrieb in Berlin (West), sowie den Güterfernverkehr mit dem Bundesgebiet, lahm. Der Regierende Bürgermeister, Dietrich Stobbe, erklärte, daß die Forderungen der Streikenden nicht erfüllbar seien; einseitige Veränderungen der bestehenden Verhältnisse durch den Westen seien unmöglich; für einvernehmliche Änderungen sei keine Bereitschaft zu erkennen.

In seiner Regierungserklärung am 12. Februar 1981 sagte Stobbes Nachfolger Vogel u.a.:

„Vorbehaltlich einvernehmlicher Lösungen der hier gegebenen Implikationen, die in voller Übereinstimmung mit den alliierten Schutzmächten und in enger Abstimmung mit der Bundesregierung gefunden werden müssen, soll die S-Bahn in das Nahverkehrskonzept der Stadt einbezogen und nach Maßgabe dieses Konzepts in ein Schienenschnellverkehrssystem integriert werden." (siehe AdG Seite 24 498)

Bei den am 14. Juni 1981 stattfindenden Wahlen zur DDR-Volkskammer wurden erstmals auch die Ostberliner Volkskammer-Abgeordneten direkt gewählt. Bisher waren sie von der Stadtverordnetenversammlung als nicht stimmberechtigte Mitglieder delegiert worden. Diese Regelung entsprach der indirekten Wahl der Westberliner Bundestagsabgeordneten, die wegen des besonderen Status Berlins vom Berliner Abgeordnetenhaus in den Bundestag entsandt wurden und dort auch nicht stimmberechtigt waren.

Die drei westlichen Schutzmächte legten bei der UdSSR Protest gegen die Direktwahl der Ostberliner Volkskammervertreter ein. Ebenso nahm auch der Staatsminister im Bundeskanzleramt Huonker gegen die Direktwahl Stellung und bezeichnete diese als Verstoß gegen das Vier-Mächte-Abkommen. Der Regierende Bürgermeister von Berlin, Richard von Weizsäcker (CDU), sprach von einem schwerwiegenden Akt, der mit der Aufrechterhaltung einer ruhigen Lage in und um Berlin nicht vereinbar sei. (AdG Seite 24 694)

In dem ersten Gespräch zwischen dem Beauftragten des Berliner Senats bzw. der DDR-Regierung, Senatsrat Gerhard Kunze und Botschafter Walter Müller, am 11. August 1981, unterstrich Senatsrat Kunze, daß der neue Senat in bezug auf die neue Besuchsregelung die gleichen Ziele verfolge, wie die bisherigen Senate. Bei diesem Gespräch hat er weitere Verbesserungen der Besuchs- und Reiseregelungen vorgeschlagen und insbesondere eine Zurücknahme der Erhöhung und Erweiterung des Zwangsumtausches bei Reisen in die DDR gefordert.

Anläßlich des 20. Jahrestages der Errichtung der Berliner Mauer am 13. August 1961 bezeichnete der Regierende Bürgermeister von Berlin, Richard von Weizsäcker, vor dem Berliner Senat die Mauer als „versteinerte Zwangsabsage der Politik an die Menschlichkeit" und als Bauwerk gegen die Menschlichkeit schlechthin....

Der Senat werde alles in seinen Kräften Stehende tun, um zu einer festeren deutschland- und ostpolitischen Zusammenarbeit über Parteigrenzen hinwegzukommen. Berlin sei der gegebene Platz, mit dem Willen zur Gemeinsamkeit Ernst zu machen und dann vorauszudenken und voranzugehen. Namens des Senats forderte Weizsäcker die Rücknahme der Erhöhung des Mindestumtausches durch die DDR, wodurch der Berliner Reise- und Besuchsverkehr schwer beeinträchtigt worden sei. Er erklärte die Bereitschaft zu Kontakten und Gesprächen, „wo immer sie der friedlichen Weiterentwicklung der Menschen dienen können".... Der DDR liege unverändert an wirtschaftlichen Abmachungen, wichtigste Ziele der Bundesregierung und des Senats seien und blieben menschenwürdige Freiheitsrechte. (AdG Seite 24 810)

Auf Einladung des Generalsekretärs des ZK der SED und Staatsratsvorsitzenden der DDR, Erich Honecker, besuchte Bundeskanzler Helmut Schmidt vom 11. bis 13. Dezember 1981 die DDR. In dem Gemeinsamen Abschlußcommuniqué würdigten sie die Entwicklung seit Abschluß des Grundlagenvertrags von 1972, der zusammen mit den seither geschlossenen Vereinbarungen und Regelungen Voraussetzungen für eine „beiderseits vorteilhafte und sich weiter vertiefende Zusammenarbeit geschaffen" habe. Beide Seiten führten u.a. einen offenen Meinungsaustausch über Probleme und Fragen des Reise- und Besucherverkehrs und legten in diesem Zusammenhang ihre unterschiedlichen Auffassungen über die am 9. Oktober 1980 erfolgte Erhöhung des Mindestumtausches dar. Ferner führten sie einen Meinungsaustausch über dringende Fragen des Umweltschutzes und bekräftigten die Absicht, die Zusammenarbeit im Bereich von Wissenschaft und Technik sowie des Bildungswesens zu fördern. Beide Seiten erörterten die Möglichkeiten für die weitere Entwicklung der kulturellen Zusammenarbeit. Ferner wurde die Bereitschaft erklärt, die Möglichkeiten konkreter bilateraler Zusammenarbeit im Energiebereich zu sondieren, wobei die DDR ihr Einverständnis bekräftigte, daß Erdgas aus der Sowjetunion durch die DDR auch nach Berlin (West) geliefert werde.

In seiner Regierungserklärung vor dem Deutschen Bundestag am 13. Oktober 1982 erklärte Bundeskanzler Dr. Helmut Kohl:

„Die Lage Deutschlands spiegelt sich im Brennpunkt Berlin. Die Bundesregierung versteht Berlin als politische Aufgabe und als Chance aller Deutschen. Wir treten dafür ein, daß eine strikte Einhaltung und volle Anwendung des Vier-Mächte-Abkommens über Berlin gewährleistet sind. Wir treten für Konsolidierung und Entwicklung der Bindungen Berlins an den Bund und für die Wahrung der Außenvertretung Berlins durch den Bund ein. Die Bundesregierung fördert die gemeinsamen Anstrengungen, die zum Ausgleich für die isolierte Lage Berlins erforderlich sind. Dies gilt für die Berlin-Hilfe und die Berlin-Förderung ebenso wie für die Verbindungswege von und nach Berlin. Die Bundesregierung wird sich für die Stärkung der Wirtschaftskraft Berlins einsetzen. Ziel ist es, den langjährigen, weit überdurchschnittlichen Rückgang der Zahl der industriellen Arbeitsplätze zu beenden und zukunftssichere, wettbewerbsfähige Beschäftigung zu sichern. Ich werde ... die Repräsentanten der deutschen Wirtschaft nach Berlin einladen, um mit ihnen die Möglichkeiten eines verstärkten Berlin-Engagements zu besprechen. Die soziale und wirtschaftliche Lebensfähigkeit befähigt Berlin, Aufgaben für alle Deutschen wahrzunehmen, die eben für alle Deutschen wahrzunehmen sind. Berlin bleibt Gradmesser für die Ost-West-Beziehungen. Berlin ist Symbol für die Offenheit der deutschen Frage."

Trotz des sich insbesondere 1984 verschlechternden Ost-West-Klimas bemühen sich die Bundesregierung und der Berliner Senat, aber auch die DDR-Regierung um die Fortsetzung des deutsch-deutschen Dialogs.

Dr. Richard von Weizsäcker und DDR Verkehrsminister Otto Arndt sprechen sich am 21.2.1983 für die Aufnahme von Verhandlungen über die Zukunft der S-Bahn in Berlin aus.

Die Besuchsbeauftragten des Senats von Berlin und der Regierung der DDR führen am 24.3.1983 ein Gespräch über den Besucherverkehr.

Am 4.5.1983 trifft der Regierende Bürgermeister von Berlin, Dr. Richard von Weizsäcker, anläßlich der Eröffnungsveranstaltung zum Luther-Jahr in Eisenach mit dem stellvertretenden DDR Staatsratsvorsitzenden Sindermann zusammen.

Am 21.6.1983 beginnt die Rückführung der in Berlin (West) gelagerten Fassadenteile des ehemaligen Ephraim-Palais nach Ostberlin.

Am 28.6.1983 wird bekannt, daß durch Vermittlung des bayerischen Ministerpräsidenten Franz-Josef Strauß der DDR durch ein Bankenkonsortium ein Milliardenkredit gewährt wird, für den die Bundesregierung eine Garantieerklärung abgegeben hat.

Am 24.7.1983 empfängt SED-Generalsekretär Honecker Franz-Josef Strauß zu einem Meinungsaustausch auf Schloß Hubertusstock.

Am 29.8.1983 nehmen die Experten des Senats und der DDR die Gespräche über den Bau einer zweiten Kammer der Schleuse Spandau wieder auf, die seit dem 5.6.1981 unterbrochen worden waren.

Am 31.8.1983 führen elf Abgeordnete der Arbeitsgruppe für innerdeutsche Beziehungen der SPD-Bundestagsfraktion ein Gespräch mit SED-Politbüromitglied Paul Verner, der gleichzeitig stellv. DDR-Staatsratsvorsitzender und SED-Generalsekretär ist, und mit dem stellv. Volkskammerpräsidenten Gerald Götting, Vorsitzender der CDU der DDR.

Am gleichen Tage treffen die Beauftragten für den Reise- und Besucherverkehr des Senats von Berlin und der DDR zu einem Gespräch zusammen.

Am 5.9.1983 trifft eine Gruppe von Bundestagsabgeordneten aller Parteien in Leipzig mit dem Mitglied des SED-Zentralkomitees Herbert Häber zusammen.

Am 15.9.1983 trifft der Regierende Bürgermeister von Berlin im Schloß Niederschönhausen in Ostberlin zu einem Gespräch mit dem SED-Generalsekretär und DDR-Staatsratsvorsitzenden, Erich Honecker, zusammen. Beide haben am Anfang ihrer Gespräche darauf hingewiesen, daß die Tatsache der Unterredung nicht als Instrument dienen dürfe, den Status von Berlin zu verändern. Über den Status verfügen ohnehin nur die Vier Mächte.

Am 22.9.1983 gab der Regierende Bürgermeister von Berlin in seiner Regierungserklärung bekannt, daß der Senat und die DDR ihre Beauftragten für gegenseitige Kontakte bei der Vorbereitung der Feiern zum 750jährigen Bestehen Berlins benannt haben.

Am 24.9.1983 trifft der Regierende Bürgermeister von Berlin, Dr. Richard von Weizsäcker, anläßlich des evangelischen Kirchentages in Wittenberg, mit Gerald Götting, Vorsitzender der CDU in der DDR, zusammen und spricht auf der Abschlußkundgebung auf dem Marktplatz in Wittenberg.

Am 27.9.1983 hebt die DDR den Zwangsumtausch für Kinder bis zum vollendeten 14. Lebensjahr auf und erläßt Vorschriften über Familienzusammenführung, die einige Erleichterungen beinhalten (in Kraft ab 15.10.1983).

Am 31.10.1983 treffen in Ostberlin der Beauftragte des Senats, SR Hinkefuß, und der Beauftragte des DDR-Verkehrsministeriums, Reichsbahnhauptdirektor Dr. Meißner, zu ersten Verhandlungen über die Zukunft der S-Bahn in Berlin (West) zusammen.

Am 8. und 17.11.1983 kommt es zu weiteren Treffen der Beauftragten des Senats und der DDR-Regierung für Reise- und Besuchsangelegenheiten.

Bereits am 30.12.1983 unterzeichnen SR Hinkefuß für den Senat von Berlin und der Hauptdirektor der Deutschen Reichsbahn, Dr. Meißner, eine Vereinbarung, nach der die Deutsche Reichsbahn den Betrieb der S-Bahn in Berlin (West) einstellt (ab 9.1.1984). Vom gleichen Zeitpunkt an wird die S-Bahn von den Berliner Verkehrsbetrieben (BVG) betrieben werden.

Am 11.12.1984 beginnen in Ostberlin Verhandlungen zwischen Vertretern der Berliner Senatsverwaltung für Stadtentwicklung und Umweltschutz und dem DDR-Ministerium für Umweltschutz und Wasserwirtschaft über eine Änderung der Vereinbarung v. 18.3.80 über Abwässer-Abnahme. Obwohl das geplante Treffen Kohl – Honecker nicht zustande kommt, gibt es auch 1984 zahlreiche Kontakte zwischen deutschen Politikern aus Ost und West.

Am 15.12.1984 werden die neuerbaute Grenzübergangsstelle zwischen Hessen und der DDR bei Herleshausen und der dazugehörige Autobahnabschnitt bis Eisenach (Länge 7,5 km) eröffnet und für den Verkehr freigegeben.

Die Kontinuität der Berlin-Politik der Bundesrepublik einschließlich des Berliner Senats kommt auch in folgenden Stellungnahmen zum Ausdruck:

Der Deutsche Bundestag bekräftigt mit den Stimmen der CDU/CSU, F.D.P. und SPD am 9.2.84 in einem Beschluß zur Deutschlandpolitik, „daß Berlin Prüfstein der Beziehungen zwischen Ost und West bleibt. Er tritt ein für die strikte Einhaltung und volle Anwendung des Vier-Mächte-Abkommens über Berlin. Die geteilte, unter Viermächteverantwortung stehende Stadt verdeutlicht, daß die Folgen der Teilung noch nicht überwunden sind und die deutsche Frage noch offen ist. Die Lebenskraft Berlins zu stärken bleibt eine nationale Aufgabe. Mehr als jede andere Stadt ist Berlin auf wirkliche Entspannung zwischen Ost und West angewiesen."

In der Regierungserklärung des neugewählten Regierenden Bürgermeisters von Berlin, Eberhard Diepgen (CDU), heißt es u.a., „daß die Existenz des freien Berlin ohne die Partnerschaft mit den alliierten Schutzmächten und die Bindungen an den Bund undenkbar ist.... Berlin hat und ist eine nationale Aufgabe."

In dem Bericht der Bundesregierung zur Lage der Nation am 15.3.1984 heißt es u.a.: „Unser Verhältnis zu den Drei Mächten ist von existenzieller Bedeutung für Berlin.... Wir haben in Berlin eine Aufgabe für die Sache der Freiheit zu erfüllen.

Berlin ist
– Symbol für die standfeste Verteidigung von Demokratie und Menschenrechten durch die freien Völker des Westens und –
Gradmesser für die Beziehungen zwischen Ost und West.

Berlin ist auch immer wieder Prüfstein für den Selbsterhaltungswillen des Westens. Die Lage in und um Berlin muß stabil sein. Von entscheidender Bedeutung für die Beziehungen zwischen Ost und West ist die strikte Einhaltung und volle Anwendung des Vier-Mächte-Abkommens über Berlin. Die Festigung und Weiterentwicklung der Bindungen Berlins an den Bund behält den Rang eines nationalen Interesses."
(Bulletin der Bundesregierung vom 16.3.1984)

Der Bundeskanzler, Dr. Helmut Kohl, faßte in dem Bericht zur Lage der Nation die Grundzüge der Berlin-Politk der Bundesregierung am 27.Februar 1985 vor dem Bundestag wie folgt zusammen:

Unsere Deutschlandpolitik, die Deutschlandpolitik dieser Bundesregierung der Koalition der Mitte, hat sich auch seit meinem letzten Bericht zur Lage der Nation am geteilten Deutschland – einigen Belastungen zum Trotz – nach Zielsetzung, Anlage und Methode bewährt.

Die Berlin-Politik der Bundesregierung ist darauf angelegt, die Lebensfähigkeit der Stadt zu sichern und Bedingungen zu schaffen, unter denen sie ihr Potential, ihre Kraft ungestört entfalten kann. Hierbei kommt der Entwicklung der Bindungen Berlins an die Bundesrepublik Deutschland und der Vertretung seiner Interessen durch den Bund nach außen vorrangige Bedeutung zu.

Unsere Berlin-Politik – es ist wichtig, es wieder einmal zu wiederholen – hat die ungeteilte Unterstüzung aller unserer Bündnispartner.

Die Bundesregierung tritt entschieden für die strikte Einhaltung und volle Anwendung des Vier-Mächte-Abkommens vom 03.September 1971 ein. Die Sicherheit Berlins wird durch die Garantie der Drei Mächte und ihrer Präsenz in Berlin gewährleistet. Die Entschlossenheit der Alliierten, auf ihren Rechten zu bestehen und ihren Verantwortlichkeiten nachzukommen, hat der Präsident der Vereinigten Staaten von Amerika in seiner Neujahrsbotschaft an die Berliner Bevölkerung erneut eindeutig bekräftigt.

Die Bundesregierung wird den Transitverbindungen nach Berlin weiterhin ihre besondere Aufmerksamkeit widmen.

Meine Damen und Herren, Berlin bleibt eine nationale Aufgabe. Die Bundesregierung wird daher in ihren Anstrengungen nicht nachlassen, ihren Beitrag zur Stärkung der Lebensfähigkeit der Stadt zu leisten und damit die Anziehungkraft Berlins zu fördern.

Die bevorstehenden Feiern zum 750. Geburtstag der Stadt bieten uns allen eine besondere Gelegenheit, unser Engagement für diese bedeutende und faszinierende deutsche Metropole neu zu bekräftigen.

Als Geburtstagsgeschenk der Bundesrepublik Deutschland wollen wir in Berlin das Deutsche Historische Museum bauen und einrichten. Ein solches Haus gehört nach Berlin, in die alte Hauptstadt der Deutschen.

Das Projekt selbst ist eine nationale Aufgabe von europäischem Rang. Es geht um die Schaffung einer Stätte der Selbstbesinnung und der Selbsterkenntnis, wo nicht zuletzt junge Bürger unseres Landes etwas davon spüren können – und sei es zunächst auch nur unbewußt – woher wir kommen, wer wir als Deutsche sind, wo wir stehen und wohin wir gehen werden."

Der Regierende Bürgermeister von Berlin, Eberhard Diepgen, formulierte am 25. April 1985 in seiner Regierungserklärung über die Richtlinien der Regierungspolitik für die 10. Legislaturperiode die Ziele seiner Berlin- und Deutschlandpolitik wie folgt:

„Der Senat sieht in der Ausübung der Rechte und Verantwortlichkeiten der alliierten Schutzmächte und in den engen Bindungen an den Bund die unveränderte Grundvoraussetzung für die Existenz des freien Berlins.

Er wird die Freundschaft mit den Völkern des Westens pflegen und ausbauen und zur Aussöhnung mit den östlichen Nachbarn Deutschlands beitragen.

Von Berlin sollen Impulse für eine aktive Deutschlandpolitik ausgehen. Der Senat wird in Zusdammenarbeit mit der Bundesregierung alle Anstreengungen unternehmen, die Folgen der deutschen Teilung für die Menschen zu mildern.

Die Wahrung der Einheit der Nation bleibt Ziel der Politik."

Heftige Diskussionen zur Frage der „DDR-Staatsbürgerschaft entflammten, nachdem der Ministerpräsident des Saarlandes, Oskar Lafontaine, der am 13.November 1986 in Begleitung meherer saarländischer Politiker und Wirtschaftsvertreter von Berlin (West) aus zu einem dreitätigen Besuch in Berlin (Ost) eintraf. Nach einem mehrstündigen Gespräch mit dem SED-Generalsekretär und DDR-Staatsratsvorsitzenden, Erich Honecker, erklärte Lafontaine, daß eine Normalisierung des Reiseverkehrs zwischen beiden deutschen Staaten langfristig auch die Anerkennung der DDR-Staatsbürgerschaft bedingt.

Der Regierende Bürgermeister von Berlin, Eberhard Diepgen, sowie der Bundesminister im Bundeskanzleramt, Wolfgang Schäuble, kritisierten die Worte Lafontaines am folgenden Tage.

Eberhard Diepgen erklärte in Berlin, daß die Aufgabe einer einheitlichen deutschen Staatsbürgerschaft die Berliner in eine „staats- und völkerrechtlich ausweglose Situation" bringe. Er ist davon überzeugt, daß ein solcher Schritt aus der Sicht Ost-Berlins nicht die Voraussetzung für einen „normalen Reiseverkehr" wäre.

Wolfgang Schäuble führte aus, daß solche fundamentalen Zugeständnisse, die eine Abkehr von der Rechtsposition der Bundesrepublik Deutschland bedeuteten, in Wahrheit den ganzen Prozeß, beim Offenhalten der deutschen Frage Schritt für Schritt humanitäre Erleichterungen zu erreichen, gefährdeten.

3.5.
Die Berlin-Politik der drei westlichen Alliierten

Die Berlin-Politik der drei westlichen Alliierten war stets einheitlich und konsequent auf die Verteidigung der Freiheit Berlins und der Berliner gerichtet. So gab es oft gleichlautende Erklärungen der drei Schutzmächte, wie z.B. die Londoner Berlin-Erklärung vom 9.März 1977, in der die Staats- und Regierungschefs der Drei Mächte und Bundeskanzler Helmut Schmidt ihre Befriedigung über die positiven Auswirkungen ausdrückten, die das Vier-Mächte-Abkommen auf die Lage in und um Berlin gehabt hat.

Sie stimmen darin überein, daß die strikte Einhaltung und volle Anwendung des Abkommens als unerläßliche Voraussetzung für die anhaltende Verbesserung der Lage wesentlich für die Vertiefung der Entspannung, die Aufrechterhaltung der Sicherheit und die Entwicklung der Zusammenarbeit in ganz Europa sind.....

Die Drei Mächte betonten erneut, daß das Vier-Mächte-Abkommen ausdrücklich darauf gegründet sei, daß die Rechte und Verantwortlichkeiten der Vier Mächte und die entsprechenden Vereinbarungen und Beschlüsse der Vier Mächte aus der Kriegs- und Nachkriegszeit nicht berührt werden. Sie bekräftigen, daß dieser Status des besonderen Gebietes von Berlin nicht einseitig verändert werden kann. Sie Drei Mächte werden auch in Zukunft jeden Versuch zurückweisen, die Rechte und Verantwortlichkeiten in Frage zu stellen, die Frankreich, die Vereinigten Staaten, das Vereinigte Königreich und die Sowjetunion in Bezug auf Deutschland als Ganzes und alle vier Sektoren Berlins beibehalten. Die vier Regierungen verpflichteten sich zur Zusammenarbeit bei der Aufrechterhaltung einer politischen Lage, die die Lebensfähigkeit und das Gedeihen der Westsektoren Berlins begünstigt. Sie bekräftigten ihre Verpflichtung für die Sicherheit der Stadt, die eine unabdingbare Voraussetzung für ihre wirtschaftliche und soziale Entwicklung ist." (AdG Seite 20982, 1977).

Trotzdem soll anhand von Erklärungen und Handlungen führender Politiker der Drei Mächte dieses Engagement der westlichen Alliierten für Berlin nach der jeweiligen Nationalität gesondert dargestellt werden.

3.5.1.
Berlin-Politik der USA

Die USA haben seit Kriegsende – seit dem Beginn der Luftbrücke, in Wort und Tat stets unverbrüchlich zu Berlin gestanden. Aus dem Recht des Siegers wurde Freundschaft zu Berlin und zu den Berlinern.

Die USA haben es sich – wie auch die anderen beiden westlichen Alliierten, zur Pflicht gemacht, die Freiheit und die Sicherheit Berlins wie ihre eigene Sicherheit zu verteidigen. Sie haben dies stets mit innerem Engagement und Festigkeit getan. Den drei Schutzmächten sei an dieser Stelle Dank gesagt.

Wenn die Berliner mit Hoffnung und Zuversicht in die Zukunft schauen, dann nur, weil sie wissen, daß sie treue Verbündete und echte Freunde haben, denen sie auch in der Not vertrauen können.

Mit dem Viermächte-Abkommen haben die Drei Alliierten den Grundstein für eine sichere Zukunft Berlins gelegt.

US-Präsident Nixon erklärte in seinem Bericht an dem Kongreß über die Außenpolitik der USA Anfang Februar 1972:

Durch die Vier-Mächte-Vereinbarung „ist keine Veränderung

im juristischen Status der Westsektoren Berlins eingetreten: Sie verbleiben unter der Autorität der Drei Westmächte, die sich gemeinsam mit der UdSSR in die Verantwortung für die Stadt als Ganzes teilen, und sie werden weiterhin nicht als konstitutiver Teil der BRD angesehen."

Entsprechend ließ Außenminister Rogers am 8.Juni 1972 erklären, daß z.B. die Erwähnung der Westsektoren Berlins in dem Kommunique die Existenz eines östlichen Sektors Berlins impliziert. Die Rechte und Verantwortlichkeiten der Vier Mächte hinsichtlich jenes Sektors dauern unverändert an. Das Berlin-Abkommen stellt fest, daß die Vertragspartner auf der Basis ihrer Viermächte-Rechte und -Verantwortlichkeiten handeln und der zugehörigen Kriegs- und Nachkriegsabkommen und -entscheidungen der Vier Mächte, die nicht berührt werden. Jene Abkommen beziehen sich auf ganz Berlin, auf das die Viermächte Rechte und Verantwortungen weiterhin angewandt bleiben. (AdG Seite 16 874 und 17 153)

Anläßlich des 25.Jahrestages der Verkündung des Marshall Planes erklärte der Bundeskanzler Willy Brandt in Boston, in dem er an die damalige Situation erinnerte: „Berlin wurde zur Wiege der deutsch-amerikanischen Freundschaft, daß es nicht resignierte, wurde zur Voraussetzung künftiger Partnerschaft." (AdG Seite 17 153)

Außenminister Kissinger erneuerte anläßlich seines Besuches am 21.Mai 1975 in Berlin die Berlin-Garantien der USA, in dem er ausführte: „Die Sicherung Westberlins bleibt ein lebenswichtiges Interesse der USA... Wir werden in unserer Entschlossenheit nicht nachlassen und unsere Sicherheit nicht vernachlässigen... In dem empfindlichen Gleichgewicht der Beziehungen zwischen Ost und West spielt Berlin die Rolle des Angelpunktes... Ich bin nach Berlin gekommen, um Ihnen zu sagen, daß sich Amerika auch weiterhin dem Aufbau einer gerechten und friedlichen sowie sicheren und freien Welt verpflichtet fühlt." (AdG Seite 19 503)

Auf einer Informationsreise nach Europa und Japan erklärte US-Vizepräsident Mondale in Berlin Ende Januar 1977:

Ich bin in seinem (US-Präsident d.Red.) Auftrag hierhergekommen, um Ihnen zu versichern, daß die Politik der USA auf voller Unterstützung für Ihre Stadt basiert – eine Politik, die mit Hilfe unserer westlichen Verbündeten Ihre Freiheit und Sicherheit gewährleistet... Präsident Carter hat mich darüber hinaus gebeten, Sie seiner Entschlossenheit zu versichern, daß die USA nicht nur ihr Versprechen erfüllen werden, dafür einzustehen, daß Berlin am Leben bleibt, sondern darüber hinaus dieser Stadt und ihren Bewohnern als einem wichtigen Teil der westlichen Welt ihre Hilfe angedeihen lassen und ihr Wohlergehen fördern wollen. Denn Berlin ist ein fester Bestandteil der westlichen Welt. Sein Platz wird durch seine festen Verbindungen zur BRD bestimmt und durch seine Beteiligung an der Arbeit der EG... Heute muß eine Auseinandersetzung in der Berlin-Frage zu einem Zeitpunkt, da große Anstrengungen unternommen werden, die Spannungen abzubauen, die jahrelang Ost und West konfrontiert haben, ein für allemal der Vergangenheit angehören... Präsident Carter hat die feste Absicht, alles in seiner Macht Stehende zu tun, um die Gefahr von Konflikten in Europa zu verringern. Keine andere Stadt in der Welt wird mehr von diesen Bemühungen profitieren als Berlin... Die Bewahrung der Stabilität in Berlin erfordert eine fortgesetzte Anerkennung des Viermächtestatus und der Verantwortlichkeiten für Berlin als Ganzes... Nur ein Verständnis der Situation in Berlin... kann zum Abbau der Spannungen beitragen. Das wichtige Gleichgewicht, das die Situation in Berlin kennzeichnet, kommt im Viermächteabkommen klar zum Ausdruck... Präsident Carter glaubt fest daran und wird weiterhin darauf bestehen, daß dieses Abkommen strikt eingehalten und von allen Beteiligten voll angewendet wird..." (AdG Seite 20 779)

Am 15. Juli 1978 besuchte US-Präsident Jimmy Carter Berlin und erneuerte die Berlin-Garantien der USA. Seine Rede gipfelte in den Worten: „Was immer sei, Berlin bleibt frei."

Im September 1981 besuchte Alexander Haig Berlin. Er hob hervor, daß Berlin ein guter Ort sei, um den Glauben an den demokratischen Pluralismus zu stärken. Zum Schluß seiner Rede, in der er Berlin als Insel der Freiheit bezeichnete, sagte er in Anspielung auf die gegen seinen Besuch gerichteten Demonstrationen in Berlin: „Im Namen meines Landes – und im Namen der Hunderttausenden meiner Landsleute, die in unseren Streitkräften in Europa dienen – lassen sie mich damit schließen, daß, selbst wenn wir nicht damit übereinstimmen, was sie (die Demonstranten) sagen, wir bereit sind, bis zum Tod ihr Recht zu verteidigen, es zu sagen." (AdG Seite 24 896)

Auch US-Präsident Ronald Reagan besuchte Berlin kurz nach seinem Amtsantritt am 11. Juni 1982. Er betonte, daß die Streitkräfte der USA solange in Berlin bleiben werden, wie es notwendig ist, um den Frieden zu erhalten und die Freiheit der Bevölkerung von Berlin zu schützen. Er erklärte, daß die amerikanische Präsenz in Berlin, solange sie notwendig ist, keine Last, sondern eine unumstößliche Verpflichtung darstellt.

Anläßlich der Wahl von Eberhard Diepgen zum neuen Regierenden Bürgermeister von Berlin am 9.2.1984 schrieb US-Präsident Reagan:

„Unser Engagement für die Freiheit dieser großen Stadt wird niemals erschüttert werden."
Reagan versicherte, daß auch der neue Regierende Bürgermeister der Unterstützung der USA sicher sein könne.

Am 6. Mai 1985 führte der Präsident der Vereinigten Staaten von Amerika in seiner an die deutsche Jugend gerichteten Rede auf Schloß Hambach folgendes aus:

„... Aber, meine jungen Freunde, wir müssen realistisch denken. Denn solange kein Wandel auf der anderen Seite eintritt, müssen die Vereinigten Staaten ihre eigenen Verpflichtungen erfüllen – den Fortbestand der Freiheit zu sichern. Die vorderste Grenze der europäischen Freiheit liegt in Berlin. Und ich versichere Ihnen, daß Amerika zu Ihnen hier in Europa stehen wird, und daß Amerika zu Ihnen und Berlin stehen wird...."

Bei einem Besuch in Berlin (West) am 21. Mai 1985 bekräftigte US-Verteidigungsminister Caspar Weinberger das feste Engagement der USA für Berlin:

„Wir bleiben hier, bis die Unnatürlichkeit der Teilung berichtigt ist und Berlin in einer demokratischen Ordnung wiedervereinigt ist."

In Begleitung von Bundesaußenminister Hans-Dietrich Genscher, besuchte US-Außenminister Georg P. Shultz am 14. Dezember 1985 Berlin. Anläßlich der Eintragung ins Goldene Buch der Stadt Berlin erklärte Shultz in Anwesenheit des Regierenden Bürgermeisters von Berlin, Eberhard Diepgen, folgendes:

„Ich kann ihnen versichern, daß die Vereinigten Staaten sich sehr wohl über Berlins bedeutende Rolle in Europa und der westlichen Welt im Klaren sind. Unsere Verpflichtungen für die Freiheit der Westsektoren ist unverbrüchlich. Wir bestehen mit unvermindertem Nachdruck auf strikter Einhaltung und voller Durchsetzung der Bestimmungen des Vier-Mächte-Abkommens für alle vier Sektoren Berlins."

3.5.2.
Berlin-Politik Großbritanniens

Auch die Briten haben nach dem Kriege die Wandlung von der Siegermacht zur Schutzmacht vollzogen. Großbritannien hat stets anhaltende Bereitschaft bekundet, die Sicherheit und Lebensfähigkeit Berlins zu garantieren und zusammen mit den beiden anderen Schutzmächten die originären Rechte und Verantwortlichkeiten in Berlin voll wahrzunehmen.

Das ungeschmälerte britische Engagement wurde mit den Besuchen der Königin von Großbritannien und Nordirland, Elisabeth II., am 24. Mai 1978 und des Premiermini-sters, Frau Thatcher, am 29. Oktober 1982 sowie des damaligen Außenministers Lord Carrington (29./30. Oktober 1981) und des Verteidigungsministers Heseltine (31. März 1983) höchst eindrucksvoll unterstrichen. Diese Besuche sind in Anbetracht der anhaltenden angespannten weltpolitischen Lage für Berlin und für das Vertrauen der Berliner in die Schutzmächte besonders bedeutsam. Besonders hinzuweisen ist auf den guten Stand der deutsch-britischen Beziehungen, deren Grundlage letztlich in Berlin gewachsen ist. Gemeinsame Überzeugung von der Freiheit und Würde des Menschen verbinden beide Nationen. Die enge Abstimmung zwischen Deutschen und Briten verbessert die beiderseitige Fähigkeit, zu einer konstruktiven Entwicklung des Ost-West-Verhältnisses beizutragen. Die Aussage des damaligen Außenministers Douglas-Home im Oktober 1972 vom „totalen Vertrauen", daß, im Gegensatz zu den ersten beiden Dritteln des Jahrhunderts, die beiderseitigen Beziehungen bestimmte, ist in diesem Zusammenhang erinnerungswürdig.

Aber auch die Wirtschaftsbeziehungen zu Großbritannien sind erwähnenswert. Für Berlin zählt Großbritannien zu den wichtigsten Handelspartnern; im EG-Rahmen ist Großbritannien als

Lieferant an 5. Stelle, als Abnehmerland an 3. Stelle zu finden. Der Warenaustausch hat sich in den letzten Jahren relativ günstig entwickelt und von 1974 bis 1981 mehr als verdoppelt. Der Anteil der britischen Lieferungen an der Gesamteinfuhr Berlins betrug von Januar bis November 1982 mit 205 Mio. DM 4,6%. Die Lieferungen nach Großbritannien erreichten ein Volumen von 438 Mio. DM (7,3% der Gesamtausfuhr Berlins). Die Berliner Wirtschaft hat in Großbritannien von 1971 bis 1981 Investitionen in Höhe von 20,5 Mio. DM getätigt; britische Unternehmen investierten im gleichen Zeitraum in Berlin ca. 7,5 Mio. DM.

Bei dem bereits oben erwähnten Besuch der britischen Königin am 24. Mai 1978 bekräftigte Elizabeth II. die britische Haltung, indem sie ausführte:

„Berlin ist der Prüfstein für die friedlichen Absichten anderer. Wir haben schwirige und gefährliche Zeiten zusammen durchlebt. Meine Regierung und mein Volk stehen an Ihrer Seite. Meine in Berlin stationierten Streitkräfte verkörpern die Verpflichtung Großbritanniens, Ihre Freiheit so lange wie nötig zu verteidigen, bis die Wunden der Spaltung in Europa und in Ihre Stadt geheilt werden können." (AdG Seite 21 807)

Auch der britische Verteidigungsminister Francis Pym erklärte am 25. Februar 1980 bei seinem Berlin-Besuch unter anderem:

„Ich komme nach Berlin, um die uneingeschränkte Verpflichtung Großbritanniens für die Sicherheit Berlins und für die Freiheit seiner Bürger zu bekräftigen, die wir mit unseren amerikanischen und französischen Verbündeten teilen... Ich sehe keinen Grund, weshalb Berlin in den 80er Jahren nicht so frei und erfolgreich sein sollte wie in den 70er Jahren, vorausgesetzt, daß wir wachsam bleiben und daß unsere Zuversicht auf einer klaren Beurteilung der militärischen und politischen wie auch der wirtschaftlichen Gegebenheiten beruht." (AdG Seite 23 299)

Auch betonte die britische Premierministerin, Margaret Thatcher, bei ihrem Berlin-Besuch am 29. Oktober 1982 den Willen zur Verteidigung Berlins:

„Heute Nachmittag bin ich mit Vertretern der hier stationierten Streitkräfte zusammen gekommen. Ihre Präsenz versinnbildlicht die unerschütterliche Verpflichtung Großbritanniens – ebenso wie die unserer französischen und amerikanischen Partner – die Freiheit Ihrer Stadt sicherzustellen. Unsere Streitkräfte bleiben hier, weil ihnen damit eine lebenswichtige Aufgabe zufällt und weil sie es so wünschen."

Am 2.11.1984 bekräftigte die britische Premierministerin wiederum die Berlin-Garantie mit den Worten:

„Unsere Beziehungen zur Bundesrepublik Deutschland sind sehr eng. Sie sind es seit einer sehr langen Zeit. Wir demonstrieren das durch unsere Garantie für Berlin."

Der britische Außenminister, Sir Geoffrey Howe, sagte am 10.2.1984 auf einer Veranstaltung in Berlin im Beisein von Außenminister Genscher, daß Großbritannien seine Verpflichtungen für Berlin solange wie notwendig aufrecht erhalten wird und daß es entschlossen sei, mit der Bundesrepublik Deutschland „an der Schaffung von Verständnis zwischen Ost und West zu arbeiten, das wir erzeugen müssen, wenn die Teilung Europas überwunden werden soll."

Die Einhaltung dieser Verpflichtung steht keineswegs im Gegensatz zu den Kontakten zwischen der britischen Regierung und der Regierung der DDR.

So traf der britische Außenminister, Sir Geoffrey Howe, am 8. April 1985 zu einem zweitägigen Besuch in der DDR ein und führte mit DDR-Außenminister, Oskar Fischer, „offizielle Gespräche zu bilateralen und internationale Fragen" (ADN). An einem Essen, das Fischer für seinen Gast gab, nahmen u.a. die SED-Politbüromitglieder und ZK-Sekretäre Hermann Axen und Egon Krenz teil.

Am folgenden Tag empfing DDR-Staatsratsvorsitzender Erich Honecker Außenminister Sir Geoffrey Howe zu einem Meinungsaustausch.

Der Politiker aus Großbritannien führte außerdem Gespräche mit dem DDR-Ministerratsvorsitzenden Willi Stoph und mit dem für Wirtschaftsfragen zuständigen Sekretär des SED-Zentralkomitees Günter Mittag.

3.5.3.
Berlin-Politik von Frankreich

Auch Frankreich hat die Wandlung von der Siegermacht zur Schutzmacht vollzogen. Der Deutsch-französische Freundschaftsvertrag mag hier als Beweis gelten. Zahlreiche französische Einrichtungen in Berlin zeigen das Maß der Verbundenheit zwischen Berlin und Frankreich. Die gemeinsame Überzeugung von der Freiheit und Würde des Menschen sowie die enge Abstimmung zwischen Deutschen und Franzosen hat nicht nur die beiderseitige Fähigkeit, zu einer konstruktiven Entwicklung des Ost-West-Verhältnisses beizutragen, verbessert, sondern ist auch die Grundlage für das heutige deutsch-französische Verhältnis.

Am 20. Januar 1977 bekräftigte der französische Außenminister Guiringaud die Berlin-Garantie Frankreichs. Er sagte:

Frankreich „wird wie in der Vergangenheit der Stadt helfen, ihr Wohlergehen zu entwickeln. Es wird dafür sorgen, daß die abgeschlossenen Abkommen strikt eingehalten und voll angewendet werden.... Es wird seine Verpflichtungen einhalten und weiterhin mit den USA und mit Großbritannien die Sicherheit Berlins verteidigen, wo es auch seine Anwesenheit und seine Streitkräfte beibehalten wird. Es wird voll und ganz zu seinen Verantwortlichkeiten stehen und mit Entschlossenheit seine Rechte im Interesse Berlins und seiner Bevölkerung ausüben...."
(AdG Seite 20 745)

Der französische Präsident Valery Giscard d'Estaing bekräftigte diese Worte bei seinem Berlin-Besuch am 29. Oktober 1979:

„Frankreich ist mit der Freiheit und der Sicherheit Berlins tief verbunden. Es ist Ihre Freiheit und Ihre Sicherheit, Berliner. Berlin ist und bleibt die Bastion der Freiheit. Wir bemühen uns aktiv um die Entspannung in Europa. Die Entspannung aber beruht vor allem auf der Achtung des Rechts. Das Schicksal Berlins ist in der Rechtslage verankert. Das Abkommen von 1971 sichert den Fortbestand Berlins und garantiert die Rechte der Berliner. Dieses Abkommen verpflichtet Frankreich gemeinsam mit seinen Verbündeten. Wie immer wird Frankreich seine Verpflichtungen einhalten.... Ich bin der erste Präsident der französischen Republik, der diese Stadt besucht, die den Deutschen so sehr am Herzen liegt. Diese heute geteilte Stadt ist für Millionen Menschen ein Symbol der Freiheit geworden. Ich bin mir der großen Bedeutung dieses Augenblicks wohl bewußt. Es gibt keinen Franzosen, dem das Schicksal Berlins gleichgültig wäre, keinen, der nicht verstünde, daß das Schicksal unseres Kontinents mit dem Ihrer Stadt untrennbar verbunden ist.... Nach dem II. Weltkrieg wurde das zerstörte und verwüstete Berlin ein Streitobjekt in den Auseinandersetzungen zwischen den Siegern: als es um das Schicksal der Stadt ging und als die Ereignisse von 1961 die Teilung noch dramatischer gestalteten, blieb Frankreich entschlossen an Ihrer Seite.... Unsere Rechte sind Ihre Freiheit. Unsere Rechte sind Ihre Sicherheit. Frankreich, das sich an den Verhandlungen über das Vier-Mächte-Abkommen entscheidend beteiligt hat, will dessen Bestimmungen voll anwenden und strikt einhalten. Im Bewußtsein der daraus erwachsenden Verpflichtungen, in Wahrung der Bedeutung seiner Zusagen und in Verbundenheit mit dem Schicksal der Stadt durch die ständige Anwesenheit seiner Streitkräfte wird es weiterhin seine Rechte und seine Verantwortung im Interesse Berlins und seiner Bewohner wahrnehmen. Es ist entschlossen, sich jeder einseitigen Änderung der bestehenden Abkommen stets zu widersetzen. Ich bin gekommen, um persönlich vor Ihnen von dieser Entschlossenheit Zeugnis abzulegen.... Die Freiheit Berlins ist auch unsere Freiheit!"

Auch der französische Außenminister Claude Cheysson bekräftigte bei seinem Besuch in Begleitung von Bundesaußenminister Hans-Dietrich Genscher am 2. Dezember 1982 die französischen Berlin-Garantien:

„... Die Berliner können sich auf uns verlassen, so wie auch wir wissen, daß wir uns auf die Berliner verlassen können. Mein Besuch legt Zeugnis ab, von der Verbundenheit Frankreichs zu Berlin und von seinem überzeugten Einsatz für die Stadt und ihre Einwohner.... Das Engagement Frankreichs für die Freiheit und die Sicherheit Berlins beruht nicht nur auf den abgeschlossenen Verträgen, auf der Anwesenheit seiner Streitkräfte oder auf einer tiefen Freundschaft mit den Berlinern; es bringt auch eine klare und beständige Haltung der französischen Politik zum Ausdruck, nämlich die entschlossene Ablehnung jeder Form von Totalitarismus, sowie jede Art von Bedrohung gegenüber freien Völkern, und den festen Willen zur Überwindung der Gegensätze und der Teilung zwischen Ost und West. Vor allem hier in Berlin, Symbol der Freiheit, kann der Wert und die Glaubwürdigkeit unserer Politik gemessen werden. Das Engagement für Berlin würde keinen Bestand haben, wäre es nicht grundsätzlich und gänzlich. Herr Regierender Bürgermeister, Sie werden uns immer an Ihrer Seite finden, wenn es darum geht, die Zukunft dieser uns am Herzen liegenden Stadt zu sichern."

Der französische Staatspräsident Francois Mitterand besuchte in Begleitung von Bundeskanzler Helmut Kohl Berlin. Anläßlich der Eintragung in das Goldene Buch erklärte Francois Mitterand folgendes:

„…. Ich bin hierhergekommen, um im Namen der Republik Frankreich zu bestätigen, was schon meine Vorgänger hier bekräftigt haben, nämlich den Willen Frankreichs, den Frieden und die Freiheit der Berliner zu schützen. Unser Land zeigt dies deutlich durch die Anwesenheit seiner Truppen, die zum großen Teil aus jungen Rekruten bestehen, die aus allen Teilen Frankreichs kommen, um in Berlin ihren Wehrdienst zu leisten. … Ich möchte wiederholen, daß die Lage Berlins rechtlich verankert ist. Das heißt, daß der besondere Status der Stadt zu wahren ist, daß er aber bei der Ausübung der Freiheiten kein Hindernis sein und die Entwicklung der Bindungen an die Bundesrepublik nicht bremsen darf, so wie es in früheren Abkommen festgelegt ist; er darf auch kein Hindernis in der Entwicklung der Beziehungen zur Umgebung der Stadt sein. … Nachdem Berlin lange, ja zu lange, im Mittelpunkt der Krise zwischen Ost und West gestanden hat, ist Berlin jetzt dazu bestimmt, ein bevorzugter Ort des Austausches zu sein, ein Ort, an dem Schranken und Teilungen überwunden werden könnten. Ich verstehe Ihre Ungeduld in Beziehung auf Beschränkungen, die die Ausübung bestimmter Rechte behindern und die in Ihrer besonderen Situation begründet sind. Frankreich ist in Übereinstimmung mit seiner Partnern entschlossen, hier Lösungen zu suchen, die Ihren rechtmäßigen Zielen entgegenkommen..."

Auch die französische Regierung pflegt – wie die britische Regierung – diplomatische Kontakte zur DDR-Regierung. So traf der französische Ministerpräsident Laurent Fabius am 10. Juni 1985 in Begleitung von Vertretern des wirtschaftlichen und kulturellen Lebens Frankreichs zu einem zweitägigen Besuch der DDR auf dem Flughafen Berlin-Schönefeld ein, wo er vom DDR-Staatsratsvorsitzenden Erich Honecker begrüßt wurde. Anschließend führten die beiden Politiker im Amtssitz des Staatsrates in Ost-Berlin einen ersten Meinungsaustausch.

Nach Abschluß der Gespräche mit dem DDR-Staatsratsvorsitzenden Erich Honecker beendete der französische Ministerpräsident Laurent Fabius seinen Aufenthalt in der DDR mit einer Pressekonferenz. Dabei teilte er mit, daß beide Seiten eine Erhöhung ihres Handelsaustausches von derzeit vier auf sieben Milliarden Franc bis Ende 1985 und auf jährlich zwanzig Milliarden Franc bis 1990 beschlossen hätten.

Als ermutigendes Ergebnis bezeichnete Fabius die Entwicklung der bilateralen Beziehungen beider Staaten. Dank einer ansehnlichen Zahl von Verträgen, Abkommen und Vereinbarungen würden sich die Beziehungen beider Staaten auf einer guten Grundlage entwickeln und beiden Seiten zum Nutzen sein.

Fabius betonte, bei seinen Gesprächen mit der DDR-Führung seien Fragen der Menschenrechte „in angemessener Weise zur Sprache gekommen".

3.6.
Berlin-Politik der NATO

Auf der NATO-Ministerratstagung am 30. und 31. Mai 1972 in Bonn erklärten die Minister der NATO-Staaten u.a., daß das Vier-Mächte-Abkommen und die Unterzeichnung des Verkehrsvertrages als wichtige Schritte in dem Bemühen, die Situation in Deutschland zu verbessern, angesehen werden müssen. Sie sehen sich in der Hoffnung bestärkt, daß in den weiteren Verhandlungen zwischen der Bundesrepublik Deutschland und der DDR Einigung über weitreichende Regelungen erzielt werden könnten, die der besonderen Lage in Deutschland Rechnung tragen.

Wie in den vergangenen Jahren auch haben die Außenminister anläßlich des Gipfeltreffens der NATO in Brüssel eine Berlin-Erklärung abgegeben, in der sie sich mit aktuellen und langfristigen Fragen bezüglich Berlins beschäftigt haben. Dabei haben sie den Vier-Mächte-Status von Berlin sowie die Notwendigkeit bekräftigt, alle Bestimmungen des Vier-Mächte-Abkommens vom 3. September 1971 strikt einzuhalten und voll anzuwenden. Ferner haben sie die Bedeutung unterstrichen, die sie der Lebensfähigkeit und Sicherheit von Berlin (West) beimessen, die sie als wesentliche Elemente der Entspannung betrachten.

Bei den regelmäßig stattfindenden NATO-Ministerratstagungen findet traditionell zum Abschluß der Tagung ein Gespräch der Außenminister der USA, Großbritanniens, Frankreichs und der Bundesrepublik Deutschland über Deutschland- und Berlinprobleme statt. Bei dem Gespräch am 10.Dezember 1975 bekräftigte Außenminister Genscher die Entschlossenheit der Bundesregierung, die Vertretung Westberlins nach außen auch den sozialistischen Staaten gegenüber zu gewährleisten. Die westlichen Außenminister bekräftigten Befugnis und Entschlossenheit der Bundesregierung in dieser Frage, die als unverzichtbares Element der Berlin-Politik bezeichnet wurde. Zur Frage der Direktwahl des Europäischen Parlaments wurde festgestellt, daß zwar Berlin (West) ein Teil der EG sei, daß aber die Rechte und Verantwortlichkeiten der Vier Mächte eine Beteiligung der Westberliner an einer solchen Wahl nicht in der gleichen Weise zulasse, wie sie für die Bundesbürger vorgesehen sei.

Auf der Frühjahrstagung des NATO-Ministerrates in Oslo am 20. und 21. Mai 1976 erörterten die Minister die Erfahrung, die bei der Anwendung des Vier-Mächte-Abkommens vom 3. September 1971 und insbesondere seiner die Westsektoren Berlins betreffenden Bestimmungen weiter gemacht worden sind. Sie nahmen vor allem zur Kenntnis, daß die Bestimmungen dieses Abkommens, die den Verkehr nach und von Berlin betreffen, in befriedigender Weise durchgeführt werden. In der Erkenntnis, daß die Teilnahme Berlins am internationalen Geschehen ein wichtiges Element der Lebensfähigkeit der Stadt ist, betrachteten die Minister mit Sorge die Versuche gewisser Länder, das im Vier-Mächte-Abkommen bestätigte Recht der Bundesrepublik Deutschland, die Interessen der Westsektoren Berlins im Ausland zu vertreten, einzuschränken. Sie sprachen die Hoffnung aus, daß im Interesse der Berliner und des Fortschritts der Zusammenarbeit in Europa alle Bestimmungen des Vier-Mächte-Abkommens, insbesondere aber die Bestimmungen, die sich auf die Vertretung der Interessen der Westsektoren Berlins im Ausland durch die Bundesrepublik Deutschland beziehen, voll angewandt und strikt eingehalten werden. (AdG Seite 20 240)

Auf der NATO-Tagung am 8. und 9. Dezember 1977 nahmen die Minister die positiven Wirkungen des Vier-Mächte-Abkommens mit Befriedigung zur Kenntnis und betonten die Bedeutung der strikten Einhaltung und vollen Anwendung aller Bestimmungen des Vier-Mächte-Abkommens. Dabei hoben die

Minister den essentiellen Zusammenhang zwischen der Lage in bezug auf Berlin und der Entspannung, der Sicherheit und der Zusammenarbeit in ganz Europa hervor. Dies wurde auch auf der Dezember-Tagung des NATO-Rates am 8. Dezember 1978 bekräftigt. Dabei nahmen die Minister mit Befriedigung die Verbesserung der wirtschaftlichen Situation in Berlin zur Kenntnis und begrüßten die in den letzten Monaten zur Stärkung der wirtschaftlichen Grundlage der Lebensfähigkeit der Stadt unternommenen Bemühungen. Die Minister nahmen ferner mit Befriedigung den Abschluß der Vereinbarungen und Abmachungen mit der DDR am 16. November 1978 zur Kenntnis, die ein wichtiger Beitrag zur Stabilität der Berlin-Situation und zur Entspannung in Europa insgesamt gewürdigt wurde.

Die Haltung der NATO wurde auf der 5. NATO-Gipfelkonferenz am 30. und 31. Mai 1978 in Washington und auf der NATO-Ministerratstagung am 13. und 14. Dezember 1979 sowie auf den folgenden Sitzungen bekräftigt. So erklärten die Minister auf der Tagung des Nordatlantikrates am 17. und 18. Mai 1982 in Luxemburg:

„Die Aufrechterhaltung der stabilen Lage in und um Berlin bleibt für die Bündnispartner ein wesentlicher Faktor der Ost-West-Beziehungen. Die Bündnispartner erinnern an ihre Erklärung im Kommuniqué von Rom vom 5. Mai 1981 und bringen die Hoffnung zum Ausdruck, daß die Fortsetzung des Dialogs zwischen der Bundesrepublik Deutschland und der Deutschen Demokratischen Republik Berlin und den Menschen in den beiden deutschen Staaten in gesteigertem Maße zugute kommt."

Im Schlußkommuniqué der Washingtoner Ratstagung am 1.6.1984 heißt es u.a.:

Die Aufrechterhaltung einer ruhigen Lage in und um Berlin, zu der auch der unbehinderte Verkehr auf allen Zugangswegen zu der Stadt gehört, bleibt von grundlegender Bedeutung für die Ost-West-Beziehungen."

Auch zum Abschluß der Ministerratstagung am 14.12.1984 in Brüssel heißt es u.a.:

„Die Aufrechterhaltung einer ruhigen Lage in und um Berlin bleibt ein wesentliches Element des Ost-West-Verhältnisses. In dieser Hinsicht ist der ungehinderte Verkehr auf allen Zugangswegen von grundsätzlicher Bedeutung. Wir unterstützen die Bemühungen der Bundesrepublik Deutschland, Dialog und Zusammenarbeit mit der DDR als Beitrag zur Stärkung des Friedens in Europa fortzusetzen und weitere praktische Verbesserungen für die Deutschen, insbesondere für die Berliner, zu erreichen."

Auch auf der Ministertagung des Nordatlantikrates am 6./7. Juni 1985 bekräftigten die Minister ihre Haltung zur Deutschland- und Berlin-Frage:

„.... Wir bekräftigen die Grundsätze der letztjährigen Washingtoner Erklärung über Ost-West-Beziehungen und sind auch weiterhin entschlossen, sowohl unsere politische Solidarität als auch die für unsere Verteidigung notwendige militärische Stärke aufrecht zu erhalten. Auf dieser Grundlage streben wir auf allen Gebieten nach echter Entspannung durch konstruktiven Dialog und breit angelegte Zusammenarbeit mit der Sowjetunion und jedem ost-europäischen Staat.

Wir appellieren an die neue sowjetische Führung, sich uns bei der Suche nach greifbaren Verbesserungen im Ost-West-Verhältnis anzuschließen, was uns erlauben würde, von Gebieten gemeinsamen Interesses aus Fortschritte zu erzielen. Eine positive sowjetische Antwort auf die Vorschläge der Vereinigten Staaten in den vor kurzem in Genf aufgenommenen amerikanisch-sowjetischen Verhandlungen würde einen substantiellen Beitrag leisten, um dieses Ziel zu erreichen...

Die Aufrechterhaltung einer störungsfreien Lage in und um Berlin, einschließlich eines ungehinderten Verkehrs auf allen Zugangswegen bleibt ein wesentliches Element der Ost-West-Beziehungen. Wir unterstützen die Bemühungen der Bundesrepublik Deutschland, im innerdeutschen Verhältnis Fortschritte zu erzielen, die einen gewichtigen Beitrag zur Schaffung von Vertrauen in Europa leisten und für das deutsche Volk, insbesondere die Berliner, von Nutzen sein können. ..."

Die feste Haltung der NATO wurde auf der zweitägigen Herbsttagung der Außenminister am 13. Dezember 1985 (siehe Buchstabe a) ebenso bekräftigt wie auf der Ministerkonferenz des Nordatlantikrates am 29. Mai 1986 in Halifax (siehe Buchstabe b).

a) In Brüssel endete die zweitägige Herbsttagung der Außenminister der NATO-Staaten mit der Veröffentlichung eines Kommuniqués, in dem es unter Punkt 9 heißt:

„Die Aufrechterhaltung einer ruhigen Lage in und um Berlin, zu der auch die Freiheit der Zugangswege gehört, bleibt von grundsätzlicher Bedeutung für die Ost-West-Beziehungen. Die strikte Einhaltung und volle Anwendung des Vier-Mächte-Abkommens sind hierfür wesentlich. In diesem Zusammenhang unterstützen wir alle Anstrengungen zur Stärkung des Wohlergehens und der Lebensfähigkeit der Stadt. Wir unterstützen ebenfalls die Anstrengungen der Bundesrepublik Deutschland, die innerdeutschen Beziehungen weiter zu entwickeln, als bedeutsamen Beitrag im Interesse des Friedens und zum Wohle der Menschen im geteilten Deutschland, insbesondere der

Berliner."

b) In der kanadischen Stadt Halifax endete die Ministerkonferenz des Nordatlantikrates mit einer Erklärung, in der es unter Punkt 8 heißt:

„Wir unterstreichen die Bedeutung der weiteren Einhaltung des Vier-Mächte-Abkommens über Berlin und, insbesondere angesichts der derzeitigen Lage, der Aufrechterhaltung des freien Verkehrs in der Stadt."

3.7.
Berlin-Politik der UdSSR

Die UdSSR verfolgte seit Kriegsende das Ziel, den Westteil der Stadt, den der ehemalige Botschafter in der DDR Abrassimov in seinem Buch „Westberlin gestern und heute" als „Fremdkörper, eine kapitalistische Enklave inmitten der den Sozialismus aufbauenden DDR" bezeichnete, von den drei Westzonen (bzw. der Bundesrepublik Deutschland) zu trennen scheiterte jedoch immer wieder an der Entschlossenheit der drei Westmächte, die den Viermächte-Status der Stadt verteidigten.

Die UdSSR hat die gewachsenen wirtschaftlichen, kulturellen und politischen Bindungen zwischen Berlin (West) und dem übrigen Bundesgebiet schließlich anerkannt. Dieses Anerkenntnis wurde in dem Vier-Mächte-Abkommen dokumentiert.

Bei den Verhandlungen zwischen der UdSSR und der Bundesrepublik Deutschland über eine Reihe von technisch-wissenschaftlichen Regierungsabkommen brach die UdSSR die Verhandlungen ab, da die deutsche Seite nicht bereit war, die Formel, wonach Berlin nicht Teil der Bundesrepublik sei, zu akzeptieren (AdG Seite 17 866).

Bei einem Besuch des Generalsekretärs des ZK der KPdSU Breschnew am 12. und 13. Mai 1973 in der DDR stellte er gemeinsam mit dem 1. Sekretär des ZK der SED, Erich Honecker, fest, daß das Vierseitige Abkommen vom 3.September 1971, wonach Berlin (West) nicht zur BRD gehört und auch künftig nicht von ihr regiert wird, sowie die entsprechenden Vereinbarungen zwischen der DDR und der BRD, sowie zwischen der DDR und dem Senat von Westberlin, die notwendige Grundlage geschaffen haben, um in diesem Gebiet eine normale und ruhige Lage aufrechterhalten zu haben. Die strikte Einhaltung dieser Vereinbarungen ist das Unterpfand des Einvernehmens aller an den Westberliner Angelegenheiten interessierten Seiten (vergleiche AdG Seite 17 898).

In dem am 19. Mai 1973 unterzeichneten Abkommen zwischen der UdSSR und der Bundesrepublik Deutschland über wirtschaftliche, technische und kulturelle Zusammenarbeit – nicht aber im Luftverkehrsabkommen – wird Berlin (West) entsprechend dem Vier-Mächte-Abkommen einbezogen.

Am 30. Mai 1973 nahm der sowjetische Generalkonsul Juri Michailowitsch Scherkow seine Amtsgeschäfte in Berlin (West) auf. Die Einrichtung eines sowjetischen Generalkonsulats in den Westsektoren Berlins war in dem Vier-Mächte-Abkommen vorgesehen.

Bei einem Besuch von Außenminister Scheel in Moskau betonten beide Seiten die Notwendigkeit der strikten Einhaltung und vollen Anwendung dieses Abkommens. Die Frage der Gewährung von Rechtshilfe für Westberliner Gerichte wolle man entsprechend dem Vier-Mächte-Abkommen regeln; dabei sollen mehrere Möglichkeiten des direkten Verkehrs zwischen den Gerichten der Sowjetunion und Gerichten der Bundesrepublik Deutschland sowie Gerichten der Sowjetunion und Gerichten in Westberlin erwogen werden.

Am 13. Dezember 1973 schlägt der sowjetische Botschafter Falin in Bezug auf das geplante Umweltbundesamt in Berlin vor – wenn man sich von dessen politischer Seite distanziere – mit der Bundesregierung zusammenzuarbeiten. Die Idee Falins war, dieses Umweltschutzamt als europäisches Forschungsinstitut zu konzipieren.

Am 30. Oktober 1974 wurde zwischen der Regierung der Bundesrepublik Deutschland und der Regierung der UdSSR ein Abkommen über die weitere Entwicklung der wirtschaftlichen

Zusammenarbeit geschlossen, das entsprechend dem Vier-Mächte-Abkommen auf Berlin (West) ausgedehnt wurde.

Anläßlich seines Deutschland-Besuches vom 4. bis 7.Mai 1978 unterzeichnete der Generalsekretär der KPdSU Breschnew das Abkommen über die Entwicklung und Vertiefung der langfristigen Zusammenarbeit der Bundesrepublik Deutschland und der UdSSR auf dem Gebiet der Wirtschaft und Industrie, in dem Berlin (West) einbezogen ist.

Die UdSSR protestiert gegen die Begleitung des US-Präsidenten Carter in West-Berlin „durch Staatsmänner der BRD". Derartige Proteste haben sich vorher aber auch nachher stets wiederholt. Eine Delegation sowjetischer Bürgermeister, die sich auf Einladung des deutschen Städtetages zu einem mehrtägigen offiziellen Besuch in der Bundesrepublik Deutschland befand, sagte ohne Angabe von Gründen einen am letzten Tag dieses Aufenthaltes geplanten Besuch von Berlin (West) ab. Die von Sowjetbotschafter Falin nachgeschobene Begründung, daß „wichtige Kreise in Berlin (West)" den Besuch als Gelegenheit nutzen wollten, für die Zugehörigkeit der Stadt zur Bundesrepublik zu demonstrieren, wies der Bremer Bürgermeister und Präsident des deutschen Städtetages, Hans Koschnick, zurück.

In einer von der Sowjetregierung publizierten und von Sowjetbotschafter Falin erläuterten „Erklärung über Möglichkeiten der Intensivierung bilateraler Beziehungen zur BRD" heißt es u.a.:

„Ein bedeutsames Ereignis im Leben des Nachkriegseuropas wurde der Abschluß des Vier-Mächte-Abkommens über Westberlin. Es ist kein Geheimnis, daß viel Arbeit und Beharrlichkeit aller seiner Teilnehmer erforderlich waren, um dieses Abkommen auszuarbeiten. Als Ergebnis gelang es, eine Interessenbilanz zu finden, die es ermöglicht, die Spannung in diesem Raum zu beseitigen und darauf hinzuwirken, daß sich Westberlin aus einer Quelle von Streitigkeiten und Konflikten in ein konstruktives Element des Friedens verwandelt. Das Vierseitige Abkommen ist seinem Wesen nach auf normale, gutnachbarliche Beziehungen der BRD zur Sowjetunion, zur DDR und zu den anderen sozialistischen Ländern orientiert. Es kann erfolgreich in einem solchen und nur in einem solchen Kontext funktionieren. Das sollten wiederum jene Politiker nicht vergessen, die dazu aufrufen, das Vierseitige Abkommen auf seine Festigkeit zu prüfen, und die Westberlin nach wie vor als ein bequemes Werkzeug für die Rückkehr zu den politischen Kriterien und Leitsätzen der vergangenen Jahre betrachten."

Die UdSSR protestiert anläßlich des Besuches von Bundesaußenminister Genscher in Berlin (West) ebenso wie die DDR gegen diese Besuche und bezeichnet diese als nicht mit dem Vier-Mächte-Abkommen vereinbar.

3.8.
Berlin-Politik der anderen Ostblockstaaten

Die anderen Ostblockstaaten haben Deutschland- und Berlin-Politik stets in enger Anlehnung an die UdSSR betrieben.

3.8.1.
CSSR

Bei den Vorverhandlungen zwischen der CSSR und der Bundesrepublik Deutschland zur Vorbereitung der Unterzeichnung des Vertrages über die Regelung der gegenseitigen Beziehungen weigerte sich die CSSR, auch juristischen Personen (z.B. Gerichten, Universitäten, Gesellschaften) aus Berlin (West) durch die Botschaft der Bundesrepublik Deutschland in Prag betreuen zu lassen. Damit hält sich die CSSR an die enge Auslegung der UdSSR, wonach das Vier-Mächte-Abkommen lediglich natürliche nicht aber juristische Personen meine.

Nach einer weiteren Verhandlungsrunde war die CSSR bereit, einer Gleichbehandlung von Westberlin und der Bundesrepublik Deutsch land in dieser Frage zu prüfen. Schließlich erklärte sich die CSSR am 27. November 1973 bereit, diese Frage mit der in Moskau vom 31. Oktober bis 3. November 1973 erreichten Regelung zu lösen.

Am 11. April 1978 wurde ein Kulturabkommen zwischen der CSSR und der Bundesrepublik Deutschland unter Einbeziehung von Berlin (West) abgeschlossen.

3.8.2.
Ungarn

Ähnliche Schwierigkeiten gibt es bei den Verhandlungen zur Aufnahme der diplomatischen Beziehungen mit Ungarn in der

Frage, ob die Bundesrepublik Deutschland in Rechtshilfeangelegenheiten, die die ständigen Einwohner und die Behörden Westberlins betreffen, tätig werden kann. Letztlich wird hier die gleiche Regelung wie mit der UdSSR und der CSSR erzielt. Am 21. Dezember 1973 werden mit Ungarn und Bulgarien diplomatische Beziehungen aufgenommen. Auch für Bulgarien gilt die gleiche Regelung in Bezug auf die Rechtshilfe.

3.8.3.
Polen

Per 15. August 1973 fixierte das polnische Justizministerium die eingeschränkten Vertretungsrechte der Bundesrepublik für Berlin (West), d.h. Rechtshilfe darf Berliner Institutionen weiterhin nur gewährt werden, wenn die Rechtshilfeersuchen über die polnische Militärmission in Berlin (West) geleitet werden.

Am 20. März 1974 gibt der Senat von Berlin bekannt, daß die drei westlichen Alliierten den Botschaften Bulgariens und Ungarns in der Bundesrepublik Deutschland die Genehmigung zur Errichtung von Generalkonsulaten in Berlin (West) erteilt haben.

Am 25. Juni 1974 erteilten (laut FAZ) die drei westlichen Stadtkommandanten in Berlin Rumänien die grundsätzliche Erlaubnis, ein Generalkonsulat in Berlin (West) einzurichten.

Am 1. November 1974 wurde zwischen Polen und der Bundesrepublik Deutschland ein über 10 Jahre laufendes Abkommen über wirtschaftliche, industrielle und technische Zusammenarbeit unterzeichnet, das auch auf Berlin, entsprechend dem Vier-Mächte-Abkommen, ausgedehnt wurde.

Am 11. November 1974 wurde ein entsprechendes Abkommen mit Ungarn geschlossen.

3.9
Durchführung des Vier-Mächte-Abkommens und der ergänzenden Vereinbarungen

Der Senat legt einmal im Jahr dem Abgeordnetenhaus einen Bericht über die Durchführung des Vier-Mächte-Abkommens und der ergänzenden Vereinbarungen vor. Dieser besteht aus einer politischen Einschätzung der Lage und aus umfassenden Beschreibungen der Entwicklung in den einzelnen Bereichen des Vier-Mächte-Abkommens. Der Bericht enthält Material über den Reise- und Besucherverkehr nach Ostberlin und der DDR sowie über den Transitverkehr.

In einer dem Bericht beigefügten Zusammenfassung heißt es zum 11. Vier-Mächte-Bericht:

„Seit Inkrafttreten des Vier-Mächte-Abkommens und seiner ergänzenden Vereinbarungen vor elf Jahren ist die äußere Lage Berlins ruhig. Berlin war seither weder Ausgangspunkt noch Ziel von Spannungen zwischen den beiden Machtblöcken, die sich hier berühren. Zugleich kann festgestellt werden, daß die Verschärfung der weltpolitischen Lage als Folge der Verschlechterung des Ost-West-Verhältnisses und der damit verbundenen Auswirkung auf die Situation in Europa – im Gegensatz zu der Entwicklung zwischen 1945 und 1970 – bisher die innerdeutschen Beziehungen nicht im gleichen Maße berührt noch die Lage in und um Berlin nachhaltig beeinträchtigt hat.

Bundeskanzler Dr. Helmut Kohl hat in seiner Regierungserklärung vom 4. Mai 1983 wie schon zuvor am 13. Oktober 1982 auf die Bedeutung der strikten Einhaltung und vollen Anwendung des Vier-Mächte-Abkommens über Berlin hingewiesen und deutlich gemacht, daß Berlin Prüfstein der Beziehungen zwischen Ost und West bleibt. Der Senat von Berlin teilt die Meinung des Bundeskanzlers.

Obwohl die internationalen Beziehungen zwischen Ost und West mehr und mehr von dem Stand der Gespräche in Genf, Wien und Madrid beeinflußt werden, geht der Senat davon aus, daß die Lage in und um Berlin ruhig bleibt und sich das Vier-Mächte-Abkommen und seine ergänzenden Vereinbarungen bewähren. Ziel und Aufgabe dieser Abkommen ist es, Berlin eine gesicherte Entwicklung zu ermöglichen. Der Senat vertraut auch in Zukunft auf die Tragfähigkeit der gefundenen Regelungen, die von den alliierten Schutzmächten garantiert werden.

Auf der Basis der zwischen Ost und West gefundenen Gemeinsamkeiten konnten im Berichtszeitraum bedeutende Ergebnisse für Berlin realisiert werden:

– Anbindung Berlins an ein überregionales Erdgasverbundsystem

– Fristgemäße Fertigstellung und Inbetriebnahme der Autobahn Berlin – Hamburg

– Gewässerschutzabkommen mit der DDR zugunsten der biologischen Erhaltung der Berliner Gewässer

– Eröffnung des Nordübergangs Heiligensee/Stolpe als zusätzliche Übergangsstelle für den Reise- und Besucherverkehr in die DDR/Ostberlin und den Transitverkehr nach Skandinavien

– Ermöglichung von Einreisen für ehemalige DDR-Bewohner (Flüchtlinge aus der Zeit zwischen 1972 und 1980), denen außer der Flucht keine Straftaten vorgeworfen werden.

Mit etwa 1,82 Mio. Besuchen von Berlinern in der DDR und in Ostberlin lag der Umfang des Besucherverkehrs um rund 150.000 Besuche über dem des vorangegangenen Berichtszeitraums. Allerdings bleiben die Besuchszahlen weit hinter dem Umfang vor der Erhöhung und Ausweitung der Mindestumtauschpflicht (über 3 Millionen) zurück. Alle Bemühungen, die DDR zu einer Rücknahme der Mindestumtauschanordnung vom 9. Oktober 1980 zu veranlassen, sind bisher ohne Erfolg geblieben.

Senat und Bundesregierung werden in ihren Anstrengungen, zur notwendigen Korrektur zu kommen, nicht nachlassen. Der Bundeskanzler hat dies in seinen Regierungserklärungen vom 13. Oktober 1982 und vom 4. Mai 1983 ebenso unterstrichen, wie der Senat bei vielen Gelegenheiten.

Bei der praktischen Abwicklung des für Berlin lebenswichtigen Transitverkehrs kann es auch aus der Interessenlage der DDR nicht nur um ein formal einwandfreies Funktionieren des Verkehrs nach den bestehenden Vorschriften und Vereinbarungen gehen. Entspannung und friedliche Koexistenz müssen vielmehr auch für die Menschen spürbar sein, die sich als Reisende oder Kon trolleure in den Grenzkontrollpunkten begegnen.

Senat und Bundesregierung bemühen sich, Lösungen zu erreichen, die bei der tatsächlichen Kontrollpraxis zu mehr Zügigkeit und Beruhigung im Transitverkehr führen.

Auf innerdeutscher Ebene ist mit einem Andauern des östlichen Interesses an einem Dialog zu rechnen. Trotz der Absage des Honecker-Besuchs in der Bundesrepublik Deutschland im Frühjahr dieses Jahres hat sich die andere Seite mehrfach öffentlich für weitere Kontakte ausgesprochen. Der Senat von Berlin begrüßt diese Entwicklung ausdrücklich. Er erinnert an seinen Beitrag für den Wiederaufbau des Palais Ephraim im Ostteil der Stadt. Zu den gemeinsamen Interessen zählt auch eine Lösung der mit einer Integration der S-Bahn in das Netz des öffentlichen Personennahverkehrssystems von Berlin (West) verbundenen Fragen."

Eine grundsätzliche Würdigung des Vier-Mächte-Abkommens gab anläßlich des 10. Jahrestages der Unterzeichnung Bundeskanzler Helmut Schmidt:

„Die Bundesregierung kann heute mit Befriedigung feststellen, daß das Vier-Mächte-Abkommen mit den ergänzenden Vereinbarungen zwischen der Bundesregierung bzw. dem Senat von Berlin und der Regierung der DDR die Sicherheit und Lebenskraft Berlins entscheidend gestärkt und zu einer ruhigen Lage in und um Berlin beigetragen hat... Das Vier-Mächte-Abkommen hat zahlreiche praktische Verbesserungen für Berlin und für die Menschen gebracht. Der Transitverkehr von und nach Berlin (West) verläuft heute im wesentlichen reibungslos. Die Westberliner können in den Ostteil ihrer Stadt und in die DDR reisen und Verwandte oder Freunde dort besuchen. Die gewachsenen Bindungen Berlins an den Bund sowie die Möglichkeit ihrer Weiterentwicklung wurden ebenso bestätigt, wie das Recht der Bundesrepublik Deutschland, Berlin (West) nach außen zu vertreten... Für die Bundesregierung bleibt auch künftig das enge Einvernehmen mit den Drei Mächten, auf deren Garantien die Freiheit und Sicherheit Berlins beruhen, Kernstück unserer Berlinpolitik, darüber hinaus ein Kernstück unserer Politik überhaupt. Wir werden auch weiterhin, in enger Zusammenarbeit mit dem Senat von Berlin, alles in unseren Kräften stehende tun, um die Zukunft der Stadt zu verbessern."

Der Regierende Bürgermeister von Berlin, Richard von Weizsäcker, unterstrich aus gleichem Anlaß, daß sich das Abkommen als ein Dokument des Ausgleichs gegensätzlicher Standpunkte und Absichten zwischen Ost und West „in seinen Grundlagen bewährt" habe. Berlin sei in den zurückliegenden

Jahren weder Ausgangspunkt noch Ziel schwerwiegender Spannungen im Ost-West-Verhältnis gewesen. Er wies ferner darauf hin, daß es zu den mit dem Abkommen verfolgten Zielen des Westens gehöre, die freien Verbindungswege zwischen Berlin und Westdeutschland zu sichern und den Bewegungsspielraum der Westberliner auch in Richtung Ostberlin und DDR zu erweitern.
(vergleiche AdG Seite 24 871)

4. Die Einbeziehung Berlins in internationale Abkommen der Bundesrepublik Deutschland

Ein weiterer Aspekt der Berlin-Politik ist die Einbeziehung Berlins in Abkommen und Verträge der Bundesrepublik Deutschland mit anderen Staaten. Die Bundesrepublik Deutschland hat in mehr als 25-jähriger Vertragspraxis mit etwa 120 Staaten die Standard-Berlinklausel verwendet. Diese lautet:

Dieser Vertrag (oder: Abkommen) gilt auch für das Land Berlin, sofern nicht die Regierung der Bundesrepublik Deutschland gegenüber der Regierung ... innerhalb von drei Monaten nach Inkrafttreten des Vertrages (oder: Abkommen) eine gegenteilige Erklärung abgibt.

Ausnahmen gibt es im Verhältnis zur Sowjetunion, mit der erst seit Abschluß des Vier-Mächte-Abkommens eine Einbeziehung von Berlin (West) mittels der erstmals in Artikel 10 des Abkommens über den Handel und die wirtschaftliche Zusammenarbeit vom 5. Juli 1972 zwischen der UdSSR und der Bundesrepublik Deutschland erfolgt ist. Die Frank-Falin-Formel lautet:

Entsprechend dem Vier-Mächte-Abkommen vom 3. September 1971 wird dieses Abkommen in Übereinstimmung mit den festgelegten Verfahren auf Berlin (West) ausgedehnt.

Diese Formel findet sich u.a. in Artikel 8 des Abkommens über die Entwicklung der wirtschaftlichen, industriellen und technischen Zusammenarbeit vom 19. Mai 1973 ebenso wie in Artikel 16 des am selben Tage unterzeichneten Abkommens über kulturelle Zusammenarbeit wieder.

In der Folgezeit hat die Sowjetunion die Bestimmungen des Vier-Mächte-Abkommens über Berlin so ausgelegt, daß danach der Bundesrepublik Deutschland nur gestattet sein soll, die Interessen West-Berlins in einigen klar umrissenen Gebieten zu vertreten. Hierzu sollten nicht die Gebiete gehören, die die Sicherheit und den Status sowie die vollständige Ausübung aller Konsularfunktionen gegenüber West-Berlinern im Ausland berühren.

Folgerichtig gab es bei den Verhandlungen über den Rechtshilfeverkehr im Jahre 1973 sowohl mit der Sowjetunion als auch mit anderen Ostblockstaaten Probleme. Schließlich konnte man sich auf die sogenannte „Moskauer Formel" einigen, d.h. die gleichzeitige Möglichkeit eines direkten Rechtshilfeverkehrs zwischen den Gerichten der UdSSR und den Gerichten der Bundesrepublik bzw. denen von Berlin (West).

Ebensolche Schwierigkeiten machte die UdSSR bei der Ratifizierung des sogenannten Atomsperrvertrages. Wegen des sowjetischen Widerspruchs konnten die Ratifikationsurkunden der Bundesrepublik Deutschland am 2. Mai 1975 nur in London und Washington, nicht aber auch in Moskau hinterlegt werden.

Verträge mit der CSSR haben vergleichbare Schwierigkeiten gezeigt. Verhandlungen über einen Vertrag über die gegenseitigen Beziehungen vom 11. Dezember 1973 konnten nur erfolgreich abgeschlossen werden, indem beide Parteien separate Briefe über die Erstreckung des Abkommens auf Berlin ausgetauscht haben. Neben diesem Briefwechsel haben die Außenminister Briefe über humanitäre Fragen ausgetauscht, in denen vereinbart worden ist, Berlin (West) entsprechend dem Vier-Mächte-Abkommen in Übereinstimmung mit dem festgelegten Verfahren in die Vereinbarung einzubeziehen.

Die Frank-Falin-Formel wurde erst wieder in Artikel 7 des am 22. Januar 1975 unterzeichneten Abkommens über die weitere Entwicklung des wirtschaftlichen, industriellen und technischen Zusammenarbeit angewandt.

Am 21. Dezember 1973 konnte die Bundesrepublik nach einer entsprechenden Vereinbarung („Moskauer Formel") diplomatische Beziehungen mit Bulgarien und Ungarn aufnehmen. In dem am 11. November 1974 mit Ungarn abgeschlossenen Abkommen über wirtschaftliche, technische und industrielle Zusammenarbeit ist ebenfalls in Artikel 10 die Frank-Falin-Formel angewandt worden.

Die Frank-Falin-Formel konnte auch in verschiedenen anderen Abkommen mit Rumänien und Polen angewandt werden.

Bemerkenswerterweise war es möglich, mit der Volksrepublik China ein Abkommen über Handels- und Zahlungsverkehr am 5. Juli 1973 abzuschließen, das in Artikel 7 eine sehr großzügig formulierte Berlin-Klausel enthielt:
„Dieses Abkommen gilt im Einklang mit der bestehenden Lage auch für Berlin (West)."

Abgesehen von einigen wenigen Staaten (u.a. Österreich) haben die weitaus meisten Staaten die Standard-Berlinklausel akzeptiert. Darüber hinaus ist es der Bundesrepublik gelungen, eine besondere Berücksichtigung der wirtschaftlichen Förderung Berlins in völkerrechtlichen Verträgen zu verankern. Die hierfür angewendete Formel lautet:

Die Regierung der Bundesrepublik Deutschland legt besonderen Wert darauf, daß sich bei den aus der Dahrlehensgewährung ergebenden Lieferungen die Erzeugnisse der Industrie des Landes Berlin bevorzugt berücksichtigt werden.

Es ist seit Abschluß des Berlin-Abkommens zu erkennen, daß sich die westdeutsche Konsequenz, grundsätzlich keine Verträge ohne Berlin-Klausel abzuschließen, sicherlich ausgezahlt hat.

Bei der Abfassung der völkerrechtlichen Verträge und Vereinbarungen wird ständig darauf geachtet, daß, sobald Gegenstände der militärischen Sicherheit oder anderer besatzungsrechtlicher Besonderheiten Berlins tangiert werden könnten, die Berlin-Klausel entsprechend modifiziert wird. Infolge dessen brauchten die westlichen Alliierten nur in wenigen Fällen von ihrem Recht Gebrauch machen, die innerstaatliche Übernahme völkerrechtlicher Verträge nach Berlin im Wege des Mantelgesetzverfahrens durch das Berliner Abgeordnetenhaus zu verhindern.

5. Berlins Stellung in der EG

(vergleiche Berlin-Bericht 5/83: Berlin in der EG – EG in Berlin von Joachim Künzel u.a.)

5.1. Rechtslage

Berlin (West) ist in Übereinstimmung mit den festgelegten Verfahren rechtsgültig und wirksam in den Geltungsbereich der Gründungsverträge der Europäischen Gemeinschaften einbezogen. Die Bundesregierung hat zu diesem Zweck bei Unterzeichnung der EG-Gründungsverträge (EWG und EURATOM) förmliche Erklärungen über die Einbeziehung Berlins (West) abgegeben und diese Erklärungen in Zusammenhang mit der Hinterlegung der Ratifikationsurkunden zu diesen Verträgen am 9.Dezember 1957 wiederholt. Die von der Bundesrepublik Deutschland bei der Ratifikation abgegebenen Erklärungen sind der Regierung Italiens als Depositarmacht (im Falle EGKS der französichen Regierung) zugeleitet und allen Vertragsstaaten ordnungsgemäß zugestellt worden. Diese Erklärung wurde in Übereinstimmung und nach Absprache mit den übrigen Vertragspartnern abgegeben, die diese Erklärung zur Kenntnis genommen haben. Bei dem am 23.Juli 1952 in Kraft getretenen Vertrag über die Europäische Gemeinschaft für Kohle und Stahl (EGKS) war Berlin (West) nicht ausdrücklich erwähnt worden, jedoch praktisch in den Vertrag einbezogen. Die formelle Geltung des EGKS-Vertrages für Berlin wurde erst am 8.April 1965 durch eine ausdrückliche Berlin-Erklärung festgelegt. Diese Erklärung wurde anläßlich der Unterzeichnung und Ratifizierung des Fusionsvertrages zur Einsetzung eines gemeinsamen Rates und einer gemeinsamen Kommission abgegeben.

Die drei Mächte haben die Erstreckung der EG-Gründungsverträge auf Berlin (West) durch alliierte Anordnungen (BK/L (57) 44 – EWG; BK/L (57) 45 – EURATOM; BK/L (65) 51 – EGKS) gebilligt, soweit dies mit den in der Berlin-Erklärung vom 5.Mai 1955 umschriebenen alliierten Rechten und Verantwortlichkeiten vereinbar ist.

Die EG-Staaten haben im übrigen in einer gemeinsamen Erklärung vom 25.März 1957 zu den Römischen Verträgen die Absicht zum Ausdruck gebracht, die wirtschaftliche und soziale Lage Berlins durch geeignete Maßnahmen der Gemeinschaft zu fördern und seine wirtschaftliche Stabilität zu sichern.

Die Einbeziehung Berlins (West) in den Geltungsbereich der Gründungsverträge ist Teil der bestehenden Lage, auf die im Vier-Mächte-Abkommen vom 3. September 1971 Bezug genommen wird, d.h. daß die Rechtslage hinsichtlich der Einbeziehung Berlins in die EG durch das Viermächte-Abkommen nicht verändert wurde.

Trotzdem gab es wiederholt sowjetische Proteste gegen die Einbeziehung Berlins in die EG, z.B. anläßlich der ersten Direktwahl des Europäischen Parlaments im Juni 1979. Dies, obwohl die Sowjetunion keine Einwände erhob, als Berlin in die EG Gründungsverträge einbezogen wurde. Erstmals hatte die UDSSR in einer Demarche am 6. Februar 1975 gegen die Errichtung des Europäischen Berufsbildungszentrums in Berlin protestiert und der EG das Recht bestritten, Entscheidungen bezüglich Berlin (West) zu treffen und erklärt, das Ziel der politischen Einigung der europäischen Staaten sei bezüglich Berlins unvereinbar mit dem Vier-Mächte-Abkommen. Die Drei Mächte haben die Prostete jeweils zurückgewiesen.

Zwar gab es bereits seit Gründung der Gemeinschaft das Europäische Parlament, dem u.a. auch Berliner Abgeordnete angehörten, doch sollte durch diese Direktwahl die demokratische Legitimation der Europäischen Parlaments und dessen Gewicht in der EG gestärkt werden.

Am 20. September 1976 beschloß der Rat der Europäischen Gemeinschaften den „Akt zur Einführung allgemeiner unmittelbarer Wahlen der Abgeordneten der Europäischen Parlaments". Berlin wurde mit Zustimmung der Drei Mächte und in Übereinstimmung mit dem Vier-Mächte-Abkommen einbezogen. Die Bundesregierung hat diesem Akt folgende Erklärung beigefügt:

„Die Regierung der Bundesrepublik Deutschland erklärt, daß der Akt zur Einführung allgemeiner unmittelbarer Wahlen der Mitglieder der Europäischen Parlaments auch für das Land Berlin gilt. Mit Rücksicht auf die bestehenden Rechte und Verantwortlichkeiten Frankreichs, des Vereinigten Königreichs Großbritannien und Nordirland und der Vereinigten Staaten von Amerika wird das Berliner Abgeordnetenhaus die Abgeordneten für diejenigen Sitze wählen, welche innerhalb des Kontingents der Bundesrepublik Deutschlands auf das Land Berlin entfallen."

Dies ist das gleiche Verfahren, wie für die Berliner Bundestagsabgeordneten, nur das die Berliner Abgeordneten des Europäischen Parlaments das volle Stimmrecht haben.

Berlin kommt im Rahmen des innerdeutschen Handels eine besondere Bedeutung zu, da in dem „Protokoll über den innerdeutschen Handel und die damit zusammenhängenden Fragen", das dem EWG-Vertrag als Anhang beigefügt ist, festgelegt wurde, daß die Anwendung des EWG-Vertrages keinerlei Änderung des „bestehnden Systems" des innerdeutschen Handels erforderlich macht.

Da im innerdeutschen Verhältnis die gegenüber den Staatshandelsländern üblichen Handelshemmnisse (Außenzoll der EG) nicht gelten, wird der Handel weiter auf der Grundlage des sogenannten „Berliner Abkommens" über den „Handel zwischen den Währungsgebieten der Deutschen Mark (DM-West) und den Währungsgebieten der Deutschen Mark der Deutschen Notenbank (DM-Ost)" von 1951 und dessen Folgeabkommen abgewickelt. Dies bedeutet, daß Berlin in das System des innerdeutschen Handels einbezogen ist.

5.2.
Einschluß Berlins in die Aktivitäten der EG

Seit der Gründung der Europäischen Gemeinschaften nimmt Berlin voll an ihrem Leben teil. Die EG unterhält an institutionellen Einrichtungen in Berlin ein Presse- und Informationsbüro sowie ein Berufsbildungszentrum.

Im Juni 1968 wurde das Presse- und Informationsbüro der Kommission der Europäischen Gemeinschaften in Berlin – als Außenstelle des Bonner Büros – eröffnet. Es war eine besondere Geste der Solidarität mit Berlin, das erste Zweigbüro in der Gemeinschaft überhaupt hier zu gründen. Die Tätigkeit des Büros ist vor allem darauf gerichtet, die Bevölkerung Berlins über die Arbeiten, Aufgaben und Ziele der Europäischen Gemeinschaft zu informieren und Kontakte zu besonders interessierten Kreisen des öffentlichen Lebens, der Wirtschaft und der Wissenschaft herzustellen und zu pflegen. Außerdem soll das Büro auch die Institutionen der Gemeinschaft über die politische, wirtschaftliche und soziale Entwicklung in der Stadt unterrichten und dazu beitragen, daß die Gemeinschaft noch enger gestaltet und durch neue Kontakte weiter ausgebaut wird.

Das Presse- und Informationsbüro mit seinen sieben Mitarbeitern ist in die Organisation nahezu aller Aktivitäten der

Gemeinschaft in und für Berlin einbezogen und verdeutlicht dabei gegenüber der Öffentlichkeit die Bindungen zwischen der EG und Berlin. Dazu gehört es, Besuche von führenden Vertretern der EG-Kommission und anderer europäischer Institutionen in Berlin vorzubereiten: z.B. waren in den letzten Jahren zu Besuch in Berlin:

– im Januar 1981 die damalige Präsidentin des Europäischen Parlaments Simone Veil

– im Oktober 1981 der amtierende Präsident des EG-Ministerrats Lord Carrington

– im Mai 1982 der Präsident des Wirtschafts- und Sozialausschusses der Europäischen Gemeinschaften Tomas Roseingrave

– im September 1982 der Präsident der EG-Kommision Gaston Thorn

– im November 1982 der Präsident des Europäischen Parlaments Pieter Dankert

– im Januar 1985 der Präsident des Europa-Parlaments Pfimlin

Im Februar 1975 beschloß der EG-Ministerrat die Einrichtung des Europäischen Zentrums für die Förderung der Berufsbildung (nach der französichen Bezeichnung Centre Européen pour le Développment de la Formation Professionnel – auch abgekürzt CEDEFOP genannt). In enger Abtimmung der Kommission mit der Bundesregierung und den westlichen Alliierten wurde entschieden, den Sitz des Instituts nach Berlin zu vergeben. Heute zählt das Zentrum 44 Mitarbeiter aus allen

Mitgliedsländern; der Haushalt betrug für das Jahr 1982 ca. 9,2 Mio DM.

Das Zentrum hat die Aufgabe, die EG-Kommission darin zu unterstützen, die Berufsbildung und die ständige Weiterbildung auf Gemeinschaftsebene zu fördern und zu entwickeln. Das Zentrum soll außerdem den Informations- und Erfahrungsaustausch auf dem Gebiet der Berufsbildung mit und zwischen den Mitgliedsländern der Gemeinschaft verbessern. Dafür werden die Berufsbildungssysteme in den EG-Staaten untereinander verglichen. Das Zentrum gibt eigene Veröffentlichungen heraus und organisiert Tagungen, auf denen Wissenschaftler über ihre Arbeiten diskutieren.

Die EG fördert in vielfältiger Weise Projekte in Berlin, so hat z.B. die Europäische Investitionsbank (EIB) zur Sicherstellung der Elektrizitäts- und Gasversorgung seit 1960 110 Mio DM zur Verfügung gestellt. Im Rahmen des 8. Wohnungsbauprogramms des EGKS wurde für ein Modernisierungsprojekt am Mariannenplatz in Kreuzberg ein Darlehen in Höhe von 1,2 Mio DM gewährt.

Der Europäische Regionalfonds hat mit 15,1 Mio DM eine Müllverbrennungsanlage und eine Müllumladestation mitfinanziert. Fast 40 Mio DM hat der Regionalfonds für den Neubau großer Messehallen am Funkturm bewilligt.

Der Europäische Sozialfonds unterstützt dagegen eine große Zahl von Projekten in Berlin, darunter Maßnahmen zur Arbeitsbeschaffung für Jugendliche in der Ausbildung Berlin/Kalabrien.

Im Energiebereich wurde 1977 u.a. ein Kohleverflüssigungs- und –vergasungsvorhaben mit 5,7 Mio DM gefördert.

6. Berlin und die Vereinten Nationen

In einem Briefwechsel zum Grundlagenvertrag zwischen der Bundesrepublik Deutschland und der DDR sowie Protokollerklärungen nehmen beide Regierungen zur Kenntnis, daß die jeweilige andere Seite in Übereinstimmung mit innerstaatlichem Recht die notwendigen Schritte zur Erlangung der Mitgliederschaft in der UNeinleitet. Beide Regierungen werden sich über den Zeitpunkt der Antragstellung informieren, damit die Antragstellung etwa zum gleichen Zeitpunkt erfolgt.

Am 9. November 1972 erklärten die Vier Mächte gemeinsam, die Anträge der beiden deutschen Staaten auf Mitgliedschaft in der UN zu unterstützen, und bekräftigten, „daß die Mitgliedschaft die Rechte und Verantwortlichkeiten der Vier Mächte und die entsprechenden diesbezüglichen Vereinbarungen, Beschlüsse und Praxis in keiner Weise berühren darf." (A.d.G. Seite 17 457)

Bereits am 27. März 1973 trat die DDR einer Reihe von UNO-Konventionen (z.B. über die Beseitigung aller Formen von Rassendiskriminierung vom 21. Dezember 1965 und die Nichtanwendung von Verjährungsfristen bei Kriegsverbrechen und Verbrechen gegen die Menschlichkeit vom 26. November 1968) bei.

Am 13. April 1973 stellten die Drei Mächte in einem Schreiben an den Regierenden Bürgermeister fest, daß die Bundesrepublik Deutschland die Rechte und Pflichten der UN-Charta auch hinsichtlich Berlins (West) übernehmen und die Interessen von Berlin (West) in den Vereinten Nationen und ihrer Unterorgane vertreten kann. Hiervon ausgenommen seien Angelegenheiten, die die Sicherheit und den Status betreffen. Entsprechend diesem Schreiben unterrichtete Bundesaußenminister Scheel am 13. Juni 1973 den Generalsekretär der Vereinten Nationen.Dieses Schreiben ist als gemeinsames UN-Dokument der Generalversammlung und des Sicherheitsrates anzusehen. Daneben bekräftigte der Bundeskanzler und der Außenminister in ihren Reden vor der Generalversammlung, daß Berlin an der Mitarbeit der Bundesrepublik Deutschland in den Vereinten Nationen teilhaben werde.

Die UdSSR bestätigte in einem Schreiben (26. Juni 1973) ausdrücklich das grundsätzliche Recht der Bundesrepublik Deutschland, die Interessen von Berlin (West) in internationalen Organisationen zu vertreten (natürlich unter der Voraussetzung, daß Sicherheits- und Statusfragen nicht berührt werden). In diesem Schreiben hat die Sowjetunion das Vier-Mächte-Abkommen als Grundlage der Vertretung der Interessen von Berlin (West) durch die Bundesrepublik Deutschland in internationalen Organisationen bezeichnet und dem Abkommen somit eine konstitutive Bedeutung beigemessen, daß es nach westlicher Auffassung nicht hat. Nach westlicher Auffassung sind die Bereiche, in denen die Bundesrepublik Deutschland Berlin (West) nach außen vertreten kann, im Vier-Mächte-Abkommen nicht enumerativ und erschöpfend aufgezählt. Unabhängig von dieser Streitfrage ist folgendes klar:

Berlin (West) ist kein selbständiges Mitglied der Organisation der Vereinten Nationen geworden. Durch die Einbeziehung von Berlin (West) in die Mitgliedschaft der Bundesrepublik Deutschland ist Berlin (West) in den Geltungsbereich der UN-Charta einbezogen worden. Berlin (West) ist auch nicht ein selbständiges Völkerrechtssubjekt geworden. Die von den Westmächten erteilte Ermächtigung der Bundesrepublik Deutschland zur Wahrnehmung der Interessen von Berlin (West) gegenüber dem Ausland beinhaltet nicht die teilweise Abtretung des Vertretungsrecht, sondern nur die Befugnis, dieses Recht auszuüben. Da von dieser Befugnis die Angelegenheiten des Status und der Sicherheit von Berlin (West) ausgenommen sind, bleiben die Westmächte auch im UN-Rahmen für alle Fragen zuständig, die in Berlin (West) fortbestehende Besatzungsrechte betreffen. (Vergleiche Günther van Well: Berlin und die Vereinten Nationen in „Berlin-translokal", herausgegeben vom DGVN-Landesverband Berlin, Berlin-Verlag 1983).

Die Vereinten Nationen und ihre Sonderorganisationen spielen als Depositarmacht zahlreicher völkerrechtlicher Vereinbarungen bei der Hinterlegung von Ratifikations- und Beitrittsurkunden auch eine wichtige Rolle bei der Einbeziehung von Berlin (West) in die internationalen Abkommen der Bundesrepublik Deutschland. Bei den für den UN-Bereich typischen multilateralen Vereinbarungen erfolgt die Erstreckung der Abkommen auf Berlin (West) regelmäßig entsprechend der Erklärung der Alliierten Kommandantur vom 21. Mai 1952 durch Berlin-Erklärungen der Bundesregierung. Zusätzlich wird der Alliierten Kommandantur die Möglichkeit gegeben, jede Vereinbarung zu überprüfen, damit geprüft werden kann, ob alle erforderlichen Voraussetzungen für die Ausdehnung erfüllt sind.

Obwohl in dem Vier-Mächte-Abkommen von allen Signatarstaaten die Ausdehnung von völkerrechtlichen Vereinbarungen der Bundesrepublik Deutschland auf die westlichen Sektoren Berlins gebilligt wurde, erhoben und erheben die Sowjetunion, die DDR und andere Warschauer-Pakt-Staaten in einer Vielzahl von Fällen Proteste gegen die Einbeziehung von Berlin (West) in multilaterale Übereinkommen, z.B. bei der Übernahme der Geiselnahme-Konvention oder beim Übereinkommen über Vorrechte und Immunitäten der Vereinten Nationen.

Auch werden von östlicher Seite Vorbehalte gegen die Teilnahme von Vertretern in Berlin ansässiger Bundesbehörden an

UN-Veranstaltungen geltend gemacht, obwohl die UdSSR in dem Vier-Mächte-Abkommen erklärt hat, daß die Bundesrepublik Deutschland die Interessen von Berlin (West) in internationalen Organisationen und auf internationalen Konferenzen vertreten kann, und Personen mit ständigem Wohnsitz in Berlin (West) gemeinsam mit Teilnehmern aus der Bundesrepublik Deutschland am internationalen Austausch teilnehmen können. Die östlichen Proteste richten sich regelmäßig gegen die Beteiligung von Angehörigen des Bundeskartellamtes an Tagungen der UN-Kommission für transnationale Unternehmungen aber auch gegen die Teilnahme von Mitarbeitern des Bundesgesundheitsamtes an den Tagungen der Suchtstoffkommission.

In der Anlage IV A 2.d des Vier-Mächte-Abkommens ist festgelegt, daß Tagungen internationaler Organisationen und internationale Konferenzen sowie Ausstellungen mit internationaler Beteiligung in den Westsektoren Berlins durchgeführt werden können (Voraussetzung ist, daß Angelegenheiten der Sicherheit und des Status nicht berührt werden). Derartige Einladungen können vom Senat oder gemeinsam von der Bundesrepublik Deutschland ausgesprochen werden. Das Vier-Mächte-Abkommen läßt also damit die Durchführung von UN-Veranstaltungen in Berlin zu. Dementsprechend haben Seminare der Deutschen Stiftung für internationale Entwicklung (DSE) mit UN-Beteiligung bzw. unter Beteiligung von UN-Bediensteten stattgefunden. Die Einladungen zu den DSE-Seminaren werden entsprechend dem Vier-Mächte-Abkommen gemeinsam durch die Bundesrepublik Deutschland und dem Senat ausgesprochen.

Anlaß zu Auseinandersetzungen gaben auch die Berlin (West) betreffenden Angaben in Dokumenten und Listen der Vereinten Nationen. Betroffen hiervon waren sowohl Angaben, die Berlin (West) insgesamt betreffen als auch Statistiken, Angaben über Behörden, wissenschaftliche Institute, Bibilotheken und vergleichbare Institutionen mit Sitz in Berlin (West). Beispielsweise hat es einen langwierigen Notenkrieg zwischen der Sowjetunion und den Alliierten von 1974 bis Ende Juni 1975 gegeben, als es um die Eintragung von Berlin (West) und Berlin (Ost) in das demographische Jahrbuch der Vereinten Nationen ging. Nach dieser Auseinandersetzung wird Berlin (West) unter der Bundesrepublik Deutschland aufgeführt, und zwar in der Städteliste an letzter Stelle außerhalb des alphabetischen Zusammenhangs und ausgerückt aufgeführt. Berlin (Ost) wird alphabetisch eingeordnet und als Hauptstadt in der Städteliste der DDR ausgewiesen. In der der Liste der Bundesländer entsprechenden Liste der DDR-Bezirke steht es als Hauptstadt am Anfang. Zusätzlich sind alle Berlin betreffenden Angaben in diesem Jahrbuch mit Fußnote versehen, wonach die Angaben von den zuständgen Behörden aufgrund der einschlägigen Vereinbarungen der Vier Mächte geliefert worden sind. Dieses Beispiel verdeutlicht die praktischen Schwierigkeiten, die bei der Erhaltung des Berlin-Status auftraten und weiterhin auftreten.

Insgesamt gesehen kann jedoch festgestellt werden, daß sich die Außenvertretung von Berlin (West) durch die Bundesrepublik Deutschland in den Vereinten Nationen bewährt hat; die anfänglichen Reibungen haben sich im Interesse der praktischen Arbeit verringert.

Sicherlich sollte auch in Zukunft darauf geachtet werden, daß die Bindungen zwischen Berlin (West) und der Bundesrepublik Deutschland im Hinblick auf die Vereinten Nationen nicht beeinträchtigt werden. Auch in diesem Zusammenhang wird deutlich, daß die Berlin-Frage Teil der ungelösten deutschen Frage bleibt.

Da die Möglichkeiten der Begegnung im menschlichen, wirtschaftlichen, kulturellen und wissenschaftlichen Bereich gerade in Berlin besonders ausgeprägt sind, könnten und sollten diese Möglichkeiten von den Vereinten Nationen stärker als bisher genutzt werden.

Für UN-Generalsekretär Perez de Cuellar, der am 13. 6. 1983 einen zweitägigen Besuch in Berlin (West) beendete, ist Berlin ein Symbol dafür, daß die Großmächte in der Lage sind, kontroverse Fragen friedlich auf der Basis der Verständigung zu behandeln...Eine gewisse Verständigung sei die einzige Möglichkeit, Streitfragen zu behandeln.

Am 29. 6. 1983 trifft UNO-Generalsekretär Perez de Cuellar zu einem offiziellen Besuch in der DDR ein. Er hält sich mehrere Tage in Ostberlin auf und trifft u.a. mit Staats- und Parteichef Erich Honecker zusammen.

7. Sonstige Berlin-politische Aspekte

7.1
S–Bahn

Besondere Bedeutung – insbesondere auch im Hinblick auf Status-Probleme der Stadt – kam dem S-Bahn-Verkehr zu.

Nach Kriegsende wurden sowohl das 536 Kilometer lange S-Bahn-Netz als auch alle anderen innerstädtischen Eisenbahnanlagen von den Sowjets beschlagnahmt und der Betrieb für ganz Berlin noch im Jahre 1945 der in Ost-Berlin ansässigen „Reichsbahn"-Direktion übertragen. Die drei westlichen Alliierten waren damit einverstanden, behielten sich jedoch die Hoheitsrechte für die in Berlin (West) gelegenen Anlagen ebenso vor wie die Aufsicht über das Eisenbahnvermögen. Demzufolge besitzt die Deutsche Reichsbahn in Berlin (West) lediglich ein Betriebsrecht, das nach allgemeiner Rechtsauffassung allerdings auch eine Betriebspflicht einschließt.

Bis zum 31. August 1961 erwies sich die S-Bahn als Klammer der noch ungeteilten, aber schon aufgeteilten Stadt. Ca. 500 000 Fahrgäste passierten täglich die Grenze zwischen beiden Teilen. Durch den Mauerbau, der zu einer Unterbrechung des U-Bahn-Verkehrs und der S-Bahn-Strecken zwischen Ost- und West-Berlin führte, kam es in Berlin (West) zu einem Boykott der S-Bahn durch die Bevölkerung; das Beförderungsvolumen der S-Bahn im Westteil der Stadt verminderte sich um 70 bis 75 %. In der folgenden Zeit fuhr die S-Bahn Jahr für Jahr aufgrund der geringen Auslastung hohe Defizite ein. Nach dem Reichsbahner-Streik vom September 1980 hat die Deutsche Reichsbahn 4 von 7 S-Bahn-Strecken – angeblich aus finanziellen Gründen (behauptetes Defizit: 140 – 150 Mio jährlich) – stillgelegt. Die DDR hat seit langem (praktisch seit 1975/76) den Wunsch geäußert, in Verhandlungen mit dem Senat eine Lösung der S-Bahn-Frage zu finden.

Der Senat hat aus innen- und deutschlandpolitischen Gründen großes Interesse an einer Integration der S-Bahn in das Nahverkehrssystem von Berlin (West). Gründe hierfür sind u.a.: verkehrlicher Nutzen, Beseitigung innerstädtischer Verfallserscheinigungen, Erhaltung der S-Bahn als Klammer zwischen Berlin (West) und seiner Umgebung. Der Senat hat in seiner Regierungspolitik erklärt: Der Senat hat ein verkehrliches und ein politisch-rechtliches Konzept für die S-Bahn-Integration erarbeitet. Er geht davon aus, daß im Sommer 1983 in engstem Einvernehmen mit Alliierten und Bundesregierung die notwendigen Gespräche mit der anderen Seite aufgenommen werden.

Am 31.10.1983 treffen in Ostberlin der Beauftragte des Senats, SR Hinkefuß, und der Beauftragte des DDR-Verkehrsministers, Reichsbahnhauptdirektor Dr. Meißner, zu ersten Verhandlungen über die Zukunft der S-Bahn in Berlin (West) zusammen.

Bereits am 30.12.1983 unterzeichnen beide eine Vereinbarung, nach der die Deutsche Reichsbahn den Betrieb der S-Bahn in Berlin (West) ab 09.01.1984 einstellt. Vom gleichen Zeitpunkt an wird die S-Bahn von den Berliner Verkehrsbetrieben (BVG) betrieben werden.

Die Berliner Verkehrsbetriebe (BVG) übernehmen am 09.01.1984 die im Westteil der Stadt gelegenen Betriebsanlagen der S-Bahn von der Reichsbahn.

Am 01.02.1984 wird das Verkehrs- und Baumuseum im ehemaligen Hamburger Bahnhof am Sektorenübergang Invalidenstraße im Bezirk Tiergarten offiziell von der Verwaltung der Deutschen Reichsbahn an den Senat von Berlin gegeben.

In der Regierungserklärung des Regierenden Bürgermeisters Eberhard Diepgen vom 23.02.1984 heißt es: „Mit der Inbetriebnahme und der Reparatur der S-Bahn und ihrer Anlagen sind die Voraussetzungen für ein besseres Nahverkehrsangebot geschaffen. Die S-Bahn weist in ihrer Bedeutung über die Verkehrspolitik hinaus."

Am 26.10.1984 meldet die DDR-Nachrichtenagentur ADN Forderungen der DDR an den Berliner Senat an, weil angeblich der Reichsbahn seit mehr als drei Jahrzehnten die Verfügung über wesentliche Teile ihres Betriebsvermögens in Berlin (West) und die hieraus resultierenden Einnahmen vorenthalten werden. Dem Berliner Senat wird vorgeworfen, die DDR dadurch wirtschaftlich schaden zu wollen.

Diese Beschuldigungen weist der Berliner Senat am 27.10.84 zurück, da das Vermögen der Reichsbahn seit Ende des Zweiten Weltkrieges von den Alliierten beschlagnahmt sei. Mit der Verwaltung des Vermögens sei die „Verwaltung des ehemaligen Reichbahnvermögens" beauftragt, die von den Alliierten überwacht wird. Der Senat sehe keinen Grund für eine Änderung der Treuhandschaft, die zum gewachsenen Status der Stadt gehöre.

7.2.
Verkehrswasserwirtschaft

Als bedeutenden Fortschritt auf dem Sektor der Verkehrswasserwirtschaft kann die Öffnung des Teltowkanals für den Güterschiffsverkehr von Westen her (20. November 1981) bezeichnet werden. Aufgrund einer Vereinbarung mit der DDR vom 16. November 1978 soll der Kanal im Abschnitt km 0,0 bis km 15,1 für den zweischiffigen Verkehr mit Schiffen, wie sie heute im Berlinverkehr eingesetzt sind, ausgebaut werden. Dabei sollte auch die Abladetiefe von bisher 1,75 Meter auf

2,00 Meter vergrößert werden. Für die in einem Leistungsverzeichnis festgelegten Arbeiten soll der DDR für die von ihr erbrachten Leistungen 70 Mio DM gezahlt werden.

7.3.
Erdgas

Seit den 60er Jahren bemüht sich der Senat, Berlin an ein überregionales Erdgasverbundsystem anzuschließen. Das große Erdgas-Röhren-Geschäft mit der UdSSR bot zum ersten Mal für Berlin eine reale Chance, in ein überregionales Erdgas-Verbundsystem einbezogen zu werden. Hierbei konnte das wirtschaftliche Interesse der UdSSR von der Bundesregierung im Interesse Berlins wirksam genutzt werden.

Im Rahmen des kommerziellen Vertragswerkes konnte sichergestellt werden, daß die Berliner GASAG das von der Ruhrgas AG aus der UdSSR bezogene Erdgas von der Ruhrgas AG in Berlin kauft. Weder Berlin noch die GASAG sind daher rechtlich mit den auf östlicher Seite Beteiligten in unmittelbaren Kontakt getreten. Hierdurch ist Berlin -politisch und energiepolitisch erreicht worden, daß Berlin über die Ruhrgas AG als größter westdeutscher Erdgas-Vertriebsgesellschaft praktisch in das westeuropäische Erdgas-Verbundsystem einbezogen wird.

8. Schlußwort

(Zur Lage der Nation – Rede des Regierenden Bürgermeisters von Berlin, Dr. Richard von Weizsäcker, vor dem Deutschen Bundestag am 09. September 1982)

Der Regierende Bürgermeister führte in seiner Rede am 09.September 1982 aus:

„Was die innerdeutschen Beziehungen im engeren politischen Sinne anbetrifft, so ist die derzeitige Lage belastet. Zwar gibt es Verhandlungsgegenstände; die Bundesregierung hat sie in ihrem Lagebericht genannt. Die Themen sind wichtig, zumal für uns in Berlin: Gewässerschutz, Erdgas, S-Bahn und andere mehr. Aber eine langfristige Perspektive für die Gespräche fehlt. Es ist auch nicht vorstellbar, wie wir sie erreichen, wenn nicht eingehalten wird, was verabredet war. Die Erhöhung und Erweiterung des Mindestumtausches im Reise- und Besuchsverkehr sind abredewidrig. Sie bedarf der Rücknahme, wenn es für die Menschen glaubwürdig sein soll, daß der DDR an Entspannung gelegen ist. Auch gemeinsame friedenspolitische Aktionen, wie die DDR sie immer wieder fordert, bedürfen zunächst ihrer Fundierung im Respekt vor den Menschenrechten, die Bestandteil des Friedens sind.

In dieser Lage gilt es, die Dinge zwischen den beiden deutschen Staaten beim Namen zu nennen. Es geht nicht darum, Hin- und Herreisen zu unterlassen oder Reisen von Politikern zu unterbinden. Gegenseitiger Sprechboykott nützt niemandem. Wichtig ist vielmehr, sich zu treffen und ernsthaft und verantwortlich miteinander zu reden. Dabei haben wir einerseits unsere Grundüberzeugungen nicht aus Gründen atmosphärischer Rücksicht zu verschweigen. Auch ist es, was die wechselseitigen Verhandlungen anbetrifft, nicht gut, zunächst den Mund recht voll zu nehmen, ohne im entscheidenden Moment dazu zu stehen.

Auf der anderen Seite aber gilt es, ernsthaft aufeinander zu hören. Jede der beiden Seiten hat nicht nur ihre Ziele, sondern auch ihre Schwierigkeiten. Das letzte Jahrzent ist an beiden Seiten nicht spurlos vorübergegangen. Es gibt auch im Charakter unserer amtlichen Beziehungen untereinander Veränderungen. Die Beziehungen unter uns sind anders als die, die jeder von uns mit dritten hat. Es gibt Momente, wo sich zeigt, daß dies im beiderseitigen Interesse ist. Jeder hat es in seinem täglichen Lebensbereich und seinem nachbarlichen Umkreis mit Problemen zu tun, die diesen Schluß rechtfertigen. Deshalb geht es darum, den Kontakt nicht abreißen zu lassen, klar zu sprechen und behutsam zu sein.

Die deutsche Lage konzentriert sich im Brennpunkt Berlin. Berlin ist Mitte und Grenze.

Mitte bedeutet Anziehung. Dies führt zu erwünschtem und zu unerwünschtem Zuzug und Einfluß. Zugleich bedeutet sie die Chance zur friedlichen Entwicklung. Grenze bedeutet, wenn sie zu ist, Ausdünnung. Abgeschlossene Grenzregionen sind immer von Auszehrung bedroht.

Beides: die Gefahren und die Chancen betreffen nicht nur die Berliner, sondern alle Deutschen. Deshalb melden wir uns aus Berlin zu Wort. Es geht nicht um Lokalpolitik.

Unsere inneren Probleme sind dem Bundestag bekannt. Er hat mit ihnen zu tun. Entscheidend ist unsere soziale und wirtschaftliche Lebensfähigkeit. Die Arbeitslosigkeit stellt uns vor die größte Bewährungsprobe. Statistisch liegt sie in Berlin 1 % über dem Bundesdurchschnitt. Es gibt Bundesländer mit höheren Quoten. Aber dieses Bild trügt. Denn das Kernstück der

Beschäftigung in Berlin, das verarbeitende Gewerbe (Industrie und verarbeitendes Handwerk) hat in den letzten 11 Jahren um 35% abgenommen. Diese Zahl ist die entscheidende, und sie ist ohne Beispiel und Parallele im gesamten Bundesgebiet. Nur durch eine überproportionale Zunahme der Beschäftigung im öffentlichen Dienst konnte ein gewisser Ausgleich erzielt werden.

Es ist keineswegs so, daß in Berlin Betriebe quasi automatisch unrentabel werden und deshalb Stillegungen und Abwanderungen auslösen. Vielmehr sind zu viele Entscheidungszentren abgewandert. Zurück bleiben allzuoft nur die sogenannten verlängerten Werkbänke. Die Maßnahmen der fernen Hauptverwaltungen haben den Berliner Arbeitsmarkt immer wieder einseitig und nachhaltig belastet. Hier Abhilfe zu schaffen, ist eine Frage der Lebensfähigkeit. Wir Berliner sind uns der Aufgabe voll bewußt, von uns aus alles in unseren Kräften stehende für diese Lebensfähigkeit selbst zu tun.

Dies geschieht vor allem durch
– Initiative für die Reform Berlinförderung
– Sparhaushalt mit gesteigerten investiven Ausgaben nachfragewirksam am Arbeitsmarkt
– 4000 zusätzliche Ausbildungsplätze
– Anpassung der Tarife für öffentliche Leistungen
– Strukturprogramm für kleinere und mittlere Unternehmen
– Arbeitsplatzwirksame Verbindung der hochleistungsfähigen Berliner Forschung mit der Wirtschaft.

Aber Berlin bleibt auf Verständnis, Unterstützung und Zusammenarbeit dringend angewiesen. Dies gilt für die Bundesregierung und für den Bundesgesetzgeber. Ich bin dankbar für die Bereitschaft des Bundeskanzlers zur Berliner Herbstkonferenz mit Sozialpartnern und Leitungen großer privater und öffentlicher Unternehmen.

Unsere Anstrengungen für die Berliner Wirtschaft wären auf Sand gebaut, insbesondere unsere Anstrengungen für die kleineren und mittleren Betriebe, wenn nicht bei den großen Unternehmen, den privaten und den Bundesunternehmen, eine Wende in der Einstellung gegenüber Berlin eintritt...

Den Bundestag bitte ich bei seinen Entscheidungen über Berlinhilfe und Berlinförderung sich der tiefgehenden Strukturprobleme bewußt zu sein, die eine zur Auszehrung tendierende, isolierte, eingeschlossene Grenzlage laufend hervorbringt. Unsere Rahmenbedingungen bedürfen immer wieder der gemeinsamen Anstrengung...

Wer glaubt, man könnte Berlin allein nach kaufmännischen Gesichtspunkten rentabel machen, der hat die Lage Berlins so wenig erkannt wie seine politische Funktion für Deutschland im ganzen.

Berlin ist nicht nur ein Problem. Berlin ist auch Chance und Signal. Dies gilt für Herausforderungen im Innern der Stadt:
– Für die konfliktreichen und doch hoffnungsvollen Auseinandersetzungen zwischen alten und jungen Mitbürgern.
– Für das langsame Zusammenwachsen mit den Ausländern.
– Für neue Wege, wenn Produktivitätsfortschritt ohne Wachstum nachhaltig das Angebot an Arbeitsplätzen drosselt.

Vor allem aber ist es die Rolle Berlins in der Deutschlandpolitik und in den Ost-West-Beziehungen. Berlin ist der Platz, der die deutsche Geschichte dieses Jahrhunderts nicht in ein Museum verbannt, sondern sie bis auf den heutigen Tag mitten auf seinen Straßen zeigt. Die Mauer ist ihr deutlichster Ausdruck. Aber sie ist nicht ihr Endpunkt.

Die Deutschen in der DDR wissen es gut: Viel Deutschlandpolitik dient der Lebensfähigkeit und Sicherheit Berlins. Aber eben nicht nur. Mittel- und unmittelbar kommen die Bindungen Berlins an den Bund auch den Deutschen in der DDR zugute. Sie haben ein Interesse an der Lebensfähigkeit Berlins – die

Menschen in der DDR – weil es mit ihrer eigenen zu tun hat. Die Erfahrung der Deutschen drüben ist es, daß viele Westdeutsche die DDR nicht besuchen würden, wenn es nicht Berlin gäbe. Ohne Berlin hätten die Westdeutschen nur einen Bruchteil ihrer Kenntnisse und ihres Bewußtseins vom Leben der Menschen in der DDR, von ihren Fragen und Hoffnungen. Die Existenz Berlins mindert die menschliche, kulturelle und wirtschaftliche Abgrenzung zwischen den beiden deutschen Staaten. Das ist nicht unser Verdienst in Berlin. Aber es ist unsere Aufgabe, die wir für alle Deutschen wahrnehmen. Nirgends wie bei uns, ist der untrennbare Zusammenhang von innerer Lebensfähigkeit und äußerer Existenz so stark wie in Berlin.

Wir Berliner suchen weder Krisen noch Heldenrollen. Die innere Kraft, die wir unter den erschwerten Bedingungen unserer Lage für unsere Aufgabe brauchen, gewinnen wir aus der Perspektive für die Zukunft. Deshalb bringen wir als Berliner zur Lage der Nation ein, was wir im geteilten Berlin empfinden und was wir erleben im anderen Teil der Stadt und im anderen Teil Deutschlands.

Den Weg in die Zukunft kennt niemand. Um so weniger wollen wir als Berliner unsere Rolle anmaßend verstehen. Aber es ist unsere Aufgabe, Gewissen zu sein für die offene deutsche Frage, für die Zusammengehörigkeit der Deutschen.

In der historischen Perspektive wird die Teilung keinen Bestand haben. Die Menschen, die in der Mitte leben, sind zur Trennung nicht geschaffen. Ihr Wille, die Teilung Europas, Deutschlands und Berlins in Frieden und im Dienst des Friedens zu überwinden, wird sich als größer erweisen. Denn die Mitte kann nicht auf Dauer Grenze bleiben."

9. Chronik

21.04.1945
Sowjetische Truppen erreichen Berlin.

02.05.1945
Kapitulation der deutschen Truppen in Berlin.

17.05.1945
Der erste – von den Sowjets eingesetzte – Magistrat unter Dr. Arthur Werner (parteilos) nimmt die Arbeit auf.

10.06.1945
Ein Befehl des Obersten Chefs der Sowjetischen Militärverwaltung in Deutschland, Marschall Shukow, genehmigt die Bildung „antifaschistisch-demokratischer Parteien". Danach nehmen in kurzen Abständen die KPD (Kommunistische Partei Deutschlands), die SPD (Sozialdemokratische Partei Deutschlands), die CDU (Christliche-Demokratische Union) und die LDP (Liberaldemokratische Partei) ihre politische Tätigkeit auf.

01.-04.07.1945
Amerikanische und britische Truppen rücken in die ihnen zugewiesenen Sektoren im Süden und im Westen Berlins ein.

11.07.1945
Erste Sitzung der Alliierten Kommandantur.

17.07.-02.08.1945
Die Staatschefs der USA, Großbritanniens und der Sowjetunion tagen in Potsdam und beraten auf Grund der Beschlüsse von Jalta (11.02.1945) über das vorläufige Schicksal Deutschlands. Die höchste Regierungsgewalt in Deutschland

wird durch die Oberkommandierenden der alliierten Streitkräfte in ihrer Eigenschaft als Mitglieder des Alliierten Kontrollrates ausgeübt.

12.08.1945
Französische Truppen rücken in den ihnen zugewiesenen Sektor Berlins ein.

19.12.1945
Die Vorsitzenden der CDU von Berlin und der Sowjetzone, Dr. Andreas Hermes und Dr. Walther Schreiber, werden von der Sowjetischen Militärverwaltung abberufen.

21.04./22.04.1946
Die Sowjets erzwingen für das Gebiet der Sowjetzone die Verschmelzung von SPD und KPD zur SED (Sozialistische Einheitspartei Deutschlands). Die Berliner Sozialdemokraten hatten eine Urabstimmung durchgesetzt, in der mit 82% eine Verschmelzung abgelehnt wurde. Obwohl die Urabstimmung im Sowjetsektor von der Besatzungsmacht gewaltsam verhindert wurde, gestattet wenige Wochen später ein Kontrollratsbeschluß die Tätigkeit der SPD und der SED in allen vier Sektoren Berlins.

05.09.1946
Der seit Februar 1946 sendende Drahtfunk im Amerikanischen Sektor (DIAS) erhält den Namen „Rundfunk im Amerikanischen Sektor" (RIAS). Er gibt der Bevölkerung die Möglichkeit, neben den sowjetisch gelenkten Programmen von Radio Berlin auch andere Meinungen kennenzulernen.

20.10.1946
Unter Aufsicht der Besatzungsmächte finden zum ersten und bisher letztenmal in ganz Berlin freie Wahlen zur Stadtverordnetenversammlung von Groß-Berlin und zu den Bezirksverord-

netenversammlungen statt. Rund 80% der Wähler bekennen sich zu einer demokratischen Ordnung. Die SPD erhält 48,7%, die CDU 22,2%, die kommunistische SED 19,8%, die LPD 9,3% der abgegebenen gültigen Stimmen.

05.12.1946
Dr. Otto Ostrowski (SPD) wird von den Stadtverordneten zum Oberbürgermeister von Groß-Berlin gewählt.

17.04.1947
Oberbürgermeister Ostrowski tritt – nach einem Mißtrauensantrag seiner eigenen Partei – zurück.

08.05.1947
Frau Louise Schroeder (SPD) wird als amtierender Oberbürgermeister eingesetzt.

12.08.1947
Der gewählte neue Oberbürgermeister von Groß-Berlin, Professor Ernst Reuter (SPD), kann wegen eines sowjetischen Vetos von der Alliierten Kommandantur nicht bestätigt werden.

20.03.1948
Der sowjetische Vertreter im Kontrollrat verläßt nach einer Kontroverse mit den Vertretern der Westmächte die Sitzung und blockiert damit jede weitere Arbeit.

21.05.-23.05.1948
Auf einer Stadtkonferenz des Freien Deutschen Gewerkschaftsbundes (FDGB) bekennen sich von 573 Delegierten 280 zur Unabhängigen Gewerkschafts-Opposition (UGO). Dieser Zeitpunkt gilt als Gründung der UGO.

16.06.1948

Die Alliierte Kommandantur stellt ihre gemeinsamen Sitzungen ein, da der sowjetische Vertreter eine Teilnahme ablehnt.

20.06.1948
Währungsreform in den drei Westzonen Deutschlands, nachdem eine gemeinsame Währungsreform in ganz Deutschland am Widerstand der Sowjetunion gescheitert war.

22.06.1948
Abbruch der Viermächtebesprechungen über eine einheitliche Währungsreform in ganz Berlin.

23.06.1948
Marschall Sokolowski ordnet eine Währungsreform für die Sowjetzone und ganz Berlin an. Die westlichen Stadtkommandanten setzen diesen Befehl für ihre Sektoren außer Kraft.

24.06.1948
Nach zahlreichen vorherigen Verkehrsbehinderungen sperrt die sowjetische Besatzungsmacht die Westsektoren völlig ab: Jeder Personen- und Güterverkehr von und nach West-Berlin ist unterbunden.

25.06.1948
Die westdeutsche Währung wird auf Befehl der drei Kommandanten in den Westsektoren eingeführt. Daneben ist die Ostwährung als Zahlungsmittel zugelassen.

26.06.1948
Auf Veranlassung des amerikanischen Militärgouverneurs General Lucius D. Clay wird die Versorgung West-Berlins durch Flugzeuge aufgenommen. Im Laufe der nächsten Monate wird die Luftbrücke so ausgebaut, daß wenigstens die notdürftige Versorgung West-Berlins sichergestellt ist. Am 300. Tag der Blockade treffen z.B. in Abständen von 1 bis 2 Minuten 927

Flugzeuge mit 6393,8 Tonnen Gütern in Berlin ein. Trotzdem muß die Bevölkerung schwere Opfer auf sich nehmen. So können im Winter u.a. pro Einwohner nur 12,5 Kilogramm Kohlen ausgegeben werden.

06.09.1948
Das Neue Stadthaus im Ostsektor wird von Kommunisten gestürmt. Die hier residierende Stadtverordnetenversammlung verlegt unter diesem kommunistischen Druck ihren Sitz in die westlichen Sektoren Berlins.

30.11.1948
Durch die Proklamierung eines „Magistrats" auf einer Funktionärsversammlung der SED und der kommunistisch gelenkten Massenorganisationen wird Berlin gespalten.

01.12.1948
Der legale Magistrat unter dem amtierenden Oberbürgermeister Dr.Ferdinand Friedensburg (CDU) ist gezwungen, seinen Dienstsitz nach West-Berlin zu verlegen (zuerst nach Charlottenburg, später in das Rathaus Schöneberg).

04.12.1948
Gründung der „Freien Universität" in West-Berlin.

05.12.1948
Durch ein Verbot der sowjetischen Besatzungsmacht können die Wahlen zu Stadt- und Bezirksverordnetenversammlungen nur noch in den Westsektoren durchgeführt werden. Damit ist die Spaltung der Millionenstadt vollzogen.

14.01.1949
Ernst Reuter wird zum Oberbürgermeister gewählt.

20.03.1949

Die Ostmark gilt in West-Berlin nicht mehr als gesetzliches Zahlungsmittel.

12.05.1949
Die Sowjets brechen die Blockade West-Berlins ab. Die Spaltung der Stadt besteht weiter. Das gesamte Versorgungs- und ein großer Teil des Verkehrsnetzes bleiben zerrissen. Die zwischen West-Berlin und Ostberlin bestehenden Verkehrsverbindungen bleiben noch aufrechterhalten.

14.05.1949
Das sogenannte Kleine Besatzungsstatut wird erlassen; dadurch besteht keine alliierte Direktverwaltung mehr.

23.05.1949
Das vom Parlamentarischen Rat in Bonn und von den Parlamenten der Länder verabschiedete Grundgesetz („Berlin ist ein Land der Bundesrepublik Deutschland") tritt in Kraft. Damit ist die Bundesrepublik Deutschland konstituiert.

07.10.1949
Die Deutsche Demokratische Republik wird in Ostberlin proklamiert.

15.12.1949
West-Berlin wird in das Europäische Wiederaufbauprogramm der USA einbezogen.

14.03.1950
Die Bundesrepublik erklärt den wirtschaftlichen Notstand für West-Berlin. Damit ist die Voraussetzung zur finanziellen Hilfe für den Wiederaufbau der Wirtschaft West-Berlins geschaffen.

15.04.1950
Die Bundesregierung eröffnet in West-Berlin das Bundeshaus

als Sitz der Vertretung der Bunderrepublik Deutschland in Berlin.

30.04.1950
Der Landesverband Berlin der Deutschen Angestelltengewerkschaft (DAG) wird gegründet.

08.07.1950
Mit Ausnahme der Angestellten-Gewerkschaften schließt sich die UGO als Landesbezirk Groß-Berlin dem Deutschen Gewerkschaftsbund (DGB) an.

01.10.1950
Die Verfassung von Berlin tritt in Kraft. Ihr Artikel 1 besagt, daß Berlin deutsches Land und Stadt zugleich ist. Wegen der Viermächtevereinbarungen über Berlin wird West-Berlin ein Bundesland besonderer Art. Das bedeutet, daß sich die staatsrechtliche Zugehörigkeit Berlins zum Bund nur insoweit verwirklichen läßt, als die Rechte der vier Mächte nicht beeinträchtigt werden, in deren Hände weiterhin die oberste Gewalt in Berlin liegt.

So werden zum Beispiel die Stimmen seiner Bundestagsabgeordneten bei der Abstimmung über Bundesgesetze nicht gewertet. Die gesetzgebende Körperschaft Berlins ist nach der Verfassung das Abgeordnetenhaus. Für Groß-Berlin sind 200 Abgeordnete vorgesehen. Da in Ostberlin freie Wahlen gegenwärtig nicht möglich sind, bleiben die im Verhältnis der Einwohnerzahl für seine Abgeordneten bestimmten Sitze im Plenarsaal unbesetzt. Das Abgeordnetenhaus wählt den Regierenden Bürgermeister und den Senat. Der Senat, die Regierung des Landes Berlin, repräsentiert die vollziehende Gewalt und setzt sich aus dem Regierenden Bürgermeister, dem Bürgermeister sowie höchstens 16 Senatoren zusammen.

24.10.1950
Die Freiheitsglocke wird als ein Geschenk des amerikanischen Volkes an Berlin übergeben.

18.01.1951
Ernst Reuter wird als Stadtoberhaupt wiedergewählt. Nach der neuen Verfassung ist er jetzt Regierender Bürgermeister von Berlin.

04.01.1952
Das „Dritte Überleitungsgesetz" des Deutschen Bundestages schafft die Möglichkeit, alle in Bonn beschlossenen Gesetze ohne nochmalige Sachberatung in West-Berlin gelten zu lassen. Das Abgeordnetenhaus stimmt ihnen global zu. Die drei westlichen Kommandanten behalten die Möglichkeit von Einsprüchen entsprechend ihrer obersten Zuständigkeit. West-Berlin wird fest in das Finanz-, Rechts- und Wirtschaftssystem der Bundesrepublik eingegliedert.

27.05.1952
Die DDR unterbricht die Telefonverbindung zwischen West-Berlin und Ostberlin. West-Berlinern wird die Einreise in das Gebiet der DDR unmöglich gemacht.

15.01.1953
Der Straßenbahn- und Autobus-Durchgangsverkehr zwischen beiden Teilen der Stadt wird endgültig unterbunden. Nur U-Bahn und S-Bahn verkehren weiterhin durchgehend.

16.06.1953
Der Protest der Bauarbeiter in der „Stalinallee" gegen die Normentreiberei wird zu einer von der gesamten Bevölkerung Ostberlins getragenen Forderung nach demokratischen Freiheiten.

17.06.1953
Aus den friedlichen Demonstationen gegen die Normentreiberei entsteht ein Aufstand der auf die DDR übergreift. Die sowjetische Militärverwaltung verhängt den Ausnahmezustand. Der Versuch, die Freiheit zu erkämpfen, scheitert, als die Rote Armee eingesetzt wird. Durch diesen Ausbruch menschlicher und politischer Verzweiflung richtet sich die Aufmerksamkeit der freien Welt erneut auf das Deutschland hinter dem Eisernen Vorhang.

29.09.1953
Der Tod des Regierenden Bürgermeisters Ernst Reuter (geb. 29.07.1889) ist für die geteilte Stadt ein schwerer Verlust. Seine Nachfolge tritt Dr. Walther Schreiber (CDU) an. Die bisherige Große Koalition der drei Parteien wird durch eine Koalition von CDU und FDP abgelöst.

25.01.-18.02.1954
Die abwechselnd in West- und in Ostberlin tagende Außenministerkonferenz bringt zur Lösung der Deutschland-Frage keine positiven Ergebnisse.

17.07.1954
Professor Dr. Theodor Heuss wird in Berlin zum Präsidenten wiedergewählt.

03.10.1954
Die drei Westmächte geben in London eine Garantie-Erklärung für Berlin ab. Diese Erklärung akzeptieren die Mitgliedstaaten der Nordatlantikpaktes drei Wochen später in einer Entschließung.

05.12.1954
Bei den Wahlen zum Abgeordnetenhaus erhält die SED nur 2,7% der abgegebenen gültigen Stimmen.

11.01.1955
Professor Dr.Otto Suhr (SPD) wird zum Regierenden Bürgermeister gewählt. Die große Koalition zwischen SPD und CDU wird aufgenommen.

27.04.1955
Das erstmals in Berlin tagende Wirtschaftskabinett der Bundesregierung beschließt einen „Langfristigen Aufbauplan für Berlin".

05.08.1955
Grundsteinlegung für den Wiederaufbau des Hansaviertels. Hier entsteht eines der modernsten Stadtviertel Europas. Die Pläne sind das Ergebnis eines Ideenwettbewerbs führender Architekten und Städteplaner aus dem In- und Ausland.

19.10.-22.10.1955
Der Deutsche Bundestag hält seine erste Arbeitssitzung in Berlin ab. Das Zentralorgan der SED, „Neues Deutschland", begrüßt die Abgeordneten und lädt sie zum Besuch der „Hauptstadt der DDR" ein.

15.03.1956
Erste Sitzung des Bundesrates in Berlin.

24.05.1956
Der Ausschuß für kommunale und regionale Angelegenheiten des Straßburger Europarates tagt in Berlin. Der Vorsitzende des Ausschusses verleiht im Namen des Europarates der Stadt in Würdigung ihrer „historischen Verdienste im Abwehrkampf gegenüber der Bedrohung aus dem Osten, um die Rettung des Abendlandes und um die Festigung Europas" gemeinsam mit der englischen Stadt Coventry den Europapreis 1955.

11.10.1956

Das Bundeskabinett tritt zum erstenmal in Berlin zusammen.

29.07.1957
Die USA, Großbritannien, Frankreich und die Bundesrepublik legen in der „Berliner Erklärung" die gemeinsamen Grundsätze ihrer Politik zur Wiedervereinigung Deutschlands nieder.

03.10.1957
Willy Brandt (SPD) wird zum Regierenden Bürgermeister gewählt.

15.10.1957
Der Deutsche Bundestag hält seine konstituierende Sitzung zur Dritten Legislaturperiode in Berlin ab.

19.12.1957
Die Behörden der DDR erlassen mit einem Paßgesetz verschärfte Bestimmungen gegen die „Republikflucht" und einige Tage später auch gegen das unerlaubte Verlassen Ostberlins.

10.11.1958
Chruschtschow bekennt sich in Moskau zu den Forderungen der SED und verlangt eine Revision des Potsdamer Abkommens, um eine „normale Lage in der Hauptstadt der DDR" zu schaffen.

27.11.1958
Die Sowjets fordern ultimativ, West-Berlin innerhalb von sechs Monaten zu einer „Freien Stadt" zu machen.

07.12.1958
Bei der Wahl zum Abgeordnetenhaus erhält die SED nur 1,9% der abgegebenen Stimmen. In das Abgeordnetenhaus ziehen lediglich die SPD und die CDU ein und erneuern ihre Koalition (ohne Opposition). Das Wahlergebnis wird als klares Bekennt-

nis zum Westen und als Absage an die Forderung der Sowjetunion und der DDR gewertet.

16.12.1958
Der Ministerrat der NATO stellt in Paris fest, daß die einseitige Kündigung von Viermächtevereinbarungen über Berlin durch die Sowjetunion die anderen Partner der Verträge nicht ihrer Rechte berauben kann; Moskau behalte seine übernommene Verantwortung.

11.05.-22.06./13.07.-05.08.1959
Die Genfer Außenministerkonferenz der vier Mächte berät ohne Erfolg über die Wiedervereinigung Deutschlands und das Berlin-Problem.

12.05.1959
Zur zehnten Wiederkehr des Tages der Aufhebung der Blockade wird die Stiftung „Luftbrückendank" ins Leben gerufen.

27.05.1959
Das sowjetische Berlin-Ultimatum vom 27.11.1958 läuft ab.

01.07.1959
Bundesminister Dr. h.c. Heinrich Lübke wird in Berlin zum Bundespräsidenten gewählt.

19.12.-21.12.1959
In einer „westlichen Gipfelkonferenz" in Paris bekräftigen die Staats- und Regierungschefs von Frankreich, Großbritannien, der USA und der Bundesrepublik ihren Willen, die Freiheit Berlins zu erhalten.

16.05.1960
Die mit Spannung erwartete Gipfelkonferenz der „Großen Vier" in Paris wird durch den sowjetischen Ministerpräsidenten

Chruschtschow zum Scheitern gebracht.

09.09.1960
Das Innenministerium der DDR unterwirft die Einreise von Westdeutschen nach Ostberlin einer Genehmigungspflicht, die am 16.02.1961 insoweit vereinfacht wird, als westdeutsche Kraftfahrer bei der Einfahrt nach Ostberlin nur noch die Nummer ihres Personalausweises in den Passierschein eintragen lassen müssen.

15.09.1960
Der Ministerrat der DDR verfügt, daß als Reisedokument für West-Berliner nur noch der West-Berliner Personalausweis anerkannt wird.

13.03.1961
Der Regierende Bürgermeister, Willy Brandt, wird von US-Präsident John F. Kennedy im Weißen Haus empfangen. Dabei versichert Präsident Kennedy die Entschlossenheit der USA, die Freiheit Berlins zu erhalten, zu der die Vereinigten Staaten durch Vertrag und Überzeugung (by treaty and conviction) verpflichtet sind.

03.06./04.06.1961
Präsident Kennedy und Ministerpräsident Chruschtschow treffen sich in Wien. Chruschtschow übergibt dabei zwei Memoranden zur Abrüstungsfrage und zur Deutschland- und Berlin-Frage. Die Sowjetunion kündigt darin an, sie werde bis Ende 1961 einen separaten Friedensvertrag mit der DDR abschließen, in dem Pankow die vollen Souveränitätsrechte auf den Zufahrtswegen von und nach Berlin übertragen werden. Über die Benutzung der Verbindungswege mit Berlin müsse der Westen dann mit der dafür zuständigen DDR verhandeln.

12.07.1961

Die Regierung der Bundesrepublik Deutschland beantwortet ein Memorandum der Sowjetunion vom 17.02.1961 u.a. mit folgender Feststellung: „Ein Friedensvertrag mit einer auf dem Selbstbestimmungsrecht des deutschen Volkes beruhenden allgemein anerkannten Regierung würde alle Deutschland betreffenden Probleme, einschließlich der Frage der deutschen Grenzen, regeln. Auch die von der sowjetischen Regierung aufgeworfene Frage Berlins wäre geklärt, da Berlin dann seine natürliche Bestimmung als Hauptstadt Deutschlands erfüllen könnte."

13.08.1961
Die DDR beginnt in den frühen Morgenstunden, Ostberlin und die DDR gegenüber West-Berlin mit Stacheldraht abzuriegeln. Durch diese Absperrungen, die in den folgenden Tagen durch Barrieren und Betonmauern verstärkt werden, ist den Menschen aus Ostberlin und dem Gebiet der DDR, die bis zum 12.08.1961 täglich zu Tausenden nach West-Berlin flohen, eine Flucht praktisch unmöglich gemacht worden. Der durchgehende U- und S-Bahn-Verkehr ist unterbunden. Bewohner Ostberlins und der DDR wird das Betreten West-Berlins verboten. Rund 60.000 von ihnen wird es untersagt, ihre Arbeitsplätze in West-Berlin aufzusuchen, die sie oft schon seit Jahrzehnten innehaben. West-Berlinern, westdeutschen und ausländischen Besuchern wird das Betreten Ostberlins nur gestattet, wenn sie sich scharfen Kontrollen unterziehen.

16.08.1961
Über eine halbe Million Berliner protestieren vor dem Rathaus Schöneberg gegen die Maßnahmen der DDR.

18.08.1961
Bundeskanzler Adenauer gibt vor dem Deutschen Bundestag eine Regierungserklärung ab: „Mit diesen Maßnahmen hat das Ulbricht-Regime bestätigt, daß die Ausübung des Selbstbestim-

mungsrechtes durch das deutsche Volk zur Erhaltung des Weltfriedens unaufschiebbar geworden ist."

19.08.1961
Vizepräsident Lyndon B. Johnson besucht im Auftrag des amerikanischen Präsidenten Berlin und erneuert vor über 300000 Berlinern auf dem Rudolph-Wilde-Platz die Garantie-Erklärung der USA. Anschließend erklärt er vor dem Abgeordnetenhaus von Berlin: „Dem Überleben und der schöpferischen Zukunft dieser Stadt haben wir Amerikaner das verpfändet, was unsere Vorfahren bei der Gründung der Vereinigten Staaten verpfändet haben: Unser Leben, unser Gut und unsere heilige Ehre."

22.08.1961
Bundeskanzler Adenauer besucht Berlin und nimmt an einer Sitzung des Senats teil.

23.08.1961
Den Einwohnern West-Berlins wird es unmöglich gemacht, Ostberlin zu betreten.

25.08.1961
Zum erstenmal seit Kriegsende wird auf dem Ausstellungsgelände am nkturm wieder die Große Funkausstellung eröffnet.

14.11.1961
Die Stalinallee in Ostberlin wird – als Auswirkung des XXII. Parteitages der KPdSU (17. bis 31.10.1961) – in Frankfurter Allee bzw. Karl-Marx-Allee unbenannt. Das Ostberliner Stalindenkmal wird entfernt.

24.01.1962
Die Volkskammer in Ostberlin verabschiedet ein Gesetz über

die Allgemeine Wehrpflicht, dessen Gültigkeit sich nicht nur auf dem Gebiet der DDR, sondern auch rechtswidrig auf Ostberlin erstreckt.

22.02.1962
Der Justizminister der USA, Robert F. Kennedy, erklärt auf einer Kundgebung auf dem Rudolph-Wilde-Platz vor fast 200000 Berlinern:
„Obwohl es am Rande des totalitären Systems liegt, wird West-Berlin nicht angegriffen werden, denn ein bewaffneter Angriff auf West-Berlin ist dasselbe wie ein bewaffneter Angriff auf Chicago oder New York oder London oder Paris."

03.04.1962
Nach dem vorläufigen Abschluß der Verhandlungen mit der Bundesregierung über eine Wirtschaftshilfe für Berlin wird dem Abgeordnetenhaus ein Programm vorgelegt, in dem u.a. wirtschaftspolitische Maßnahmen zur Förderung der Investitionen sowie des Absatzes von Berliner Erzeugnissen vorgesehen sind.

17.08.1962
Der achtzehnjährige Ostberliner Peter Fechter wird bei einem Fluchtversuch über die Mauer von Ostberliner Grenzwachen angeschossen. Er verblutet unmittelbar an der Mauer auf Ostberliner Gebiet. Dieser Mord löst in West-Berlin zahlreiche Protestdemonstrationen in unmittelbarer Nähe der Sektorengrenze aus.

25.09.1962
Eine Delegation des Kuratoriums Unteilbares Deutschland übergibt in New York der UN-Menschenrechtskommission eine Beschwerde über die Verletzung der Menschenrechte seit Errichtung der Mauer in Berlin.

17.02.1963
Die Bevölkerung bereitet der SED bei den Wahlen zum Abgeordnetenhaus eine noch größere Niederlage: Die kommunistische Partei erhält nur 1,4% der Stimmen. Die FDP kehrt nach vierjähriger Abwesenheit ins Abgeordnetenhaus zurück und geht mit der SPD eine Koalition ein. Die CDU entscheidet sich für die Opposition. Willy Brandt bleibt Regierender Bürgermeister. Bürgermeister wird Heinrich Albertz (SPD).

21.06.1963
Der Minister für nationale Verteidigung der DDR erläßt eine „Anordnung über die Einrichtung eines Grenzgebietes an der Staatsgrenze der DDR zu West-Berlin". Danach wird innerhalb Ostberlins an der Sektorengrenze ein 100 Meter breiter „Schutzstreifen" gezogen, dessen Bewohner sich registrieren lassen müssen. Jeder Bewohner Ostberlins oder der DDR, der dieses Gebiet aus beruflichen oder privaten Gründen vorübergehend betreten will, benötigt einen Passierschein.

26.06.1963
Am letzten Tag seiner viertägigen Deutschland-Reise besucht John F. Kennedy Berlin. Auf seiner Fahrt durch die Stadt wird er von den Berlinern umjubelt. Vom Rathaus Schöneberg ruft er den Hunderttausenden zu: „Ich bin ein Berliner!"

25.11.1963
Drei Tage nach der Ermordung John F. Kennedys wird der Rudolph-Wilde-Platz vor dem Rathaus Schöneberg während einer Trauerfeier in John-F.-Kennedy-Platz umbenannt.

17.12.1963
Nach sieben Verhandlungen über eine Passierschein-Regelung, die abwechselnd in Ostberlin und in West-Berlin stattfanden, wird eine Verwaltungsvereinbarung unterzeichnet, nach der es West-Berlinern in der Zeit vom 20.12.1963 bis 05.01.1964

erstmals nach 28 Monaten möglich ist, ihre nächsten Angehörigen in Ostberlin zu besuchen.

05.01.1964
Am letzten Tag der befristeten Passierschein-Regelung passieren rund 280000 West-Berliner die Sektorengrenze. Damit haben seit dem 20.12.1963 rund 730000 West-Berliner die Gelegenheit zu insgesamt 1,2 Millionen Besuchen bei ihren Angehörigen in Ostberlin genutzt.

26.06.1964
Am ersten Jahrestag seines Berlin-Besuches wird am Rathaus Schöneberg eine Bronzetafel für John F. Kennedy enthüllt. Der Bruder des Ermordeten, Justizminister Robert F. Kennedy, nimmt an der Feier teil.

01.07.1964
Heinrich Lübke wird von der in Berlin tagenden Bundesversammlung als Bundespräsident wiedergewählt.

24.09.1964
Nach insgesamt achteinhalb Monate dauernden Verhandlungen wird das Protokoll über erneute Verwandtenbesuche von West-Berlinern in Ostberlin mit Billigung der Bundesregierung und der Alliierten unterzeichnet. Nach der Verwaltungsvereinbarung können West-Berliner in der Zeit vom 30.10. bis 12.11.1964 einmal, vom 19.12.1964 bis 03.01.1965 zweimal und zu Ostern und Pfingsten 1965 je einmal ihre Verwandten in Ostberlin besuchen.

02.11.1964
Die ersten Rentner aus Ostberlin und aus der DDR treffen zu Verwandtenbesuchen in West-Berlin ein. Nach einem Beschluß des Ministerrates (vom 09.09.1964) ist den „im Rentenalter stehenden Bürgern der DDR" jährlich eine (bis zu vier Wochen

dauernde) Besuchsreise zu Verwandten in Westdeutschland und West-Berlin gestattet.

05.02.1965
Nach erneuten Verhandlungen – entsprechend dem am 24.09.1964 unterzeichneten Protokoll – wurden die Besuchszeiträume für Ostern und für Pfingsten festgelegt.

07.04.1965
Der Deutsche Bundestag hält seine 5. Sitzung in West-Berlin ab. Die Behörden der DDR, die gegen diese Berlin-Sitzung opponieren, sperren vorübergehend mit der Begründung, daß gemeinsame Truppenmanöver mit der UdSSR stattfänden, den Interzonenverkehr auf Straße, Schiene und Wasser. Am Tage der Sitzung veranstalten sowjetische Düsenjäger zahlreiche Störflüge über Berlin (West).

27.05.1965
Königin Elisabeth II. und der Herzog von Edingburgh werden in Berlin begeistert begrüßt.

25.11.1965
Nach 23 Besprechungen wird die dritte Vereinbarung über weitere Verwandtenbesuche zum Jahreswechsel 1965/66 unterzeichnet. Danach können West-Berliner in dieser Zeit zweimal ihre Verwandten in Ostberlin besuchen.

07.03.1966
Nach Abschluß der vierten Passierscheinübereinkunft können West-Berliner ihre Verwandten in Ostberlin zu Ostern und zu Pfingsten je einmal besuchen.

01.12.1966
Nach seiner Ernennung zum Vizekanzler und Bundesminister des Auswärtigen erklärt Willy Brandt seinen Rücktritt vom

Amt des Regierenden Bürgermeisters.

14.12.1966
Heinrich Albertz wird zum Regierenden Bürgermeister von Berlin gewählt. Bürgermeister wird Senator Otto Theuner (SPD).

12.03.1967
Aus den Wahlen zum Abgeordnetenhaus geht die SPD wieder als stärkste Partei hervor und hält ihre Koalition mit der FDP aufrecht. Die CDU bleibt in der Opposition. Heinrich Albertz wird als Regierender Bürgermeister bestätigt; zum Bürgermeister von Berlin wird Heinz Striek (SPD) gewählt.

26.09.1967
Der Regierende Bürgermeister Heinrich Albertz und die Senatoren treten zurück; der Senat führt die Geschäfte bis zur Neuwahl eines Regierenden Bürgermeisters weiter.

19.10.1967
Das Abgeordnetenhaus wählt Staatssekretär Klaus Schütz (SPD) zum Regierenden Bürgermeister von Berlin. Kurt Neubauer (SPD) wird Bürgermeister und Senator für Inneres.

13.06.1968
Die Behörden der DDR führen auf den Land- und Wasserwegen von und nach West-Berlin den Paß- und Visumzwang ein. (Die Visagebühren werden deutschen Berlin-Reisenden auf allen Postämtern in West-Berlin und in Westdeutschland erstattet.)

25.06.1968
Im Schlußkommuniqué über die NATO-Ratssitzung in Reykjavik wird die Sowjetunion für die jüngsten Maßnahmen der DDR verantwortlich gemacht. Die NATO-Mitglieder schließen

sich der „erklärten Entschlossenheit" der drei Westmächte an, den freien Zugang nach Berlin aufrechtzuerhalten. Gleichzeitig bekräftigen sie die Berlin-Garantien vom 16.12.1958.

27.02.1969
Der Präsident der USA, Richard M. Nixon, stattet im Verlauf seiner Europa-Reise Berlin einen Besuch ab.

05.03.1969
Die Bundesversammlung wählt in Berlin Dr. Gustav Heinemann zum Bundespräsidenten.

14.06.1969
Der Regierende Bürgermeister Klaus Schütz unternimmt eine dreitägige Reise nach Polen.

26.03.1970
Im ehemaligen Kontrollratsgebäude beginnen Viermächte-Gespräche über Berlin auf Botschafterebene.

31.01.1971
Zum erstenmal seit dem 27.05.1952 können die Bewohner der beiden Teile Berlins wieder miteinander telefonieren. Im innerstädtischen Telefonverkehr werden zehn Fernsprechleitungen freigegeben: Je fünf in beiden Richtungen. Die Zahl der Leitungen bleibt unzureichend, obwohl im Laufe des Jahres noch weitere Leitungen zugeschaltet werden (1952 gab es knapp 4000 Leitungen).

06.03.1971
Parallel zu den seit dem 27.11.1970 laufenden Verhandlungen der Staatssekretäre Egon Bahr (Bundesrepublik Deutschland) und Dr. Michael Kohl (DDR) beginnen Gespräche zwischen dem Leiter der Senatskanzelei Berlin, Senatsdirektor Ulrich Müller, und DDR-Staatssekretär Günter Kohrt – abwechselnd

in Ostberlin und in West-Berlin.

14.03.1971
Aus den Wahlen zum Abgeordnetenhaus geht wiederum die SPD als stärkste Partei hervor und bildet diesmal allein die Regierung. CDU und FDP gehen in Opposition. Als Regierender Bürgermeister wird Klaus Schütz in seinem Amt bestätigt; Kurt Neubauer wird zum Bürgermeister und Senator für Inneres wiedergewählt.

27.08.1971
Die erste Internationale Funkausstellung wird in Berlin eröffnet.

03.09.1971
Im ehemaligen Alliierten Kontrollratsgebäude in West-Berlin unterzeichnen die Botschafter der drei Westmächte in der Bundesrepublik, Jean Sauvagnargues (Frankreich), Sir Roger W. Jackling (Großbritannien) und Kenneth Rush (USA), sowie der Botschafter der UdSSR in der DDR, Pjotr Abrassimow, ein Abkommen über Berlin; außerdem wird ein Schlußprotokoll paraphiert. Der Status Berlin wird durch diese Berlin-Regelung nicht geändert, deren Schlußakte jedoch erst dann von den Vertretern der Vier Mächte unterzeichnet wird, wenn die ergänzenden Vereinbarungen mit der DDR vorliegen. Danch tritt das Abkommen in Kraft.

30.09.1971
Vereinbarungen auf dem Post- und Fernmeldegebiet.

11.12.1971
Paraphierung von Vereinbarungen zwischen dem Senat und der Regierung der DDR über Erleichterungen und Verbesserungen des Reise- und Besuchsverkehrs und über den Gebietsaustausch.

17.12.1971
Unterzeichnung des Abkommens Bundesrepublik Deutschland – DDR über den Transitverkehr.

20.12.1971
Die DDR erläßt eine Verordnung, nach der West-Berliner vom 29.03. bis 05.04. (Osterbesuchszeitraum) und vom 17.05. bis 24.05. (Pfingstbesuchszeitraum) Ostberlin und die DDR besuchen können.

07.04.1972
Handelsabkommen Bundesrepublik Deutschland – UdSSR schließt auch Berlin (West) ein.

12.05.1972
Paraphierung des Verkehrsvertrages zwischen der Bundesregierung und der Regierung der DDR.

26.05.1972
Unterzeichnung des Verkehrsvertrages.

03.06.1972
Bundespräsident Heinemann unterzeichnet die Ratifikationsurkunden zu den Ostverträgen.

Die Außenminister der Vier Mächte unterzeichnen in Berlin (West) das Schlußprotokoll zum Berlin-Abkommen. Die Berlin-Regelung tritt damit in Kraft.

13.06.1972
Vertreter der DER-Direktion von Berlin (West) und des Reisebüros der DDR schließen eine Vereinbarung über Touristenreisen von Bewohnern von Berlin (West) in die DDR für 1972.

19.07.1972
Der Senat von Berlin und die DDR-Regierung vereinbaren, daß die DDR ein rund 8,5 ha großes Areal am ehemaligen Potsdamer Platz an den Senat verkauft.

24.07.1972
Erstmalig können von Berlin (West) aus mit 32 Ortsnetzen der DDR Ferngespräche im Selbstwählferndienst geführt werden.

08.11.1972
Paraphierung des Vertrages über die Grundlagen der Beziehungen zwischen der Bundesrepublik Deutschland und der Deutschen Demokratischen Republik.

21.12.1972
Der Grundlagenvertrag tritt mit der Unterzeichnung in Kraft.

11.05.1973
Der Bundestag billigt den Grundlagenvertrag mit der DDR.

18.06.1973
Im Zusammenhang mit dem Beitritt der Bundesrepublik Deutschland und der DDR zur Charta der Vereinten Nationen überreichen die USA, Großbritannien, die UdSSR und Frankreich dem UN-Generalsekretär den Text der Viermächte-Erklärung über Berlin und Deutschland vom 09.11.1972.

22.06.1973
Auf der 28. UN-Vollversammlung werden die DDR und die Bundesrepublik Deutschland als Mitglieder der UN aufgenommen.

27.06.1973
Die Sowjetunion und die DDR bestätigen, daß die Bundesrepublik Deutschland gemäß dem Vier-Mächte-Abkommen vom

03.09.1971 die Interessen von Berlin (West) – außer in Fragen des Status und der Sicherheit – in den Vereinten Nationen wahrnimmt.

31.07.1973
Das Bundesverfassungsgericht stellt die Vereinbarkeit des Grundlagenvertrages mit dem Grundgesetz sowie die Verpflichtung der Bundesorgane fest, Berlin in Abkommen und Vereinbarungen mit anderen Ländern einzubeziehen.

05.11.1973
Der DDR-Finanzminister erläßt mit Wirkung vom 15.11. eine Anordnung, wonach Besucher der DDR künftig 20 Mark (bisher zehn) und Besucher Ost-Berlins 10 Mark (bisher fünf) pro Tag und Person im Verhältnis 1:1 umtauschen müssen. Lediglich Besucher unter 16 Jahren sind vom Umtausch befreit.

13.11.1973
Berlins Regierender Bürgermeister, Klaus Schütz, richtet an den Ministerpräsidenten der DDR, Horst Sindermann, einen Brief, in dem er gegen die Verdoppelung der Mindestumtauschsätze für DDR-Besucher protestiert.

07.01.1974
Nachrichtenagenturen melden, daß die Alliierte Kommandantur in Berlin in der zweiten Dezemberhälfte ein Schreiben an den Regierenden Bürgermeister Schütz gerichtet hat, in dem „die Schaffung einer Bundesstelle für Umweltschutzangelegenheiten in Berlin" genehmigt wird.

23.01.1974
Die Bundesregierung beschließt den Gesetzentwurf zur Errichtung eines Umweltbundesamtes in Berlin.

22.02.1974
Nach fünfjährigen Verhandlungen vereinbaren der Senat von Berlin und die Deutsche Reichsbahn einen umfangreichen Flächenaustausch.

14.03.1974
Unterzeichnung des Protokolls über die Errichtung der Ständigen Vertretungen zwischen der Bundesregierung und der Regierung der DDR.

25.04.1974
Unterzeichnung des Abkommens zwischen der Bundesregierung und der Regierung der DDR über das Gesundheitswesen, in das in Artikel 8 Berlin (West) einbezogen wird.

06.05.1974
Die Regierungen der drei Westmächte protestieren in Schreiben an UN-Generalsekretär Waldheim gegen die Bezeichnung Berlins als Hauptstadt der DDR im Demographischen Jahrbuch der UN.

19.06.1974
Der Deutsche Bundestag verabschiedet mit den Stimmen der Abgeordneten aller Fraktionen ein Gesetz über die Errichtung eines Umweltbundesamtes in Berlin (West).

15.07.1974
In einer Note an UN-Generalsekretär Waldheim verwahrt sich die DDR dagegen, daß die drei Westmächte „Westberlin mit Berlin, der Hauptstadt der DDR", gleichsetzen.

21.07.1974
Die Regierung der DDR erklärt, daß die Durchreise von Mitarbeitern des Umweltbundesamtes sowie die Beförderung entsprechenden Eigentums... als ungesetzlich betrachtet wird.

24.07.1974
Die drei Westmächte stellen in einer Erklärung fest, daß die Errichtung des Umweltbundesamtes in Berlin (West) nicht gegen das Viermächte-Abkommen verstößt.

20.08.1974
Gespräche zwischen Vertretern des Berliner Senats und der Deutschen Reichsbahn über Straßen- und Eisenbahnplanung in der Innenstadt von Berlin (West).

25.09.1974
Gespräche zwischen Vertretern des Senats und der DDR über den Abschluß eines 20-Jahres-Vertrages über die Lagerung von Hausmüll aus Berlin (West) in der DDR.

30.10.1974
Bundeskanzler Helmut Schmidt und der Bundesminister des Auswärtigen, Hans-Dietrich Genscher, unterzeichnen in Moskau ein Abkommen, das die weitere Zusammenarbeit zwischen der Bundesrepublik Deutschland und der Sowjetunion auf wirtschaftlichen, technischen und industiellen Gebieten regelt. Berlin (West) ist in dieses Abkommen einbezogen.

01.11.1974
Unterzeichnung eines Abkommens zwischen der Bundesrepublik Deutschland und der Volksrepublik Polen über die Entwicklung der wirtschaftlichen, industriellen und technischen Zusammenarbeit, in das Berlin (West) einbezogen worden ist.

15.11.1974
Die Regierung der DDR senkt den Mindestumtauschsatz für West-Besucher der DDR auf 13 Mark pro Tag und Person, für Tagesaufenthalte in Ost-Berlin auf 6,50 Mark. Besucher unter 16 Jahren sind vom Mindestumtausch befreit.

11.12.1974
Zwischen dem Senat von Berlin und der Regierung der DDR wird durch deren kommerzielle Beauftragte, die „Berlin Consult GmbH" und die „DDR-Bergbau- und Handel GmbH", ein Vertrag unterzeichnet, der für die nächsten 20 Jahre die Abnahme der Abfälle von Berlin (West) garantiert. Ferner werden Briefe ausgetauscht, in denen die staatliche Garantie für die Ausführung der Abmachungen gegeben wird.

12.12.1974
Beauftragte des Senats von Berlin und der Regierung der DDR schließen eine Vereinbarung ab über die Fortleitung und Behandlung von Abwasser aus Berlin (West) in die DDR.

20.12.1974
Die Regierung der DDR befreit Rentner beim Besuch der DDR oder Ost-Berlin vom Mindestumtausch. Ferner werden Erleichterungen erlassen. Die Einreise in die DDR oder nach Ost-Berlin im eigenen PKW ist jetzt für alle zugelassen. Bewohner von Berlin (West) erhalten jetzt die Aufenthaltsgenehmigung für das gesamte Gebiet der DDR.

21.01.1975
Der Ministerrat der Europäischen Gemeinschaft beschließt, das Zentrum der Europäischen Gemeinschaft für Berufsbildung noch in diesem Jahr in Berlin (West) zu errichten.

06.02.1975
Die Sowjetunion protestiert gegen die Einrichtung des EG-Berufsbildungszentrums.

09.02.1975
Außenminister Genscher und EG-Kommissar Brunner weisen den Vorwurf einer Verletzung des Vier-Mächte-Abkommens mit dem Hinweis zurück, daß Berlin (West) bereits vor dem

Abkommen (genau seit 1957) zum Geltungsbereich der Europäischen Verträge gehöre.

02.03.1975
Wahlen zum Abgeordnetenhaus und zu den Bezirksverordnetenversammlungen.

23.04.1975
Die drei Westmächte erklären in einer Note an UNO-Generalsekretär Kurt Waldheim, daß Groß-Berlin nach wie vor unter gemeinsamer Kontrolle der Vier Mächte steht und die Westmächte daher weiterhin Rechte auch in Berlin (Ost) haben.

24.04.1975
Wiederwahl von Klaus Schütz zum Regierenden Bürgermeister.

25.04.1975
Wahl des Senats (3.Senat Schütz), der aus einer Kleinen Koalition von SPD und FDP gebildet wird.

12.05.1975
Die UdSSR weist in einer Note an UNO-Generalsekretär Waldheim die Note der Westmächte vom 23.04. zurück und erklärt, die USA, Großbritannien und Frankreich hätten über Berlin (Ost) keine „ursprünglichen", vertraglich nicht festgelegten Rechte aus dem Zweiten Weltkrieg.

21.05.1975
Außenminister Kissinger erneuert im Abgeordnetenhaus die US-Garantien für die Stadt.

28.05.1975
Die Erklärung der Außenminister über Berlin während der NATO-Tagung führt zu erneutem Protest der Sowjetunion.

29.10.1975
Zwischen dem Senat von Berlin und der DDR wird eine Vereinbarung über Hilfeleistungen in Grenzgewässern durch einen Briefwechsel in Kraft gesetzt.

19.12.1975
Die Bundesregierung vereinbart mit der Regierung der DDR die Rekonstruktion der Autobahn Berlin – Helmstedt und den Ausbau des Berliner Autobahnrings. Staaken wird für den Reisezugverkehr geöffnet; es werden zusätzliche Haltepunkte auf den Bahnhöfen Wannsee, Charlottenburg und Spandau eingerichtet.

24.02.1976
Leonid Breshnew, Generalsekretär des ZK der KPdSU, erklärt: „Wir werden darauf bestehen, daß alles, worüber es eine Vereinbarung gibt, strikt und vollständig eingehalten wird. Die Sowjetunion ist dafür, daß Westberlin ruhig und normal leben kann."

15.03.1976
Der Europäische Gerichtshof tritt in Berlin (West) zu einer zweitägigen Arbeitssitzung zusammen.

03.08.1976
Die Sowjetunion protestiert gegen die Teilnahme von Berlin (West) an den Wahlen zum Europäischen Parlament.

21.09.1976
In der Antwort der drei Westmächte auf diesen Protest heißt es, daß West-Berlin in das 1978 erstmals direkt zu wählende Parlament der Europäischen Gemeinschaft lediglich vom Berliner Abgeordnetenhaus bestimmte Vertreter entsenden kann.

26.09.1976

Der neue Eisenbahngrenzübergang Staaken für den Reisezugverkehr zwischen Hamburg und Berlin (West) wird eröffnet.

12.01.1977
Die drei Westmächte protestieren gegen die Einführung der Visapflicht für ausländische Besucher Ost-Berlins durch die DDR, sowie gegen die Behauptung von DDR-Stellen, daß der Viermächte-Status der früheren Reichshauptstadt sich nur auf Berlin (West) beziehe.

26.01.1977
US-Vizepräsident Walter Mondale besucht Berlin (West) und bekräftigt die Berlin-Garantien seines Landes.

17.02.1977
Radio Moskau übt Kritik an den Plänen einer Fluglinie Berlin (West) – Zürich.

18.02.1977
Die drei Alliierten betonen, auch in Zukunft ihre Rechte und Pflichten in den Luftkorridoren zwischen Berlin und dem Bundesgebiet wahrzunehmen.

01.03.1977
Die DDR-Behörden erheben Straßenbenutzungsgebühren für Kraftfahrer, die mit ihrem Wagen von Berlin (West) für einen Tag nach Ost-Berlin einreisen.

02.03.1977
Pan American teilt mit, daß die Luftfahrt-Attachés der drei Westmächte die Errichtung einer direkten Linienflugstrecke Berlin – Zürich genehmigt haben.

02.05.1977
Der Regierende Bürgermeister Schütz erklärt seinen Rücktritt

und den des Senats. Zum neuen Regierenden Bürgermeister wird Dietrich Stobbe gewählt.

09.05.1977
Berlin-Erklärung der drei Westmächte und der Bundesregierung auf der Frühjahrstagung der NATO.

12.05.1977
Wahl des Regierenden Bürgermeisters und der Senatoren (1.Senat Stobbe)

26.05.1977
In seiner Regierungserklärung betont der Regierende Bürgermeister neben der Behauptung der Position der Stadt und der Stärkung ihrer wirtschaftlichen Leistungskraft und Attraktivität die bewußte Hinwendung zur Stadtpolitik.

03.11.1977
Der Präsident des Europäischen Parlaments, Eugenio Colombo, betont die enge Verbundenheit der Europäischen Gemeinschaft mit Berlin (West).

01.12.1977
Vertreter des Berliner Senators für Bau- und Wohnungswesen und des DDR-Verkehrsministeriums unterzeichnen in Ost-Berlin eine Vereinbarung über den Neubau einer Schleusenkammer der Spandauer Schleuse in Berlin (West).

07.12.1977
Entschließung des Abgeordnetenhauses über die „Stellung Berlins in der Bundesrepublik Deutschland".

06.04.1978
Der Senat legt einen Bericht über die „Leitlinie der Stadtentwicklung" vor.

06.05.1978
Das sowjetische Staatsoberhaupt, Leonid Breshnew, und Bundeskanzler Helmut Schmidt bekräftigen die strikte Einhaltung und volle Anwendung des Vier-Mächte-Abkommens. In einem Abkommen über die Entwicklung und Vertiefung der langfristigen Zusammenarbeit zwischen beiden Staaten auf dem Gebiet der Wirtschaft und Industrie wird Berlin (West) eingeschlossen.

24.05.1978
Die britische Königin Elizabeth II. erneuert bei einem Besuch von Berlin (West) die britischen Berlin-Garantien.

31.05.1978
In einer Schlußerklärung zum NATO-Gipfeltreffen in Washington wird die Bedeutung der strikten Beachtung und uneingeschränkten Erfüllung aller Bestimmungen des Vier-Mächte-Abkommens vom 03.09.1971 betont.

19.06.1978
Die im Deutschen Bundestag vertretenen Parteien vereinbaren nach einer Erörterung der Berlin-Politik beim Bundespräsidenten gemeinsam neue Förderungsmaßnahmen für Berlin auf wirtschaftlichem und kulturellem Gebiet.

15.07.1978
US-Präsident Jimmy Carter, der in Begleitung von Bundeskanzler Helmut Schmidt und Bundesaußenminister Hans-Dietrich Genscher Berlin (West) besucht, bekräftigt die amerikanische Sicherheitsgarantie für die Stadt. Außerdem betont er, daß der Viermächte-Status für ganz Berlin gelte und die DDR keinerlei Verantwortung für die Stadt habe.

07.10.1978
Der Regierende Bürgermeister, Dietrich Stobbe, erklärt, daß es

– im Gegensatz zu der Behauptung der DDR – keinen Verstoß gegen das Vier-Mächte-Abkommen bedeute, wenn er am 01.11. das Amt des Bundesratspräsidenten übernehme.

16.11.1978
Unterzeichnung von Verkehrs- und Finanzvereinbarungen zwischen der Bundesrepublik Deutschland und der DDR. Die Reise- und Besuchsbeauftragten des Berliner Senats und der DDR, Gerhard Kunze und Dr. Walter Müller, tauschen Briefe aus, die Absichtserklärungen und Protokollvermerke im Zusammenhang mit dem Bau der neuen Autobahn zwischen Berlin und Hamburg, der Öffnung eines Grenzübergangs im Norden Berlins und der Transitregelung enthalten. Die technischen Beauftragten des Berliner Senats und des DDR-Verkehrsministeriums, Klaus Melsheimer und Klaus Sommer, tauschen Briefe aus, die sich mit technischen Fragen im Zusammenhang mit der Öffnung des Teltow-Kanals befassen.

18.03.1979
Wahlen zum Abgeordnetenhaus von Berlin und dem Bezirksverordnetenversammlungen. Die CDU ist wiederum stärkste Partei, die Regierung wird jedoch von SPD und FDP gebildet. Dietrich Stobbe bleibt Regierender Bürgermeister. Ebenso bleibt Wolfgang Lüder (FDP) Bürgermeister und Senator für Wirtschaft und Verkehr.

30.03.1979
Un-Generalsekretär Kurt Waldheim besucht erstmals Berlin (West).

29.05.1979
Berlin-Erklärung bei dem Deutschland-Treffen am Vorabend der Frühjahrskonferenz der NATO-Außenminister in Den Haag.

10.06.1979
Am Tage der Wahl zum Europäischen Parlament in der Bundesrepublik wählt das Abgeordnetenhaus von Berlin drei Abgeordnete in dieses Parlament.

28.06.1979
Die DDR-Volkskammer beschließt eine Änderung des DDR-Wahlgesetzes: Künftig werden die 66 Ostberliner Volkskammer-Abgeordneten, die bisher von der Stadtverordnetenversammlung in die Volkskammer entsandt wurden, von der Bevölkerung direkt gewählt. Diese Gesetzesänderung steht eindeutig im Widerspruch zum Vier-Mächte-Abkommen.

01.07.1979
In einer gemeinsamen Erklärung äußern die Außenminister der drei westlichen Alliierten und der Bundesrepublik Deutschland Kritik an dem Beschluß der DDR-Volkskammer.

29.10.1979
Bei einem Besuch in Berlin (West) erneuert der französische Staatspräsident Valery Giscard d?Estaing die Sicherheitsgarantie seines Landes für die Stadt.

31.10.1979
Unterzeichnung des „Abkommens über die Befreiung von Straßenfahrzeugen von Steuern und Gebühren" zwischen der Regierung der Bundesrepublik Deutschland und der Regierung der DDR. Außerdem wird ein „Protokoll über die Vereinbarung einer Pauschalabgeltung von Straßenbenutzungsgebühren für Personenkraftfahrzeuge im Verkehr in und durch das Gebiet der Deutschen Demokratischen Republik gemäß Artikel 6 Absatz1 des Vertrages vom 26.05.1972 zwischen der Bundesrepublik Deutschland und der Deutschen Demokratischen Republik über Fragen des Verkehrs" unterzeichnet. Das Protokoll der Vereinbarung wird ergänzt durch einen Briefwechsel des

Beauftragten des Senats von Berlin, Gerhard Kunze, und des Beauftragten der DDR-Regierung, Dr. Walter Müller, mit dem Berlin (West) in die Pauschalabgeltung der Straßenbenutzungsgebühren einbezogen wird.

24.01.1980
Abschluß einer Vereinbarung über das sogenannte Eisenbahn-Südgelände in Berlin (West).

18.03.1980
Vertreter des Berliner Senators für Bau- und Wohnungswesen und des DDR-Verkehrsministeriums unterzeichnen in Ost-Berlin eine Vereinbarung über die Fortleitung und Behandlung von Abwasser aus Berlin (West).

30.04.1980
Die Bundesregierung und die Regierung der DDR vereinbaren weitere Verkehrsverbesserungen sowie die Aufnahme von Experten-Gesprächen in Gewässerschutzfragen.

22.08.1980
Bundeskanzler Schmidt sagt ein geplantes Treffen mit Staats- und Parteichef Honecker in der DDR ab.

17.09.-25.09.1980
Ein Streik der West-Berliner Reichsbahn-Bediensteten legt den S-Bahn-Betrieb und einen Teil des Fernverkehrs lahm. Die Deutsche Reichsbahn legt mehrere S-Bahn-Strecken still.

09.10.1980
Das Finanzministerium der DDR erhöht den Mindestumtausch für Besucher aus dem Westen per 13.10.1980 auf 25 Mark.

13.12.1980
Erstmals kommt es nach einer Räumung besetzter Häuser zu

Auseinandersetzungen zwischen Polizei und Demonstranten.

15.01.1981
Der Regierende Bürgermeister Stobbe tritt mit seinem Senat zurück, nachdem eine vorgesehene Senatsumbildung im Abgeordnetenhaus keine Mehrheit findet.

23.01.1981
Jochen Vogel (SPD) wird vom Abgeordnetenhaus zum Regierenden Bürgermeister gewählt. Bürgermeister wird Guido Brunner (FDP).

29.01.1981
Nach der Einleitung zweier Volksbegehren einigen sich die Fraktionen des Abgeordnetenhauses auf vorzeitige Neuwahlen.

09.02.1981
Der Botschafter der UdSSR in der DDR, Pjotr Abrassimow, erklärt, daß sich das Vier-Mächte-Abkommen im Ganzen bewährt hat.

29.04.1981
Die ersten sechs der acht Schinkel-Figuren der ehemaligen Schloßbrücke (jetzt Marx-Engels-Brücke) werden vom Senat der DDR übergeben. Die DDR-Behörden übergeben kurz darauf das Archiv der ehemaligen Königlich-Preußischen Porzellan-Manufaktur an die jetzige Staatliche Porzellan-Manufaktur.

10.05.1981
Bei den Wahlen zum Abgeordnetenhaus verfehlt die CDU knapp die absolute Mehrheit. SPD und FDP erleiden Stimmenverluste, die Alternative Liste zieht ins Abgeordnetenhaus ein.

11.06.1981
Richard von Weizsäcker (CDU) wird zum Regierenden Bürgermeister, Heinrich Lummer (CDU) wird zum Bürgermeister gewählt. Die CDU bildet einen Minderheitensenat, der von der Mehrheit der FDP-Fraktion gestützt wird.

30.10.1981
Der britische Außenminister Lord Carrington machte bei einem Besuch in Berlin (West) klar, „daß Großbritannien die Lebensfähigkeit Berlins garantiert".

20.11.1981
Gemäß den Vereinbarungen zwischen der Bundesrepublik Deutschland und der DDR wird der Teltow-Kanal in Berlin – zum ersten Mal seit Kriegsende – für den zivilen Binnenschiffsverkehr von Westen her geöffnet.

03.06.1982
Der Bundesminister für innerdeutsche Beziehungen, Egon Franke, erklärt zum 10.Jahrestages des Inkrafttretens des Vier-Mächte-Abkommens, das Abkommen habe „für Berlin und seine Bewohner so offensichtliche Verbesserungen gebracht, daß es für uns Deutsche insgesamt zu einem Hauptaktivposten der Entspannungspolitik nach Osten geworden ist."

29.06.1982
Der Berliner Senat legt seinen zehnten Bericht über die Durchführung des Vier-Mächte-Abkommens vor. Insgesamt kommt der Senatsbericht zu dem Schluß, daß die Ausführung des Abkommens und seiner ergänzenden Vereinbarungen „weiter durch andauernde Kontinuität und Stabilisierung der Lage" gekennzeichnet ist.

30.08.1982
Die westlichen Alliierten weisen die Ausdehnung der Gültigkeit

des neuen DDR-Wassergesetzes auf Wasserstraßen in Berlin (West) zurück.

28.09.1982
Die Bundesregierung erklärt ihre Zustimmung zu den von der DDR vorgesehenen Maßnahmen zur Reinigung von DDR-Abwässern, die nach Berlin (West) fließen.

01.10.1982
Der Deutsche Bundestag wählt Dr. Helmut Kohl im Wege des konstruktiven Mißtrauensvotums zum neuen Bundeskanzler.

04.10.1982
Bundessenator Dr. Norbert Blüm, der zum Bundesarbeitsminister in der Regierung Kohl ernannt wurde, tritt von seinem Berliner Amt zurück.

13.10.1982
Bundeskanzler Helmut Kohl sagt in seiner ersten Regierungserklärung, die DDR könne „sich darauf verlassen, daß wir zu übernommenen Verpflichtungen stehen". Gleichzeitig betont er: „Wir bestehen aber auf die Rücknahme der Erhöhung des Mindestumtausches für Besucher Ost-Berlins und der DDR."

29.10.1982
Die britische Premierministerin Margaret Thatcher besucht in Begleitung von Bundeskanzler Helmut Kohl Berlin; gegen diesen Besuch protestierte die Sowjetunion bereits am 26.10.1982.

20.11.1982
Bundesverkehrsminister Werner Dollinger eröffnet am westdeutschen Kontrollpunkt Gudow die fertiggestellte Autobahn zwischen Berlin und Hamburg. Zur selben Zeit eröffnet DDR-Verkehrsminister Otto Arndt in Wittenberg das letzte Teilstück

der Autobahn auf DDR-Gebiet.

25.11.1982
Der Präsident des Europa-Parlaments, Peter Dankert, besucht Berlin und bezeichnet Berlin in einer Rede vor dem Berliner Abgeordnetenhaus als ein „Symbol für unsere Vorstellung von Freiheit und Demokratie".

02.12.1982
Dr. Philipp Jenninger, Staatsminister beim Bundeskanzler, führt in Ost-Berlin Gespräche mit DDR-Außenminister Oskar Fischer und SED-Politbüromitglied Günter Mittag.

15.12.1982
Zwischen der DDR bzw. Ostberlin und der Bundesrepublik Deutschland bzw. Berlin (West) werden 120 neue Telefonleitungen geschaltet.

23.12.1982
Die Besuchsbeauftragten des Senats und der DDR treffen in Berlin (West) zu einem Gespräch zusammen. Hierbei fordert der Besuchbeauftragte der DDR, in konkreten Verhandlungen über die Vorschläge der DDR zur S-Bahn-Frage zu treten.

17.03.1983
Das Abgeordnetenhaus von Berlin wählt Hermann Oxfort (FDP) zum Senator für Justiz, Horst Vetter (FDP) zum Senator für Stadtentwicklung und Umweltschutz, Senator Volker Hassemer zum Senator für Kulturelle Angelegenheiten und Senator Rupert Scholz zum Senator für Bundesangelegenheiten. Das Ressort von Senator Kewenig erhält die Bezeichnung „Wissenschaft und Forschung".

30.03.1983
Im Rahmen der geplanten Erdgaslieferungen aus der Sowjet-

union in die Bundesrepublik Deutschland und nach Berlin (West), die im Herbst 1985 beginnen sollen, wird zwischen der Essener Ruhrgas AG und dem DDR-Kombinat-Verbundnetze-Energie ein Vertrag abgeschlossen, nach dem das Kombinat eine 235 Kilometer lange Erdgasleitung von der CSSR-Grenze bei Deutschneudorf bis zur Stadtgrenze von Berlin (West) bei Groß-Ziethen bauen soll.

25.04.1983
Der Regierende Bürgermeister, Dr. Richard von Weizsäcker, wird von der britischen Premierministerin Margaret Thatcher in London zu einem Gespräch empfangen.

28.04.1983
Der Staatsratvorsitzende der DDR, Erich Honecker, läßt der Bundesregierung mitteilen, daß er sich „aufgrund der durch die BRD entstandenen Lage in den Beziehungen zwischen beiden deutschen Staaten, wie sie auch in verschiedenen Pressekommentaren zum Ausdruck kommt, nicht in der Lage sehe, entsprechend der Einladung des Bundeskanzlers die Bundesrepublik Deutschland zu besuchen".

04.05.1983
Der Regierende Bürgermeister von Berlin nimmt als Mitglied des Rates der EKD an der Eröffnungsveranstaltung zum Luther-Jahr in Eisenach teil. Dabei trifft er auch mit dem Stellvertretenden Staatsratsvorsitzenden der DDR, Sindermann, zusammen.

05.05.1983
Der spanische Ministerpräsident Felipe Conzales besucht Berlin.

18.05.1983
Mehrere Mitglieder der SPD-Fraktion des Berliner Abgeordne-

tenhauses führen in der Akademie der Pädagogischen Wissenschaften in Ostberlin Gespräche, an denen auch einige Mitglieder des Volkskammerausschusses für Volksbildung beteiligt sind.

01.06.1983
Das Bundeskabinett beschließt, für die mit der Deutschen Reichsbahn zu vereinbarende Integration der S-Bahn in das Verkehrssystem von Berlin (West) von 1983 bis 1987 zunächst 253 Millionen DM zur Verfügung zu stellen.

12.06./13.06.1983
UNO-Generalsekretär Perez de Cuellar besucht Berlin (West).

13.06.1983
Der 64 Jahre alte sowjetische Diplomat Wjatscheslaw Kotschemassow ist zum neuen Botschafter der UdSSR in der DDR ernannt worden; er tritt die Nachfolge von Pjotr Abrassimow an.

21.06.1983
Die Rückführung der in Berlin (West) gelagerten Fassadenteile des ehemaligen Ephraim-Palais nach Ostberlin beginnt mit einer ersten Lkw-Lieferung.

28.06.1983
In Bonn wird bekannt, daß durch die Vermittlung des bayerischen Ministerpräsidenten und CSU-Politikers Franz Josef Strauß der DDR durch ein Bankenkonsortium ein Milliardenkredit gewährt wird, für den die Bundesregierung eine Garantieerklärung abgegeben hat.

29.06.1983
UNO-Generalsekretär Perez de Cuellar besucht die DDR und trifft unter anderem mit Staats- und Parteichef Honecker

zusammen.

25.08.1983
Bausenator Rastemborski erklärt in einem Schreiben an den Regierenden Bürgermeister seinen Rücktritt. Rastemborski war seit sechs Tagen mit unbekanntem Ziel überraschend aus Berlin abgereist. Gleichzeitig legte Rastemborski alle Parteiämter nieder.

29.08.1983
Die Experten des Senats und der DDR nehmen die Gespräche über den Bau einer zweiten Kammer der Schleuse Spandau wieder auf, die seit dem 05.06.1981 unterbrochen waren.

05.09.1983
Der Vorsitzende der Innerdeutschen Arbeitsgruppe der SPD-Bundestagsfraktion Büchler hat die Forderung auf offizielle Kontakte zwischen dem Bundestag und der DDR-Volkskammer unterstrichen.

05.09.1983
Eine Gruppe von Bundestagsabgeordneten aller Parteien, die sich zu einem Informationsbesuch in der DDR aufhält, trifft in Leipzig mit dem Mitglied des SED-Zentralkommitees Herbert Häber zusammen.

15.09.1983
Der Regierende Bürgermeister von Berlin, Dr. Richard von Weizsäcker, trifft im Schloß Niederschönhausen in Ost-Berlin zu einem mehrstündigen Gespräch mit dem SED-Generalsekretär und DDR-Staatsratsvorsitzenden, Erich Honecker, zusammen.

22.09.1983
Der Regierende Bürgermeister von Berlin, Dr.Richard von

Weizsäcker, nimmt am evangelischen Kirchentag in Wittenberg teil und trifft sich dort mit Gerald Götting, Vorsitzender der CDU der DDR und Stellvertretender Vorsitzender des Martin-Luther-Komitees der DDR. Am 25.09.1983 endet auf dem Marktplatz zu Wittenberg der letzte von sieben Kirchentagen, die in diesem Jahr in der DDR veranstaltet wurden, mit einer Abschlußkundgebung. Auf der Veranstaltung spricht – als Präsidiumsmitglied des Deutschen Evangelischen Kirchentages in der Bundesrepublik Deutschland – der Regierende Bürgermeister von Berlin, Dr. Richard von Weizsäcker.

27.09.1983
Die DDR hebt den Zwnagsumtausch für Kinder bis zum vollendeten 14. Lebensjahr auf und erläßt neue Vorschriften über Familienzusammenführung (in Kraft ab 15.10.1983).

25.10.1983
Der Regierende Bürgermeister, Dr. von Weizsäcker, trifft erstmals mit dem neuen sowjetischen Botschafter in der DDR, Kotschemassow, zu einem Gespräch zusammen.

31.10.1983
In Ost-Berlin treffen der Beauftragte des Senats, Senatsrat Hinkefuß, und der Beauftragte des DDR-Verkehrsministeriums, Reichsbahnhauptdirektor Dr. Meißner, zur ersten Verhandlung über die Zukunft der S-Bahn in Berlin (West) zusammen.

08.12./09.12.1983
In Brüssel tritt der Nordatlantikrat zu einer Ministertagung zusammen. Im Schlußkommuniqué erneuerte die NATO ihr Bekenntnis zu Berlin.

30.12.1983
In Ost-Berlin unterzeichnen Senatsrat Hinkefuß für den Senat

von Berlin und der Hauptdirektor der Deutschen Reichsbahn, Dr. Meißner, eine Vereinbarung, nach der die Deutsche Reichsbahn den Betrieb der S-Bahn in Berlin (West) ab 09.01.1984 einstellt. Vom gleichen Zeitpunkt an wird die S-Bahn von den Berliner Verkehrsbetrieben (BVG) betrieben werden.

09.01.1984
Die BVG übernimmt die im Westteil der Stadt gelegenen Betriebsanlagen der S-Bahn von der Deutschen Reichsbahn. Der S-Bahn-Betrieb wird auf den Strecken Charlottenburg – Friedrichstraße und Anhalter Bahnhof – Lichtenrade fortgeführt; die übrigen Streckenteile werden zunächst stillgelegt. 500 ehemalige Reichsbahnangestellte nehmen ihren Dienst bei der BVG auf.

12.01.1984
Anläßlich seines Berlin-Besuchs sagt der französische Verteidigungsminister Charles Hernu die Rückgabe des im Armeemuseum in Paris lagernden Bronzereliefs der Siegessäule zu.

26.01./27.01.1984
Zum Abschluß seines offiziellen Besuchs in der DDR eröffnet der französische Außenminister Cheysson am 27. 01. im Beisein seines DDR-Amtskollegen Oskar Fischer ein Kulturzentrum der Französischen Republik in Ost-Berlin. Frankreich ist das erste westliche Land, das ein Kulturzentrum in Ost-Berlin unterhält.

01.02.1984
Das Verkehrs- und Baumuseum im ehemaligen Hamburger Bahnhof im Bezirk Tiergarten wird offiziell von der Verwaltung der Deutschen Reichsbahn der DDR an den Senat von Berlin übergeben.

09.02.1984

Das Abgeordnetenhaus von Berlin wählt den CDU-Landesvorsitzenden, Eberhard Diepgen, zum Regierenden Bürgermeister von Berlin. Die mit dem bisherigen Regierenden Bürgermeister, Dr. Richard von Weizsäcker, zurückgetretenen Senatoren werden in ihre Ämter wiedergewählt.

27.02.1984
Der Senator für Kulturelle Angelegenheiten, Dr. Volker Hassemer, trifft mit dem Stellvertretenen DDR-Kulturminister, Horst Pehnert, Leiter einer Delegation, die sich aus Anlaß der Berliner Filmfestspiele im Westteil der Stadt aufhält, zu einem kulturpolitischen Informations- und Meinungsaustausch zusammen.

09.04.1984
Während seiner USA-Reise vom 07. bis 14.04. trifft der Regierende Bürgermeister von Berlin, Eberhard Diepgen, mit dem amerikanischen Präsidenten, Ronald Reagen, zusammen.

10.05.1984
Der Beauftragte des Senats von Berlin für Reise- und Besuchsangelegenheiten, Leitender Senatsrat Gerhard Kunze, trifft in Ost-Berlin mit dem Beauftragten der DDR-Regierung, Dr. Walter Müller, zu einer Unterredung zusammen, in der über einen möglichen Gebietsaustausch verhandelt wird.

23.05.1984
Der ehemalige Regierende Bürgermeister von Berlin, Richard von Weizsäcker, wird von der Bundesversammlung in Bonn zum neuen Bundespräsidenten gewählt.

11.07.1984
Der Regierende Bürgermeister von Berlin, Eberhard Diepgen, wird in London von der britischen Premierministerin, Margaret Thatcher, sowie von Außenminister Geoffrey Howe empfan-

gen.

25.07.1984
Staatsminister Jenninger im Bundeskanzleramt gibt nach einer Sitzung des Bundeskabinetts bekannt, daß ab 01.08.1984 eine Reihe von Erleichterungen im innerdeutschen Reiseverkehr eintreten werden. Diese Erleichterungen sollen auch für Berliner gelten.

02.08.1984
Der Regierende Bürgermeister von Berlin, Eberhard Diepgen, begrüßt in einem Gespräch mit dem Deutschlandfunk die neuen Reiseerleichterungen zwischen beiden deutschen Staaten, die auch „für Berlin einige wesentliche Fortschritte" gebracht hätten. „Ärgerlich" sei allerdings die Tatsache, „daß beispielsweise die verlängerte Aufenthaltsdauer für Eintagsreisen nicht für Berlin gilt". Der Berliner Senat werde darauf drängen, daß es „Nachbesserungen" gebe.

(Chronik BMB, Nr.15, vom 10.August 1984)

Regierungssprecher Peter Bönisch teilt in Bonn mit, daß die Bundesregierung dem Berliner Senat mitgeteilt habe, daß „sie über die Anstrengungen der letzten Wochen hinaus alles tun wird, im Rahmen der laufenden Gespräche mit der DDR weitere Verbesserungen auf dem Gebiet des Reise- und Besucherverkehrs, insbesondere für Berlin, zu erreichen."

(Chronik BMB, Nr.15, vom 10.August 1984)

03.09.1984
Der Regierende Bürgermeister von Berlin, Eberhard Diepgen, trifft in Paris zu einem viertägigen Antrittsbesuch ein. Er führt dabei Gespräche mit Außenminister Cheysson, dem Pariser Oberbürgermeister Chirac und dem Staatspräsidenten Mitte-

rand, und lädt sie zu einem Gegenbesuch nach Berlin ein.

20.09.1984
Der Deutsche Städtetag kündigt eine Initiative an, um mit der Sowjetunion und der DDR eine Regelung für offizielle Städtepartnerschaften zu erreichen. Der Regierende Bürgermeister von Berlin, Eberhard Diepgen, betont dabei, daß es nicht bei der „Ausgrenzung und Diskriminierung" Berlins bleiben darf. Voraussetzung für solche beurkundete Partnerschaften ist die Anerkennung der Realität, daß Berlin (West) gleichberechtigtes Mitglied im Deutschen Städtetag ist.

01.10.1984
Die Beauftragten für den Berliner Reise- und Besuchsverkehr, Ltd.SR Kunze für den Senat und Dr.Müller für die DDR, treffen in Ostberlin zu ihrem 5.Gespräch über einen weiteren Gebietsaustausch zusammen. Dabei wurden auch aktuelle Fragen des Reise- und Besucherverkehrs erörtert.

07.10.1984
Aus Anlaß der am gleichen Tage in Ostberlin abgehaltenen Militärparade zu den Feiern zum 35.Jahrestag der DDR-Gründung verurteilten die drei Stadtkommandanten der westlichen Alliierten die Fortsetzung derartiger illegaler ostdeutscher Zurschaustellungen, sowie die Verletzung des entmilitarisierten Status von Berlin.

02.11.1984
In einem Interview mit der deutschen Tageszeitung „Die Welt" bekräftigt die britische Premierministerin Margaret Thatcher die britische Berlin-Garantie mit den Worten: „Unsere Beziehungen zur Bundesrepublik sind sehr eng. Sie sind es seit einer sehr langen Zeit. Wir demonstrieren das durch unsere Garantie für Berlin."

15.11.1984
Der Regierende Bürgermeister, Eberhard Diepgen, trifft zu einem Meinungsaustausch mit dem Botschafter der UdSSR in der DDR, Wjatscheslaw Kotschemassow, in dessen Amtssitz zusammen.

23.11.1984
In einer Presseerklärung des Senats heißt es: Die Überprüfung des alliierten Rechts durch die Alliierten und den Senat dauert an. Wie schon früher erwähnt, stehen Änderungen, die den Status Berlins oder alliierte Rechte und Verantwortlichkeiten beeinflussen könnten, nicht zur Debatte.

10.12.1984
Sir Geoffrey Howe, Außenminister Großbritanniens, der sich in Begleitung von Bundesaußenminister Hans-Dietrich Genscher zu einem Besuch in Berlin (West) aufhält, sagt auf einer Veranstaltung, Großbritannien werde seine Verpflichtungen für Berlin so lange wie notwendig aufrecht erhalten und sei entschlossen, mit der Bundesrepublik Deutschland „an der Schaffung von Verständnis zwischen Ost und West zu arbeiten, das wir erzeugen müssen, wenn die Teilung Europas überwunden werden soll."

11.12.1984
In Ostberlin beginnen Verhandlungen zwischen Vertretern der Berliner Senatsverwaltung für Stadtentwicklung und Umweltschutz und dem DDR-Ministerium für Umweltschutz und Wasserwirtschaft über eine Änderung der Vereinbarung vom 18.03.1980 über Abwässer-Abnahme.

13.12.1984
Vertreter der Treuhandstelle für Industrie und Handel in Berlin (West) und des DDR-Außenhandelsministeriums unterzeichnen in Ostberlin eine Vereinbarung über den grenzüberschrei-

tenden Kaliabbau im Revier an der Werra.

14.12.1984
Zum Abschluß der Ministertagung des Nordatlantikrates in Brüssel wird ein Kommuniqué veröffentlicht, in dem es heißt: „Die Aufrechterhaltung einer ruhigen Lage in und um Berlin bleibt ein wesentliches Element des Ost-West-Verhältnisses. In dieser Hinsicht ist der ungehinderte Verkehr auf allen Zugangswegen von grundsätzlicher Bedeutung. Wir unterstützen die Bemühungen der Bundesrepublik Deutschland, Dialog und Zusammenarbeit mit der DDR als Beitrag zur Stärkung des Friedens in Europa fortzusetzen und zu entwickeln und weitere praktische Verbesserungen für die Deutschen, insbesondere für die Berliner, zu erreichen. Zur Frage der Teilung Deutschlands bekräftigen wir unsere Washingtoner Erklärung vom 31.05.1984."

15.12.1984
Am frühen Morgen werden die neuerbaute Grenzübergangsstelle zwischen Hessen und der DDR bei Herleshausen und der dazugehörige neue Autobahnabschnitt bis Eisenach mit einer Länge von 7.5 km eröffnet und für den Verkehr freigegeben.

20.12.1984
Der Berliner Senat und die DDR-Regierung einigen sich über die Grundinstandsetzung des auf DDR-Gebiet liegenden Teils der Glienicker Brücke, die von Berlin (West) nach Potsdam führt. Diese soll vom April bis November 1984 vorgenommen werden. Der Berliner Senat übernimmt die für die Instandsetzung anfallenden Kosten in Höhe von zwei Millionen Mark.

24.01.1985
Der Präsident des Europa-Parlaments, Pfimlin, sagte, er habe bei seinem Besuch der Bundesrepublik Berlin bewußt in sein Besuchsprogramm aufgenommen, „weil das freie Berlin ein

Bestandteil der Bundesrepublik und mithin der Europäischen Gemeinschaft ist".

24.01.1985
Der DDR-Minister für Umweltschutz und Wasserwirtschaft, Hans Reichelt, weist Äußerungen des Regierenden Bürgermeisters, Eberhard Diepgen, zurück, nach denen Ost-Berlin „für die hohe Umweltbelastung von West-Berlin verantwortlich" sei. Er betont jedoch, daß die DDR im Interesse gut nachbarlicher Beziehungen bereit sei, mit dem Senat von Berlin auch weiterhin Vorschläge zu beraten und zur Entscheidung zu bringen.

15.02.1985
Vertreter des Berliner Umweltsenators und des DDR-Ministers für Umweltschutz und Wasserwirtschaft treffen eine neue Vereinbarung über die Abnahme von Abwasser aus Berlin (West) durch die DDR.

15.02.1985
Die DDR gibt bisher für bestimmte Ziele nicht befahrbare Autobahnstrecken für den Transitverkehr in Drittländer frei.

27.02.1985
Bundeskanzler Dr.Helmut Kohl betont in seinem Bericht „zur Lage der Nation im geteilten Deutschland", daß sich die Deutschland-Politik der Bundesregierung nach Zielsetzung, Anlage und Methode bewährt hat.

06.03.1985
Bundesverkehrsminister Dollinger erklärt nach einem Gespräch mit dem Regierenden Bürgermeister, Eberhard Diepgen, daß er Ende Feruar 1985 in einem Schreiben an den DDR-Verkehrsminister Arndt der DDR Verhandlungen über Qualitätsverbesserungen im Eisenbahn-Transit zwischen Berlin und der Bundesrepublik vorgeschlagen hat.

12.03.1985
Bundeskanzler Helmut Kohl und der DDR-Staatsratsvorsitzende, Erich Honecker, treffen in Moskau zu einem Meinungsaustausch zusammen.

12.03.1985
Nach einem Meinungsaustausch zwischen dem Regierenden Bürgermeister von Berlin, Eberhard Diepgen, auf der Leipziger Messe mit dem SED-Politbüromitglied und ZK-Sekretär Herbert Häber und dem Außenminister der DDR, Horst Sölle, stellten die Gesprächspartner fest, daß sich die Handels-und Wirtschaftsbeziehungen zwischen der DDR und Berlin (West) zum gegenseitigen Vorteil und Nutzen entwickelt haben und weiter ausbaufähig sind.

15.03.1985
In Bonn werden zwei Vereinbarungen, die die Errichtung einer Glasfaserstrecke und einer digitalen Funkverbindung zwischen der Bundesrepublik und Berlin (West) vorsehen, von Vertretern der Ministerien für Post- und Fernmeldewesen der Bundesregierung und des DDR-Ministerrates unterzeichnet.

24.03.1985
Ein sowjetischer Wachposten erschießt bei Ludwigslust den amerikanischen Major Arthur D. Nicholson als Mitglied der Militärmission der USA in Potsdam.

08.04.1985
Der britische Außenminister, Sir Geoffrey Howe, trifft zu einem Besuch in der DDR ein und führt mit DDR-Außenminister Oskar Fischer „offizielle Gespräche zu bilateralen und internationalen Fragen" (ADN). Am nächsten Tag empfängt der DDR-Staatsratsvorsitzende, Erich Honecker, den britischen Außenminister zu einem Meinungsaustausch. Sir Geoffrey Howe führt außerdem Gespräche mit dem DDR-Minister-

ratsvorsitzenden Willi Stoph und mit dem für Wirtschaftsfragen zuständigen Sekretär des SED-Zentralkommitees, Günter Mittag.

18.04.1985
Der Regierende Bürgermeister von Berlin, Eberhard Diepgen, wird vom neugewählten Abgeordnetenhaus von Berlin mit 81 zu 61 Stimmen in seinem Amt bestätigt.

25.04.1985
Der Regierende Bürgermeister von Berlin, Eberhard DIepgen, betont in seiner Regierungserklärung: „Der Senat sieht in der Ausübung der Rechte und Verantwortlichkeiten der Alliierten Schutzmächte und in den engen Bindungen an den Bund die unveränderte Grundvoraussetzung für die Existenz des freien Berlin.... Von Berlin sollen Impulse für eine aktive Deutschlandpolitik ausgehen.... Die Wahrung der Einheit der Nation bleibt Ziel der Politik".

05.05.1985
Der Bundesminister des Auswärtigen, Hans-Dietrich Genscher, gibt zum 30.Jahrestag des Deutschland-Vertrages u.a. folgende Erklärung ab: „Die Bundesrepublik Deutschland dankt an diesem 30.Jahrestag des Deutschland-Vertrages den Drei Mächten für die Sicherung der Lebensfähigkeit und des Wohlergehens Berlins und für die enge und vertrauensvolle Zusammenarbeit in allen Fragen, die Berlin und Deutschland als ganzes betreffen. Sie dankt Ihnen und allen befreundeten Staaten, die für unser politisches Ziel eintreten, auf einen Zustand des Friedens in Europa hinzuwirken, in dem das deutsche Volk in freier Selbstbestimmung seine Einheit wiedererlangt".

05.05.1985
Auf Schloß Hambach führt der Präsident der Vereinigten Staaten von Amerika, Ronald Reagan, folgendes aus: „Die

vorderste Grenze der europäischen Freiheit liegt in Berlin. Und ich versichere Ihnen, daß Amerika zu Ihnen hier in Europa stehen wird, und daß Amerika zu Ihnen und Berlin stehen wird...."

21.05.1985
US-Verteidigungsminister Caspar Weinberger bekräftigt in Berlin (West) das feste Engagement der USA für Berlin: „Wir bleiben hier, bis die Unnatürlichkeit der Teilung berichtigt ist und Berlin in einer demokratischen Ordnung wiedervereinigt ist."

06.06./07.06.1985
Auf einer Ministertagung des Nordatlantikrates in Lissabon erklären die Minister: „Die Aufrechterhaltung einer störungsfreien Lage in und um Berlin, einschließlich eines ungehinderten Verkehres auf allen Zugangswegen, bleibt ein wesentliches Element der Ost-West-Beziehungen. Wir unterstützen die Bemühungen der Bundesrepublik Deutschland, im innerdeutschen Verhältnis Fortschritte zu erzielen, die einen gewichtigen Beitrag zur Schaffung von Vertrauen in Europa leisten und für das deutsche Volk, insbesondere die Berliner, von Nutzen sein können".

10.06.1985
Anläßlich eines zweitägigen Besuches der DDR erklärt der französische Ministerpräsident, Laurent Fabius, daß beide Seiten eine Erhöhung ihres Handelsaustausches beschlossen hätten. Fabius betont bei seinen Gesprächen mit der DDR-Führung seien Fragen der Menschenrechte „in angemessener Weise zur Sprache gekommen".

05.07.1985
Die Treuhandstelle für Industrie und Handel und das DDR-Außenhandelsministerium vereinbaren eine neue Swing-Rege-

lung, die diesen zinslosen Überziehungskredit der DDR im innerdeutschen Handel für die Jahre 1986 bis 1990 von bisher 600 auf 850 Millionen Verrechnungseinheiten jährlich festsetzt.

31.07.1985
Der Regierende Bürgermeister von Berlin, Eberhard Diepgen, richtet anläßlich des 10.Jahrestages der Unterzeichnung der KSZE-Schlußakte von Helsinki einen Appell an die DDR, weitere menschliche Erleichterungen im Reiseverkehr zuzugestehen.

11.09.1985
Der Beauftragte des Senats von Berlin für Reise- und Besuchsangelegenheiten, Ltd.SR Gerhard Kunze, trifft in Ost-Berlin mit dem Beauftragten der DDR-Regierung, Dr.Walter Müller, zum 160.Gespräch über aktuelle Fragen und Probleme des Besucherverkehrs zusammen.

07.10.1985
Die britische Militärregierung verurteilt die anläßlich des 36.Jahrestages der Gründung der DDR in Ost-Berlin stattfindende Militärparade. Der Französische Staatspräsident Francois Mitterand erklärt anläßlich seines Besuches in Berlin (West): „Ich bin hierher gekommen, um.... den Willen Frankreichs zu bekräftigen, den Frieden und die Freiheit der Berliner zu schützen. ....Berlin (ist) jetzt dazu bestimmt, ein bevorzugter Ort des Austauschs zu sein, ein Ort, an dem Schranken und Teilungen überwunden werden könnten".

13.11.1985
Der Ministerpräsident des Saarlandes, Oskar Lafontaine, erklärt bei seinem dreitägigen Besuch in Ost-Berlin, daß eine Normalisierung des Reiseverkehrs zwischen beiden deutschen Staaten langfristig auch die Anerkennung der DDR-Staatsbürgerschaft bedingt.

14.11.1985
Der Regierende Bürgermeister von Berlin, Eberhard Diepgen, sowie der Bundesminister im Bundeskanzleramt, Wolfgang Schäuble, kritisieren diese Äußerungen Lafontaine's. Die Aufgabe einer einheitlichen deutschen Staatsbürgerschaft bringt (so Eberhard Diepgen) die Berliner in eine „staats- und völkerrechtlich ausweglose Situation".

13.12.1985
In Brüssel erklären die Außenminister der NATO-Staaten anläßlich ihrer zweitägigen Herbsttagung, daß die Aufrechterhaltung einer ruhigen Lage in und um Berlin von grundsätzlicher Bedeutung für die West-Ost-Beziehungen bleibt.

14.12.1985
US-Außenminister Georg P. Shultz erklärt anläßlich der Eintragung ins Goldene Buch der Stadt Berlin: „Unsere Verpflichtung für die Freiheit der Westsektoren ist unverbrüchlich. Wir bestehen mit unvermindertem Nachdruck auf strikte Einhaltung und volle Durchsetzung der Bestimmungen des Vier-Mächte-Abkommens für alle vier Sektoren Berlins".

27.02.1986
König Juan Carlos I. von Spanien appelliert anläßlich der Eintragung in das Goldene Buch der Stadt an alle Politiker, durch Dialog und Entspannung zu versuchen, die Teilung der Stadt zu überwinden.

16.03.1986
Der Regierende Bürgermeister von Berlin, Eberhard Diepgen, trifft am Rande der Leipziger Messe mit dem DDR-Staatsratsvorsitzenden, Erich Honecker, zu einem zweistündigen Gespräch zusammen.

24.04.1986

Der Regierende Bürgermeister von Berlin, Eberhard Diepgen, betont in einer Erklärung zur aktuellen Entwicklung der Berlin- und Deutschlandpolitik, daß Gesprächsauftrag und Gesprächsergebnisse im Ost-West-Dialog insgesamt wie im Dialog zwischen der Bundesregierung und der DDR-Führung nicht an Berlin vorbeiführen dürfen. ....Berlin muß voll in die innerdeutsche Zusammenarbeit einbezogen werden.

06.05.1986
In Ost-Berlin unterzeichnen der Leiter der Ständigen Vertretung der Bundesrepublik Deutschland bei der DDR, Staatssekretär Hans Otto Bräutigam, und der stellvertretende DDR-Außenminister, Kurt Nier, ein Abkommen zwischen der Regierung der Bundesrepublik Deutschland und der Regierung der Deutschen Demokratischen Republik über kulturelle Zusammenarbeit. Dieses Kulturabkommen, über das 12 Jahre lang verhandelt worden war, soll „die Zusammenarbeit auf den Gebieten der Kultur, Kunst, Bildung und Wissenschaft sowie auf den anderen damit in Zusammenhang stehenden Gebieten" fördern.

26.05.1986
Die DDR-Behörden verlangen von Diplomaten und Angehörigen der Ständigen Vertretung der Bundesrepublik Deutschland bei der DDR beim Übergang von Ost-Berlin nach West-Berlin und in umgekehrter Richtung nicht nur das Vorzeigen des vom DDR-Außenministeriums ausgestellten Diplomatenausweises, sondern auch des Passes.

27.05.1986
Die amerikanische Regierung erklärt zu den Maßnahmen der DDR-Behörden, bei der Trennungslinie zwischen West- und Ost-Berlin handele es sich nicht um eine internationale Grenze, sondern lediglich um eine Demarkationslinie.

29.05.1986
Der amerikanische Botschafter in der Bundesrepublik Deutschland, Richard Burt, protestiert in Berlin (West) bei einem Treffen mit dem Botschafter der UdSSR in der DDR, Wjatscheslaw Kotschemassow, gegen die Maßnahmen von DDR-Behörden, von westlichen Diplomaten beim Wechsel von Ost- nach West-Berlin und umgekehrt, die Vorlagevon deren Pässen zu verlangen.

08.06.1986
In der DDR finden die Wahlen zur Volkskammer der DDR statt. Hierzu erklären der Sprecher der Bundesregierung, Staatssekretär Friedhelm Ost, der Pressesprecher des Senats von Berlin, Winfried Fest sowie die Alliierten einstimmig, daß die Direktwahl von Volkskammer-Abgeordneten aus Berlin (Ost) in Widerspruch zum besonderen Status von Berlin steht, wie er in den Kriegs- und Nachkriegsvereinbarungen der Alliierten festgelegt, und durch das Vier-Mächte-Abkommen über Berlin vom 03.09.1971 bestätigt worden ist.

02.09.1986
Anläßlich des 15. Jahrestages der Unterzeichnung des Vier-Mächte-Abkommens gibt der Regierende Bürgermeister eine Erklärung ab, in der es u.a. heißt, daß sich der Senat von Berlin mit der Bundesregierung zusammen und den alliierten Schutzmächten auch weiterhin für die strikte Einhaltung und volle Anwendung des Vier-Mächte-Abkommens einsetzen wird.

19.09.1986
Das Ministerium für Auswärtige Angelegenheiten der DDR gibt bekannt, daß ab 01.10.1986 nur solche Personen die DDR im Transit bereisen können, die über ein Anschlußvisum anderer Staaten verfügen. Personen aus Staaten, mit denen die DDR Visafreiheit vereinbart hat, werden von dieser Regelung nicht berührt. Nicht betroffen von dieser Regelung sind wie

bisher solche Personen, die aus politischen, rassischen oder religiösen Gründen in ihrer Heimat verfolgt werden, diese verlassen müssen und in der DDR um Asyl nachsuchen.

29.09.1986
Der Regierende Bürgermeister von Berlin, Eberhard Diepgen, lädt die Oberbürgermeister von Rostock, Dresden, Magdeburg und Leipzig zu einem „Treffen der Stadtoberhäupter" in der Zeit vom 14. bis 17.Mai 1987 nach Berlin (West) ein. Anlaß für das Treffen ist die Internationale Bauausstellung, die in die Feierlichkeiten zur 750-Jahr-Feier fällt.

10. Auszüge aus der Rede des Regierenden Bürgermeisters von Berlin, Eberhard Diepgen, vor dem Abgeordnetenhaus von Berlin am 24. April 1986

Erklärung zur aktuellen Entwicklung der Berlin- und Deutschlandpolitik

Herr Präsident! Meine sehr verehrten Damen und Herren! Für den Senat und für mich ist das Abstimmungsergebnis, das wir eben gehört haben, ein klarer und auch wichtiger Vertrauensbeweis.

Die Oppposition hat diese Abstimmung herbeigeführt.

Der Angriff der Opposition hat aber in Wahrheit deren Schwächen entlarvt und die Stärke der Koalition demonstriert.

Aber vor allem empfinde ich die durchgeführte Abstimmung als einen Handlungsauftrag. Es ist der Auftrag an den Senat, aber auch an das ganze Abgeordnetenhaus, mit dem Blick nach vorn sich den wirklich wichtigen Fragen der Berliner Zukunftsgestaltung zuzuwenden. Ich will an dieser Stelle, gerade nach einem solchen Abstimmungsergebnis, der Opposition noch einmal die Zusammenarbeit in allen wichtigen Fragen anbieten, die die Zukunft der Berliner und dieser Stadt betreffen.

Ich glaube, alle müssen sich darüber im Klaren sein, daß eine Fülle von wichtigen Aufgaben vor uns liegt, daß eine wichtige Entscheidung unmittelbar bevorsteht, daß wir in Aufarbeitung dessen, was in den letzten Wochen diskutiert worden ist, nichts unter den Teppich kehren wollen, wir wollen aber auch mit

Nüchternheit analysieren, nichts übertreiben und uns vor allen Dingen dem zuwenden, was eben für die Berliner wichtig ist: Das ist der weitere Aufbau Berlins als eines wichtigen Wirtschaftsstandortes, das ist Berlin als Kulturort, das ist alles, was mit den Fragen der Flächennutzungsplanung, der Verfassungsreform und der Verwaltungsreform zusammenhängt. Ich fordere Sie von der Opposition auf, hier einen konstruktiven Beitrag zu leisten.

Aber zu den besonders wichtigen Aufgaben gehört auch, gerade ein Jahr vor dem Beginn der 750-Jahr-Feier, die Rolle Berlins im geteilten Deutschland. Wir stehen vor der Unterzeichnung des Kulturabkommens am 6. Mai. Am Montag ging in Ostberlin der XI. Parteitag der SED zu Ende. In Bern findet das KSZE-Expertentreffen über menschliche Kontakte statt. Und in Berlin ist die deutsch-alliierte Zusammenarbeit einer besonderen Bewährungsprobe ausgesetzt. Lasse Sie mich vor diesem Hintergrund einige Bemerkungen machen.

Zunächst zum Parteitag der SED: Wir kennen bisher nur die Reden und die veröffentlichten Texte des Parteitags. Eine erste Analyse aufgrund dieser Texte läßt mich aber zu folgenden fünf Feststellungen kommen:

1. Eine grundlegende Neuorientierung der Westpolitik der DDR ist nicht erkennbar.

2. Auf der Basis der unbezweifelten Loyalität der DDR zum Warschauer Pakt und insbesondere zur Sowjetunion will die DDR mit „Realismus und gutem Willen", so hat es Herr Stoph ausgedrückt, die „Zusammenarbeit mit Staaten der nichtsozialistischen Welt ausbauen" – so der Generalsekretär.

3. Die Beziehungen zur Bundesrepublik Deutschland sollen unter ausdrücklichem Bezug auf die gemeinsame Erklärung von

Bundeskanzler Kohl und Generalsekretär Honecker vom 12. März 1985 in Moskau so gestaltet werden, „daß sie das friedliche, vertrauensvolle und gleichberechtigte Zusammenleben der Statten Europas fördern".

4. Das, was die DDR „Friedenssicherung" nennt, bezeichnet sie im Verhältnis zur Bundesrepublik Deutschland als „die entscheidende Frage". Vor diesem Hintergrund wird in unterschiedlichen Nuancen verbal das SDI-Abkommen zwischen der Bundesrepublik und den USA kritisiert.

5. Auch in Zukunft tritt die DDR für die „strikte Einhaltung und volle Anwendung des Vier-Mächte-Abkommens ", ein, wobei sie wie bisher die Geltung des Vier-Mächte-Abkommens für ganz Berlin leugnet.

Meine Damen und Herren! Ich habe das Berner Experten-Treffen über menschliche Kontakte bewußt und vor allem deswegen genannt, weil für den Westen, weil für uns, greifbare Fortschritte für den einzelnen der wichtigste Maßstab auch für den Willen zur Entspannung sind.

Wer eine friedliche, vertrauensvolle Zusammenarbeit von Staaten will, der muß zu allererst ein vertrauensvolles Zusammenleben der Menschen ermöglichen.

Wir dürfen nicht lediglich über die Spannungsfolgen, nämlich die Rüstung, sprechen, sondern wir müssen an die Spannungsursachen herangehen. Der Grundlagenvertrag verknüpft in seiner Präambel gerade deshalb zu Recht die Verantwortung für Frieden, Entspannung und Sicherheit in Europa mit dem Zusammenleben, mit der Zusammenarbeit zum Wohle der Menschen. Deutschlandpolitik muß immer zugleich auch einen Beitrag – und ist es auch immer – zur Friedens- und Abrüstungspolitik sein. Das fordert schon das Grundgesetz in seiner

Präambel, wo es heißt, daß das deutsche Volk von dem Willen beseelt sei, „als gleichberechtigtes Glied in einem vereinten Europa dem Frieden in der Welt zu dienen". Das Ziel der Friedenserhaltung in Europa und in der Welt steht aber in unmittelbarer Wechselwirkung mit dem Ziel der Entwicklung normaler, gutnachbarlicher Beziehungen, wie es der Grundlagenvertrag nennt. Je besser die Beziehungen sind, desto geringer wird das Konfliktpotential, desto größer werden das Vertrauen und die Chance, auch im Bereich militärisch-sicherheitspolitischer Fragen zwischen Ost und West voranzukommen. Der Hauptbeitrag beider deutscher Staaten zu Frieden und zu Zusammenarbeit in Europa muß deshalb in der Schaffung einer „Zone der friedlichen Nachbarschaft" in Mitteleuropa liegen.

Unsere Themen für eine solche Zusammenarbeit sind bekannt:

Sie betreffen wirtschaftliche Kooperationsformen – auch auf Drittmärkten – mit einem wachsenden Gewicht bei den neuen Techniken. Sie reichen von der Entsorgung und dem Recycling über Verkehr, Tourismus, Stadtgestaltung oder Gesundheitspolitik bis hin zur Zusammenarbeit bei der künftigen Gestaltung der Medienentwicklung.

Bei der Frage der Asylbewerber erwarten wir von der DDR eine mit der zuständigen Bundesregierung zu verabredende angemessene Praxis, die den andauernden Zustrom nach Berlin (West) über Ost-Berlin endlich beendet.

Ich sage hier auch sehr deutlich: Eine fortdauernde Ausklammerung Berlins beim deutsch-deutschen Jugendaustausch muß jetzt aufhören; die Einbeziehung Berlins darf die andere Seite nicht an Verfahrensfragen scheitern lassen. Und auch die Bundesregierung ist hier weiter gefordert.

Der Senat wird auch weiterhin auf die Rücknahme der Mindestumtauscherhöhungen und der Einreiseverweigerungen drängen sowie Verbesserungen im Reise- und Besucherverkehr anstreben. Berlin muß voll an dem Standard des sogenannten „kleinen Grenzverkehrs" teilhaben.

Von besonderer Bedeutung für eine friedensfördernde Zusammenarbeit in Mitteleuropa ist der Umweltschutz. Ich habe den Eindruck, daß der Umweltschutz in der DDR nach den Reden und Erklärungen auf dem Parteitag eine zunehmende Bedeutung auch in der offiziellen Politik, auch im neuen Fünfjahrplan erlangen wird.

Wenn dieser Eindruck richtig ist, so können wir dieses – ich hoffe, alle gemeinsam – nur begrüßen.

Es wird ja viel davon geredet, daß zwischen beiden deutschen Staaten eine Verantwortungsgemeinschaft für den Frieden besteht. Zum Frieden gehört aber auch der Frieden mit der Natur, oder – mit anderen Worten -: Ich plädiere auch für eine Verantwortungsgemeinschaft der beiden deutschen Staaten für die uns gemeinsame Umwelt.

Dies darf aber nicht nur ein Bekenntnis sein, sondern muß eine Mahnung sein zu konkreten Taten, zum Beispiel bei der Luftreinhaltung, beim Gewässer- und beim Bodenschutz, aber auch zu einer wirtschaftlichen Kooperation, die Umweltbelastungen verringert.

Alle die hier von mir genannten Themen für eine Zusammenarbeit mit der DDR waren auch – direkt oder indirekt- Thema meines Gesprächs mit Generalsekretär Honecker im März in Leipzig. Dieses Gespräch war außerordentlich nützlich. Es war mit der Bundesregierung und den Alliierten genauestens abgestimmt und reiht sich in eine Vielzahl von deutsch-deutschen

Gesprächen ein. Beim Ost-West-Dialog im Ganzen und bei den Gesprächen zwischen Deutschen kann und darf es einen Dialog nur unter voller Berücksichtigung der Berliner Interessen geben.

Ich habe in Leipzig auf unsere Interessenlage in diesem Punkt sehr deutlich hingewiesen, das ganz klar gemacht.

Gesprächsauftrag und Gesprächsergebnisse im Ost-West-Dialog insgesamt wie im Dialog zwischen der Bundesregierung und der DDR-Führung dürfen nicht an Berlin vorbeiführen – im Gegenteil: Berlin muß voll in die innerdeutsche Zusammenarbeit einbezogen werden, wie es auch Bundesminister Schäuble formuliert hat.

Ich war – wie Sie vielleicht wissen – erneut in der letzten Woche für einige Tage in der DDR, und zwar in Weimar und in Eisenach. Wenn man dort die Denkmäler von Goethe, von Schiller oder von Herder sieht, wenn man dort die Häuser und Kirchen sieht, mit den Menschen spricht, dann spürt man ohne viel erklärende Worte: Nach wie vor gibt es e i n e deutsche Kulturnation!

Dann bekommt man aber als zweites sofort die Sorgen zu hören über die Umweltschäden an diesen Kulturdenkmälern ersten Ranges, und dann wird so etwas wie eine Verantwortungsgemeinschaft für die gemeinsame Umwelt und für das gemeinsame Kulturerbe sehr plastisch. Ich erwarte, ja ich fordere größere Umweltanstrengungen in Deutschland. Ein Umweltrahmenabkommen zwischen der Bundesrepublik und der DDR, das hoffentlich bald unterzeichnet werden kann, kann da nur ein erster Schritt sein. Wichtiger sind die konkreten Umweltschutzprojekte bei der Entschwefelung, der Entstickung und Entstaubung von Kraftwerken, beim Automobilbau, bei Industrie und Technik.

Und ich füge ausdrücklich hinzu: Umweltschutz gibt es nicht zum Nulltarif. Das gilt im Verhältnis zwischen den Staaten und auch für die DDR. Von Berlin aus sind wir zu enger Kooperation bereit. Wir wissen um die Sensibilität der Materie. Aber letztlich darf es keinen Vorrang der Ideologie über den Umweltschutz geben – wo auch immer.

Die Denkmäler von Goethe und Schiller in Weimar erinnern uns auch daran, daß die DDR in manchem heute der geschichtsbewußtere Teil Deutschlands ist, jedenfalls sich so darzustellen versucht. Deutsche Geschichte soll in der DDR zu einem identitätsstiftenden Faktor werden, und zwar zur Förderung einer, wie Honecker es nennt, „sozialistischen deutschen Nationalkultur", auch wenn dies nicht mehr so ganz platt argumentativ gemacht wird wie früher. Ich freue mich über die wachsende Beschäftigung in der DDR mit allen Phasen deutscher Geschichte; denn auch das wird in seiner – vielleicht ungewollten – Wirkung, das wird jedenfalls in seiner Wirkung das Empfinden der Menschen stärken, zu einer Nation zu gehören.

Wir bei uns müssen diese Entwicklung nutzen im Sinne einer produktiven Konkurrenz einerseits und einer produktiven Geschichtsgemeinschaft andererseits.

Vor diesem Hintergrund gewinnt das Projekt eines Deutschen Historischen Museums ebenso ein besonderes Gewicht wie der faire und ausgewogene Austausch von Kulturgütern zwischen beiden Teilen Berlins.

Ebensowenig, wie wir uns einem historischen Alleinvertretungsanspruch der DDR beugen könnten, beugen wollen, ebenso freuen wir uns, wenn die alte Mitte Berlins, wenn das Nikolai-Viertel, der Platz der Akademie oder auch die Friedrichstraße wiederhergestellt werden.

Dies ist trotz Mauer und trotz aller Unterschiede einer der besten Beweise dafür, daß Berlin e i n e Stadt ist, eine einheitliche Stadt in der Geschichte und auch in der Zukunft.

Daraus ergibt sich für uns die Verpflichtung, unseren Teil der Mitte Berlins – stärker als das in der Vergangenheit der Fall war – im Blick auf die Einheit zu gestalten. Das gilt für den Platz der Republik, den Tiergarten, das Gelände am Potsdamer Bahnhof bis hin zum Gelände an der ehemaligen Prinz-Albrecht-Straße.

Hier finden bewußt die wesentlichen Elemente der 750-Jahr-Feier statt. Diese Feier soll trotz aller Trennung das Bewußtsein der Einheit vertiefen und über die Mitte in Berlin die Mittellage Berlins in Deutschland und Europa wieder ins Zentrum der Aufmerksamkeit rücken.

Schauen wir uns unter diesem Gesichtspunkt und in diesem Zusammenhang das Kulturabkommen an, dann wird insbesondere der Artikel 12 wichtig, in dem es heißt:

„Die Förderung anderer Maßnahmen, die in den Kulturarbeitsplänen nicht enthalten sind, ihrem Charakter nach jedoch den Zielen des Abkommens entsprechen, wird nicht ausgeschlossen."

Dabei geht es dann um mehr als „nur" Gastspiele und Ausstellungen, so wichtig sie sind. Ich zitiere aus dem Abkommen, warum es dabei noch wesentlich geht:

„Die Abkommenspartner fördern den Austausch von Wissenschaftlern zu Vorlesungs-, Forschungs- und Studienaufenthalten, den Austausch von Fachliteratur, Lehr- und Anschauungsmaterial sowie von Lehrmitteln, die Beteiligung an bedeutenden Filmfestivals, die Teilnahme von Verlagen an Buchmessen.

Die Abkommenspartner prüfen die Möglichkeit für die Erweiterung des internationalen Schriftenaustausches. Sie fördern den Zugang zu offenen Archivmaterialien, den Austausch von Fachliteratur und die Gewährung von Auskünften über Archivmaterialien."

Ich sage, wenn es möglich wird, aus diesen Absichtserklärungen in dem Rahmenabkommen wirklich einen Austausch von Informationen und Meinungen zu machen, dann wäre das einer der bedeutendsten Fortschritte zwischen den beiden deutschen Staaten überhaupt.

Dann wäre das ein zentrales Ergebnis im Sinne auch des KSZE-Prozesses. Und dann wäre das der beste Beitrag auch für die Schaffung von Vertrauen und Frieden in Mitteleuropa.

Natürlich ist vor übertriebenen Erwartungen zu warnen. Bei einem System wie dem der DDR werden die kulturellen Beziehungen nie losgelöst von der Gesamtentwicklung der Beziehungen gestaltet. Nüchternheit, „Realismus und guter Wille" sind hier auf Dauer die besseren Ratgeber als kurzfristige Träume.

Kein noch so gutes Kulturabkommen kann etwas daran ändern, daß auf der anderen Seite staatliche Stellen auch in Zukunft entscheiden, was an Kulturaustausch und zu welchem Zeitpunkt stattfinden kann.

Dennoch, das Kulturabkommen bietet folgende Vorteile: Es schützt den bereits bestehenden Kulturaustausch. Es ist eine rechtliche Berufsgrundlage für alle am Kulturaustausch interessierten Personen und Institutionen in der DDR. Und es bietet den Ansatz für eine weitere Entfaltung der kulturellen Beziehungen. Das Kulturabkommen bietet deshalb – auch für Berlin – die rechtliche und politische Möglichkeit, einen wirksamen Beitrag zur Stärkung der deutschen Kulturnation zu leisten.

Wer zum Verzicht auf ein Kulturabkommen rät, der verzichtet auf mindestens die Chance, etwas Konkretes und dauerhaft Wirksames für die Einheit der Nation zu tun.

Berlin ist dabei ausreichend in das Abkommen einbezogen. Die Regierung der DDR modifiziert außerdem ihr diskriminierendes Verhalten zur Stiftung Preußischer Kulturbesitz. Der Senat hat die Verhandlungen gerade bei diesen beiden Punkten – also bei der Einbeziehung Berlins und den Fragen der Stiftung Preußischer Kulturbesitz – aufmerksam und intensiv begleitet und der Bundesregierung mitgeteilt, daß er dem Kulturabkommen zustimmt.

Es liegt übrigens ganz in der Kontinuität der Vertragspolitik mit der DDR seit dem Grundlagenvertrag. Deswegen sind mir auch Bedenken, die aus Kreisen der Opposition hier in Berlin laut wurden, bemerkenswerterweise ja nicht in Bonn, nicht ganz verständlich geworden.

Eine aktive, an den Interessen der Menschen und nicht der Systeme ausgerichtete Berlin- und Deutschlandpolitik ist für den Berliner Senat nur denkbar auf der Basis unserer festen Westbindung. Die Wertegemeinschaft der westlichen Welt, die Parallelität der Interessen und die gemeinsame Verpflichtung zur Überwindung der Teilung, all das gibt uns die Gelassenheit und die Kraft zu unserem Bemühen um Ausgleich und Zusammenarbeit über die Blockgrenzen hinweg.

Wir machen uns keine Illusionen über den Charakter des politischen Systems der anderen Seite. Gerade deswegen wehren wir uns auch mit aller Entschiedenheit dagegen, aufgrund oberflächlicher Vergleiche unsere Alliierten und insbesondere die Amerikaner in einem gleichen Abstand wie die Sowjetunion zu betrachten.

Äquidistanz ist der erste Weg zum Neutralismus, und Neutralismus ist der beste Weg zur Gefahr des Verlustes unserer Freiheit. Diesen Weg werden wir nicht mitgehen.

– Antiamerikanische Demonstrationen richten sich nicht nur gegen die Amerikaner. Sie haben richtig verstanden! – Sie richten sich in Wirklichkeit und in ihrer Wirkung gegen das freie Berlin selbst und damit auch gegen die Freiheit zur Entspannung.

Die deutsch-alliierte Freundschaft und vertrauensvolle Zusammenarbeit hat sich gerade in den letzten Tagen unter schwierigen Bedingungen bewährt. Der amerikanische Außenminister Shultz hat mir in einem Brief unter anderem das Gefühl der Solidarität mitgeteilt, das Amerikaner in dieser schweren Zeit mit Berlin und seiner Bevölkerung empfinden. Ich werde ihm dafür danken und dabei unterstreichen – ich darf das zitieren:

„Die Berliner verabscheuen Gewalt. Aber sie wissen sich zu wehren, wenn sie mit ihr konfrontiert werden. Berlin bleibt ein Zentrum der deutsch-amerikanischen Freundschaft und der beiderseitigen Partnerschaft verpflichtet. Die in Berlin lebenden Amerikaner sind unsere Mitbürger."

In diesem Sinne möchte ich auch heute noch einmal die Berliner erneut um Verständnis für die notwendigen Kontrollen vor dem Hintergrund des brutalen Terroranschlags auf die Diskothek „La Belle" bitten. Wir werden auch in Zukunft gewährleisten, daß Berlin sicher und friedlich bleibt -politisch, wirtschaftlich und geistig verbunden mit der freien Welt und offen für eine pragmatische Zusammenarbeit im Ost-West-

Dialog. Alle drei Elemente gehören zusammen. Der Senat wird deshalb den inneren Frieden, die Freiheit mit unseren Freunden, die Fähigkeit und den Willen zu Ausgleich und Entspannung auch in Zukunft beweisen.

10.1.
Antwort (Auszüge) des SPD-Fraktionsvorsitzenden Momper auf die Erklärung des Regierenden Bürgermeisters zur aktuellen Entwicklung der Berlin- und Deutschlandpolitik:

Die europäischen Staaten wünschen die Fortsetzung einer Politik der Ost-West-Kooperation. Dabei müssen sie zur Kenntnis nehmen, daß der Gleichklang von westeuropäischen und amerikanischen Interessen in der Entspannungspolitik verlorengegangen ist und daß sie eine eigene Entspannungspolitik nicht ohne Rücksicht auf das Verhältnis der beiden Weltmächte zueinander betreiben können. Solange die Vereinigten Staaten eine Politik der Stärke und der Überlegenheit betreiben, müssen ihre europäischen Verbündeten, voran die Bundesrepublik Deutschland, die Entspannungspolitik notfalls bis zum Konflikt im Bündnis verteidigen und auch vertreten.

Deutschland- und Berlinpolitik muß als Teil der neuen Stufe der Entspannungspolitik verstanden werden. Die Eckpfeiler dieser Politik, insbesondere die Anerkennung der bestehenden Grenzen als unverletzlich, die wirtschaftlich-industrielle Zusammenarbeit und die Sicherheitspartnerschaft, müssen zum Hauptinhalt deutsch-deutscher Politik werden. Nicht die bestehenden Grenzen sind das Problem der deutschen und europäischen Teilung, sondern ihr trennender Charakter.

Die angestrebte europäische Friedensordnung darf nicht dazu mißbraucht werden, in neuer Form die Forderung nach Wiederherstellung des politisch in der Niederlage Hitler-Deutschlands untergegangenen Deutschen Reichs zu erheben. Eine europäische Friedensordnung wird es in überschaubarer Zeit nur mit zwei gleichberechtigten, miteinander kooperierenden deutschen Staaten geben. Ob die Deutschen trotz fortdauernder Zweistaatlichkeit eine Nation bleiben, darüber wird nicht in Verfassung oder Parteiprogrammen entschieden, sondern dadurch, daß der aus der Vergangenheit reichende Vorrat an Gemeinsamkeiten bewußt fortentwickelt wird. Beide deutschen Staaten spielen im jeweiligen Ordnungssystem eine wichtige Rolle, sind aber trotz unterschiedlicher Blockzugehörigkeit durch die gemeinsame Sprache, die gemeinsame Geschichte und durch das Bewußtsein verbunden, nur gemeinsam in Frieden eine Zukunft zu haben.

Eine der Konsequenzen, die aus der Anerkennung der bestehenden Grenzen zu ziehen sind, betrifft unsere Stadt Berlin. Ostberlin ist funktional und städtebaulich unübersehbar die Hauptstadt der DDR geworden, was immer auch der Status von Berlin im übrigen besagt. Für Berlin (West) sind alle realen politischen Grundlagen entfallen, sich weiterhin als abgetrennter Teil der gesamtdeutschen Hauptstadt im Wartestand zu verstehen.

Unsere Stadt ist inzwischen – wir haben das hier schon öfters diskutiert – eine kulturelle und wirtschaftliche Metropole mit eigenständigem Profil geworden. Die Entwicklung der deutsch-deutschen Beziehung seit Abschluß des Grundlagenvertrages hat unserer Stadt auf der Basis des Vier-Mächte-Abkommens eine Rolle zugewiesen, aus der sich eine blockübergreifende europäische Dynamik ergeben könnte, die allerdings bisher erst in Ansätzen ausgeschöpft ist. Die Mehrzahl – das muß man sich mal gegenwärtigen – aller mit der DDR getroffenen Vereinbarungen bezieht sich auf West-Berlin. West-Berlin ist damit schon heute einer der wichtigsten realen Verbindungsfaktoren zwischen den beiden deutschen Staaten und daher auch zwangsläufig zwischen den beiden politischen Ordnungen Europas. Der rein aus der Existenz von Berlin (West) folgende Zwang zum Modus vivendi verhindert, daß das Verhältnis der beiden deutschen Staaten zu einem Nicht- oder gar Unverhältnis wie in Korea werden könnte.

Die hier beschriebene Rolle wird Berlin (West) erst dann wirklich spielen können, wenn der trennende Charakter der unsere Stadt umgebenden Grenze überwunden ist. Erst die Herstellung all der vielfältigen Beziehungen, die jede Stadt mit ihrem Umland verbindet, kann für uns Normalität schaffen. Das wird nur schrittweise möglich sein; je enger die Zusammenarbeit zwischen West und Ost sein wird, um so mehr wird es der Institutionen bedürfen, die diese Zusammenarbeit organisieren und fördern. Das gilt schon heute für die Finanzierung des Ost-West-Handels und gemeinsamer Projekte in Drittländern. Als Sitz solcher Institutionen bieten sich in idealer Weise die beiden Teile Berlins an. West-Berlin muß frühzeitig erkennen, daß sich aus dieser Funktion eine neue, immer wichtiger werdende Perspektive für unsere Stadt ergibt.

In dem von mir beschriebenen Koordinatensystem kann durch diese Maßnahmen die Zukunft von Berlin (West) zusätzlich gesichert werden. Dabei bleiben die Rechte der Alliierten, die Zugehörigkeit zur Europäischen Gemeinschaft und die Bindung an die Bundesrepublik Grundlage der Lebensfähigkeit unserer Stadt, zu der wir uns bekennen und auch alle anderen auffordern, sich zu bekennen.

Daß es dabei im Rahmen der Vier-Mächte-Verantwortung für Berlin einen beträchtlichen Spielraum für pragmatische Lösungen gibt, hat das Vier-Mächte-Abkommen deutlich gezeigt.

11. Abkürzungsverzeichnis:

ADN	Nachrichtenagentur der DDR
Alliierte Kommandantur	interalliierte Regierungsbehörde zur gemeinsamen Verwaltung Groß-Berlins
Bizone	gemeinsame Wirtschaftsverwaltungszone der brit. und amerik. Zone nach dem 2.Weltkrieg
BK/L	Berlin Kommandatura/Letter
BK/O	Berlin Kommandatura/Order
BRD	Bundesrepublik Deutschland
CEDEFOP	Europ.Zentrum für die Förderung der Berufsbildung
CSSR	Tschechoslowakei
DDR	Deutsche Demokratische Republik
DGVN	Deutsche Gesellschaft für die Vereinten Nationen
DSE	Deutsche Stiftung für internationale Entwicklung
EG	Europäische Gemeinschaft
EGKS	Europ. Gemeinschaft für Kohle und Stahl

Enklaven	Gebietsteile von Berlin (West), die von Berlin (West) aus nur über DDR-Gebiet zu erreichen sind
EURATOM	Europäische Energiekommission
EWG	Europäische Gemeinschaft
GG	Grundgesetz der Bundesrep. Deutschland
joint occupation	gemeinsame Besatzung der Siegermächte der ehemaligen Reichshauptstadt nach dem 2. Weltkrieg
NATO	Nordatlantik-Pakt
SED	Sozialistische Einheitspartei Deutschland
Swing	zinsloser Überziehungskredit im innerdeutschen Handel
Transitabkommen	Abkommen zw. der DDR und der BRD über den Transitverkehr zwischen Berlin (West) und dem übrigen Bundesgebiet
UdSSR	Sowjetunion
UK	Großbritannien
UN	Vereinigte Nationen
USA	Vereinigte Staaten von Amerika

VMA Vier-Mächte-Abkommen

Yessup-Malik-Abkommen
 Abkommen vom 12.05.1949 über die Aufhebung der Blockade von Berlin (West)

ZK Zentralkommitee

12. Literaturverzeichnis

1. Pjotr Abrassimow: Westberlin – gestern und heute, (Staatsverlag der DDR, 1981)

2. Wolfgang Heidelmeyer: Grundbedingungen der Lage des Landes Berlin (im Berliner Forum 4/69) und Erläuterungen zum Status von Berlin, (Presse- und Informationsamt Berlin, 1981)

3. Henri Ménudier: Kontinuität und Wandel in der Außenpolitik Frankreichs unter Präsident Mitterand (Europa-Archiv, Folge 3, 1982)

4. Paul Noack: Deutsche Außenpolitik seit 1945, (W. Kohlhammer Verlag GmbH, 1972)

5. Alois Riklin: Das Berlinproblem, (Verlag Wissenschaft und Politik, Köln, 1964)

6. Günther van Well: Berlin und die Vereinten Nationen in „berlin-translocal" (Berlin Verlag, 1983)

7. Gerhard Wettig:

　　　　　　　　　　　　　　Das Viermächte-Abkommen in der Bewährungsprobe (Berlin Verlag,1981)

8. Udo Wetzlaugk:

　　　　　　　　　　　　　　Die alliierten Schutzmächte in Berlin, (Landeszentrale für politische Bildungsarbeit,1982 (in der Reihe: Politik – kurz und aktuell)

9. Gottfried Zieger:

　　　　　　　　　　　　　　Berlin Klauseln in den Verträgen der Bundesrepublik Deutschland (Aus: Politik und Kultur, Colloquium Verlag, Berlin, 1975)

10. Ernst R. Zivier:

　　　　　　　　　　　　　　Der Rechtsstatus des Landes Berlin, (3.Auflage, Berlin Verlag,1977)

11. Benno Zündorf:

　　　　　　　　　　　　　　Die Ostverträge, C.H.Beck Verlag,1979)

12. Archiv der Gegenwart (zitiert nur als: AdG):

　　　　　　　　　　　　　　Herausgeber: Dr.Heinrich von Siegler
　　　　　　　　　　　　　　Redakteur: Dr.Mario von Barotta
　　　　　　　　　　　　　　Verlag: Siegler und Co.
　　　　　　　　　　　　　　Verlag für Zeitarchiv GmbH,Sankt Augustin

13. "Der Stadtverkehr in
Berlin" aus der Reihe:

        Berliner Forum Nr.6/75 (Herausgeber: Presse- und Informationsamt des Landes Berlin)

14. Die Verfassung von
Berlin und das
Grundgesetz für die Bundesrepublik Deutschland:

        Herausgeber: Landeszentrale für politische Bildungsarbeit Berlin
Postanschrift: John-F.-Kennedy-Platz, Rathaus, 1000 Berlin 62

13. Berlins Stellung nach dem Vier-Mächte-Abkommen über Berlin

Berlins Stellung
nach dem Viermächte-Abkommen über Berlin

7.
Aus dem
Viermächte-Abkommen über Berlin
vom 3. September 1971

Die Regierungen der Französischen Republik, der Union der Sozialistischen Sowjetrepubliken, des Vereinigten Königreichs Großbritannien und Nordirland, der Vereinigten Staaten von Amerika,

vertreten durch ihre Botschafter, die in dem früher vom Alliierten Kontrollrat benutzten Gebäude im amerikanischen Sektor Berlins eine Reihe von Sitzungen abgehalten haben, handelnd auf der Grundlage ihrer Viermächte-Rechte und -Verantwortlichkeiten und der entsprechenden Vereinbarungen und Beschlüsse der Vier Mächte aus der Kriegs- und Nachkriegszeit, die nicht berührt werden,

unter Berücksichtigung der bestehenden Lage in dem betreffenden Gebiet,

von dem Wunsch geleitet, zu praktischen Verbesserungen der Lage beizutragen,

unbeschadet ihrer Rechtspositionen,

haben folgendes vereinbart:

I. Allgemeine Bestimmungen
...
4. Die Vier Regierungen stimmen darin überein, daß ungeachtet der Unterschiede in den Rechtsauffassungen die Lage, die sich in diesem Gebiet entwickelt hat und wie sie in diesem Abkommen sowie in den anderen in diesem Abkommen genannten Vereinbarungen definiert ist, nicht einseitig verändert wird.

II. Bestimmungen, die die Westsektoren Berlins betreffen
...
B. Die Regierungen der Französischen Republik, des Vereinigten Königreichs und der Vereinigten Staaten von Amerika erklärten, daß die Bindungen zwischen den Westsektoren Berlins und der Bundesrepublik Deutschland aufrechterhalten und entwickelt werden, wobei sie berücksichtigen, daß diese Sektoren so wie bisher kein Bestandteil (konstitutiver Teil) der Bundesrepublik Deutschland sind und auch weiterhin nicht von ihr regiert werden.

Konkrete Regelungen, die das Verhältnis zwischen den Westsektoren Berlins und der Bundesrepublik Deutschland betreffen, sind in Anlage II niedergelegt.

...
D. Die Vertretung der Interessen der Westsektoren Berlins im Ausland und die konsularische Tätigkeit der Union der Sozialistischen Sowjetrepubliken in den Westsektoren Berlins können wie in Anlage IV niedergelegt ausgeübt werden.

...

Anlage II

Mitteilung der Regierung der Französischen Republik, des Vereinigten Königreichs und der Vereinigten Staaten von Amerika an die Regierung der Union der Sozialistischen Sowjetrepubliken

...

1. In Ausübung ihrer Rechte und Verantwortlichkeiten erklären sie, daß die Bindungen zwischen den Westsektoren Berlins und der Bundesrepublik Deutschland aufrechterhalten und entwickelt werden, wobei sie berücksichtigen, daß diese Sektoren wie bisher kein Bestandteil (konstitutiver Teil) der Bundesrepublik Deutschland sind und auch weiterhin nicht von ihr regiert werden. Die Bestimmungen des Grundgesetzes der Bundesrepublik Deutschland und der in den Westsektoren Berlins in Kraft befindlichen Verfassung, die zu dem Vorstehenden in Widerspruch stehen, sind suspendiert worden und auch weiterhin nicht in Kraft.
2. Der Bundespräsident, die Bundesregierung, die Bundesversammlung, der Bundesrat und der Bundestag, einschließlich ihrer Ausschüsse und Fraktionen, sowie sonstige staatliche Organe der Bundesrepublik Deutschland werden in den Westsektoren Berlins keine Verfassungs- oder Amtsakte vornehmen, die in Widerspruch zu Absatz 1 stehen.
3. Die Regierung der Bundesrepublik Deutschland wird in den Westsektoren Berlins bei den Behörden der Drei Regierungen und beim Senat durch eine ständige Verbindungsbehörde vertreten sein.

...

Anlage IV

A. Mitteilung der Regierungen der Französischen Republik, des Vereinigten Königreiches und der Vereinigten Staaten von Amerika an die Regierung der Sozialistischen Sowjetrepubliken

Die Regierungen der Französischen Republik, des Vereinigten Königreiches und der Vereinigten Staaten von Amerika beehren sich, unter Bezugnahme auf Teil II D des Viermächte-Abkommens vom heutigen Tage und nach Konsultation mit der Regierung der Bundesrepublik Deutschland, der Regierung der Union der Sozialistischen Sowjetrepubliken folgendes mitzuteilen:

1. Die Regierungen der Französischen Republik, des Vereinigten Königreiches und der Vereinigten Staaten von Amerika behalten ihre Rechte und Verantwortlichkeiten hinsichtlich der Vertretung im Ausland der Interessen der Westsektoren Berlins und der Personen mit ständigem Wohnsitz in den Westsektoren einschließlich der Rechte und Verantwortlichkeiten, die Angelegenheiten der Sicherheit und des Status betreffen, sowohl in internationalen Organisationen als auch in Beziehungen zu anderen Ländern bei.

2. Unbeschadet des Vorstehenden und unter der Voraussetzung, daß Angelegenheiten der Sicherheit und des Status nicht berührt werden, haben sie sich einverstanden erklärt, daß
   a) die Bundesrepublik Deutschland die konsularische Betreuung für Personen mit ständigem Wohnsitz in den Westsektoren Berlins ausüben kann;
   b) in Übereinstimmung mit den festgelegten Verfahren völkerrechtliche Vereinbarungen und Abmachungen, die die Bundesrepublik Deutschland schließt, auf die Westsektoren Berlins ausgedehnt werden können, vorausgesetzt, daß die Ausdehnung solcher Vereinbarungen und Abmachungen jeweils ausdrücklich erwähnt wird;
   c) die Bundesrepublik Deutschland die Interessen der Westsektoren Berlins in internationalen Organisationen und auf internationalen Konferenzen vertreten kann;
   d) Personen mit ständigem Wohnsitz in den Westsektoren Berlins gemeinsam mit Teilnehmern aus der Bundesrepublik Deutschland am internationalen Austausch und an internationalen Ausstellungen teilnehmen können. Tagungen internationaler Organisationen und internationale Konferenzen sowie Ausstellungen mit internationaler Beteiligung können in den Westsektoren Berlins durchgeführt werden. Einladungen werden vom Senat oder gemeinsam von der Bundesrepublik Deutschland und dem Senat ausgesprochen.
3. Die drei Regierungen genehmigen die Errichtung eines Generalkonsulates der Union der Sozialistischen Sowjetrepubliken in den Westsektoren Berlins, das gemäß den üblichen in diesen Sektoren geltenden Verfahren bei den entsprechenden Behörden der drei Regierungen zum Zwecke der Ausübung konsularischer Betreuung nach Maßgabe der in einem gesonderten Dokument vom heutigen Tage niedergelegten Bestimmungen akkreditiert wird.

Anlage IV B (identisches sowjetisches Bestätigungsschreiben)

Note der drei Botschafter an den sowjetischen Botschafter

Die Botschafter der Französischen Republik, des Vereinigten Königreichs Großbritannien und Nordirland und der Vereinigten Staaten von Amerika beehren sich, unter Bezugnahme auf die Erklärungen bezüglich des Verhältnisses zwischen der Bundesrepublik Deutschland und den Westsektoren Berlins, die in der Anlage II des am heutigen Tage zu unterzeichnenden Viermächte-Abkommens enthalten sind, den Botschafter der Union der Sozialistischen Sowjetrepubliken von ihrer Absicht zu unterrichten, dem Bundeskanzler der Bundesrepublik Deutschland unmittelbar nach Unterzeichnung des Viermächte-Abkommens einen Brief zu senden, der Klarstellungen und Interpretationen enthält, die das wiedergeben, was ihre Regierungen unter den in Anlage II des Viermächte-Abkommens enthaltenen Erklärungen verstehen. Ein Doppel des Briefes, der an den Bundeskanzler der Bundesrepublik Deutschland gesandt werden wird, ist dieser Note beigefügt.

Sowjetische Antwortnote

Der Botschafter der Union der Sozialistischen Sowjetrepubliken beehrt sich, den Empfang der Note der Botschafter der Französischen Republik, des Vereinigten Königreichs Großbritannien und Nordirland und der Vereinigten Staaten von Amerika vom 3. September 1971 zu bestätigen, und nimmt von der Mitteilung der drei Botschafter Kenntnis.

Brief der drei Botschafter an den Bundeskanzler

Exzellenz,

unter Bezugnahme auf das am 3. September 1971 unterzeichnete Viermächte-Abkommen möchten unsere Regierungen mit diesem Brief die Regierung der Bundesrepublik Deutschland von folgenden Klarstellungen und Interpretationen der Erklärungen unterrichten, welche in Anlage II enthalten sind, die während der Viermächte-Verhandlungen Gegenstand von Konsultationen mit der Regierung der Bundesrepublik Deutschland waren.

Diese Klarstellungen und Interpretationen geben das wieder, was unsere Regierungen unter dem Teil des Viermächte-Abkommens verstehen, nämlich:

a) Der Satz in Anlage II Absatz 2 des Viermächte-Abkommens, der lautet „... werden in den Westsektoren Berlins keine Verfassungs- oder Amtsakte vornehmen, die den Bestimmungen von Absatz 1 widersprechen", ist so auszulegen, daß darunter Akte in Ausübung unmittelbarer Staatsgewalt über die Westsektoren Berlins verstanden werden.

b) In den Westsektoren Berlins werden keine Sitzungen der Bundesversammlung und weiterhin keine Plenarsitzungen des Bundesrats und des Bundestags stattfinden. Einzelne Ausschüsse des Bundesrats und des Bundestags können in den Westsektoren Berlins im Zusammenhang mit der Aufrechterhaltung und Entwicklung der Bindungen zwischen diesen Sektoren und der Bundesrepublik Deutschland tagen. Im Falle der Fraktionen werden Sitzungen nicht gleichzeitig abgehalten werden.

c) Die Verbindungsbehörde der Bundesregierung in den Westsektoren Berlins umfaßt Abteilungen, denen in ihren jeweiligen Bereichen Verbindungsfunktionen obliegen.

d) Geltende Verfahren bezüglich der Anwendbarkeit der Gesetzgebung der Bundesrepublik Deutschland auf die Westsektoren Berlins bleiben unverändert.

e) Der Ausdruck „staatliche Organe" in Anlage II Absatz 2 bedeutet: der Bundespräsident, der Bundeskanzler, das Bundeskabinett, die Bundesminister und die Bundesministerien sowie die Zweigstellen dieser Ministerien, der Bundesrat und der Bundestag sowie alle Bundesgerichte."

Schreiben der drei Botschafter an den Bundeskanzler

Herr Bundeskanzler,

wir beehren uns, mit diesem Brief der Regierung der Bundesrepublik Deutschland den Wortlaut des am heutigen Tage in Berlin unterzeichneten Viermächte-Abkommens zu übermitteln. Das Viermächte-Abkommen wurde von den Vier Mächten in Ausübung ihrer Rechte und Verantwortlichkeiten in bezug auf Berlin geschlossen.

Wir stellen fest, daß im Einklang mit den ausdrücklichen Formulierungen des Abkommens und des Viermächte-Schlußprotokolls, welches das Abkommen endgültig in Kraft setzen wird und über dessen Text Einigung hergestellt worden ist, diese Rechte und Verantwortlichkeiten nicht berührt werden und unverändert bleiben. Unsere Regierungen werden weiterhin, wie bisher im Rahmen der getragenen Viermächte-Verantwortung für Berlin als Ganzes, an der wir teilhaben, die oberste Gewalt in den Westsektoren Berlins ausüben.

Gemäß Teil II, Abschnitt A, des Viermächte-Abkommens werden Regelungen zur Durchführung und Ergänzung der Bestimmungen bezüglich des zivilen Verkehrs von den zuständigen deutschen Behörden vereinbart. Teil III des Viermächte-Abkommens bestimmt, daß das Abkommen an dem Tage in Kraft tritt, der in einem Viermächte-Schlußprotokoll festgelegt wird, das abgeschlossen wird, sobald die vorgesehenen Regelungen zwischen den zuständigen deutschen Behörden vereinbart worden sind. Unsere Regierungen bitten, daß die vorgesehenen Verhandlungen zwischen den Behörden der Bundesrepublik Deutschland, die auch im Namen des Senats handeln, und Behörden der Deutschen Demokratischen Republik nunmehr stattfinden.

Teil II, Abschnitte B und C und Anlagen II und IV des Viermächte-Abkommens betreffen das Verhältnis zwischen den Westsektoren Berlins und der Bundesrepublik. In diesem Zusammenhang wird unter anderem an folgendes erinnert:

— Die Mitteilungen der Drei Westlichen Militärgouverneure an den Parlamentarischen Rat vom 2. März, 22. April und 12. Mai 1949;
— das Schreiben der Drei Hohen Kommissare an den Bundeskanzler betreffend die Ausübung der alliierten Vorbehaltsrechte in bezug auf Berlin vom 26. Mai 1952 in der Fassung des Briefes X vom 23. Oktober 1954;
— das Aide-mémoire der Drei Regierungen vom 18. April 1967 betreffend die Entscheidung des Bundesverfassungsgerichts vom 20. Januar 1966 im Fall Niekisch.

Unsere Regierungen nehmen diese Gelegenheit zum Anlaß, in Ausübung der Rechte und Verantwortlichkeiten in bezug auf Berlin, die sie in Artikel 2 des Vertrags über die Beziehungen zwischen der Bundesrepublik Deutschland und den Drei Mächten vom 26. Mai 1952 in der Fassung vom 23. Oktober 1954 behalten haben, festzustellen, daß Teil II, Abschnitte B und D, und Anlagen II und IV des Viermächte-Abkommens betreffend das Verhältnis zwischen der Bundesrepublik Deutschland und den Westsektoren Berlins mit der Position in den genannten Dokumenten, die unberührt bleibt, übereinstimmen.

Bezüglich der bestehenden Bindungen zwischen der Bundesrepublik und den Westsektoren Berlins ist es die feste Absicht unserer Regierungen, daß wie in Teil II, Abschnitt B, Absatz 1, des Viermächte-Abkommens erklärt, diese Bindungen gemäß dem Schreiben der Drei Hohen Kommissare an den Bundeskanzler über die Ausübung der Vorbehaltsrechte in bezug auf Berlin vom 26. Mai 1952 in der Fassung des Briefs X vom 23. Oktober 1954 und gemäß den einschlägigen Entscheidungen der Alliierten Kommandatura Berlin, aufrechterhalten und entwickelt werden.

Schlußformel

Berlins Stellung nach dem Grundlagenvertrag

8.

Aus dem
Vertrag über die Grundlagen der Beziehungen zwischen der Bundesrepublik Deutschland und der Deutschen Demokratischen Republik vom 21. Dezember 1972

...

Artikel 7

Die Bundesrepublik Deutschland und die Deutsche Demokratische Republik erklären ihre Bereitschaft, im Zuge der Normalisierung ihrer Beziehungen praktische und humanitäre Fragen zu regeln. Sie werden Abkommen schließen, um auf der Grundlage dieses Vertrages und zum beiderseitigen Vorteil die Zusammenarbeit auf dem Gebiet der Wirtschaft, der Wissenschaft und Technik, des Verkehrs des Rechtsverkehrs, des Post- und Fernmeldewesens, des Gesundheitswesens, der Kultur, des Sports, des Umweltschutzes und auf anderen Gebieten zu entwickeln und zu fördern. Einzelheiten sind in dem Zusatzprotokoll geregelt.

...

Artikel 9

Die Bundesrepublik Deutschland und die Deutsche Demokratische Republik stimmen darin überein, daß durch diesen Vertrag die von ihnen früher abgeschlossenen oder sie betreffenden zweiseitigen und mehrseitigen internationalen Verträge und Vereinbarungen nicht berührt werden.

...

Ausdehnung von Abkommen und Regelungen auf Berlin (West)

Erklärung beider Seiten bei Unterzeichnung

'Es besteht Einvernehmen, daß die Ausdehnung von Abkommen und Regelungen, die im Zusatzprotokoll zu Artikel 7 vorgesehen sind, in Übereinstimmung mit dem Vier-Mächte-Abkommen vom 3. September 1971 auf Berlin (West) im jeweiligen Fall vereinbart werden kann.

Die ständige Vertretung der Bundesrepublik Deutschland in der Deutschen Demokratischen Republik wird in Übereinstimmung mit dem Vier-Mächte-Abkommen vom 3. September 1971 die Interessen von Berlin (West) vertreten.

Vereinbarungen zwischen der Deutschen Demokratischen Republik und dem Senat bleiben unberührt.

9.
Aus der Viermächte-Erklärung

Die Botschaften Frankreichs, Großbritanniens und der Vereinigten Staaten haben der Bundesregierung am 9. November 1972 folgende am gleichen Tage in den vier Hauptstädten herausgegebene Erklärung der Regierungen Frankreichs, Großbritanniens, der Sowjetunion und der Vereinigten Staaten übermittelt:

„Die Regierungen der Französischen Republik, der Union der Sozialistischen Sowjetrepubliken und des Vereinigten Königreiches Großbritannien und Nordirland und der Vereinigten Staaten von Amerika, die durch ihre Botschafter vertreten waren, die in dem früher durch den Alliierten Kontrollrat benutzten Gebäude eine Reihe von Sitzungen abgehalten haben, stimmen überein, daß sie die Anträge auf Mitgliedschaft in den Vereinten Nationen, wenn diese durch die Bundesrepublik Deutschland und die Deutsche Demokratische Republik gestellt werden, unterstützen werden und stellen in diesem Zusammenhang fest, daß diese Mitgliedschaft die Rechte und Verantwortlichkeiten der Vier Mächte und die bestehenden diesbezüglichen vierseitigen Regelungen, Beschlüsse und Praktiken in keiner Weise berührt".

...

Briefwechsel
mit dem Wortlaut von Noten der Bundesrepublik Deutschland an die Drei Westmächte und der Deutschen Demokratischen Republik an die Sowjetunion zu Artikel 9 des Vertrages

Sehr geehrter Herr Kohl!

Ich beehre mich, Ihnen mitzuteilen, daß das Auswärtige Amt den Botschaftern der Französischen Republik, des Vereinigten Königreichs von Großbritannien und Nordirland und der Vereinigten Staaten von Amerika in der Bundesrepublik Deutschland heute folgenden Text in einer Note übermitteln wird:

„Die Bundesrepublik Deutschland und die Deutsche Demokratische Republik stellen unter Bezugnahme auf Artikel 9 des Vertrages über die Grundlagen der Beziehungen vom ... fest, daß die Rechte und Verantwortlichkeiten der Vier Mächte und die entsprechenden diesbezüglichen vierseitigen Vereinbarungen, Beschlüsse und Praktiken durch diesen Vertrag nicht berührt werden können."

Mit vorzüglicher Hochachtung
gez. B a h r

Sehr geehrter Herr Bahr!
Ich beehre mich, Ihnen mitzuteilen, daß das Ministerium für Auswärtige Angelegenheiten dem Botschafter der Union der Sowjetrepubliken in der Deutschen Demokratischen Republik heute folgenden Text in einer Note übermitteln wird:

„Die Deutsche Demokratische Republik und die Bundesrepublik Deutschland stellen unter Bezugnahme auf Artikel 9 des Vertrages über die Grundlagen der Beziehungen vom ... fest, daß die Rechte und Verantwortlichkeiten der Vier Mächte und die entsprechenden diesbezüglichen vierseitigen Vereinbarungen, Beschlüsse und Praktiken durch diesen Vertrag nicht berührt werden können."

Mit vorzüglicher Hochachtung
gez. Dr. K o h l

14. Vierzehnter Bericht über die Durchführung des Vier-Mächte-Abkommens und der ergänzenden Vereinbarung zwischen dem 01. 06. 1985 und dem 31. 05. 1986

Mitteilung zur Kenntnisnahme

Nr. 201
des Senats von Berlin
über Durchführung des Vier-Mächte-Abkommens
und der ergänzenden Vereinbarungen
zwischen dem 1. Juni 1985 und dem 31. Mai 1986
- Drs Nr. 7/61 -

Der Senat legt nachstehende Mitteilung dem Abgeordnetenhaus zur Besprechung vor.

Das Abgeordnetenhaus hat in seiner Sitzung am 12. Juni 1975 folgendes beschlossen:

„Der Senat wird beauftragt, jährlich einen Bericht über die Durchführung des Vier-Mächte-Abkommens und seiner ergänzenden Vereinbarungen für den Zeitraum vom 1. Juni des vergangenen Jahres bis zum 31. Mai des jeweiligen Jahres zu geben.

Der Bericht soll dem Abgeordnetenhaus bis zum 30. Juni jeden Jahres vorgelegt werden."

In Durchführung dieses Beschlusses wird der beigefügte 14. Bericht über die Durchführung des Vier-Mächte-Abkommens und der ergänzenden Vereinbarungen zwischen dem 1. Juni 1985 und dem 31. Mai 1986 unterbreitet.

Wir bitten, den Beschluß des Abgeordnetenhauses vom 12. Juni 1975 - Drucksache Nr. 7/61 - damit für das Jahr 1986 als erledigt anzusehen.

Berlin, den 24. Juni 1986

Eberhard D i e p g e n
Regierender Bürgermeister

14. Bericht
über die Durchführung des Vier-Mächte-Abkommens
und der ergänzenden Vereinbarungen
zwischen dem 1. Juni 1985 und dem 31. Mai 1986

Gliederung

I. Politische Entwicklung

II. Vier-Mächte-Abkommen
 1. Allgemeines
 2. Bindungen an den Bund
 3. Vertretung der Interessen Berlins gegenüber dem Ausland

III. Vereinbarung über den Reise- und Besucherverkehr
 1. Durchführung
 2. Verbesserungen
 3. Probleme

IV. Verkehr von und nach Berlin
 1. Allgemeines
 2. Personenverkehr
 3. Güterverkehr
 4. Probleme

Verzeichnis der Anlagen

1. Zahl der Besuche von West-Berlinern in Ost-Berlin und der DDR
2. Reisende von und nach Berlin (West) nach Verkehrsträgern im Jahre 1985
3. Verkehrszahlen 1957 bis 1985
4. Güterverkehr von und nach Berlin (West)

Vorbemerkungen:

Dieser Bericht schließt an den 13. Bericht über die Durchführung des Vier-Mächte-Abkommens und der ergänzenden Vereinbarungen zwischen dem 1. Juni 1984 und dem 31. Mai 1985 vom 25. Juni 1985 an, der dem Abgeordnetenhaus von Berlin mit der Drucksache 10/162 vom 25. Juli 1985 vorgelegt wurde. Der hiermit vorgelegte Bericht befaßt sich schwerpunktartig mit den Bereichen, in denen seit der Vorlage des 13. Berichts Veränderungen eingetreten sind.

I. Politische Entwicklung

Die Erfahrungen mit der Durchführung des Vier-Mächte-Abkommens und seiner ergänzenden Vereinbarungen im Berichtszeitraum vom 1. Juni 1985 bis zum 31. Mai 1986 haben erneut die große Bedeutung des Vertragswerkes für die Entwicklung der Stadt bestätigt. Die praktischen Verbesserungen, auf die das Abkommen ausweislich seiner Präambel vor allem abzielte, haben im wesentlichen reibungslos funktioniert.

Ungeachtet der seit über sechs Jahren anhaltenden Belastung des Ost-West-Verhältnisses, die durch die sowjetische Intervention in Afghanistan ausgelöst wurde, ist die Lage in und um Berlin insgesamt ruhig geblieben. Die stabilisierende Wirkung des Vier-Mächte-Abkommens und seiner ergänzenden Vereinbarungen hat sich erneut erwiesen.

Die im November 1985 wiederaufgenommenen Gespräche zwischen der amerikanischen und der sowjetischen Führung bieten Chancen für eine Verbesserung der weltpolitischen Lage. Der Senat ist der Hoffnung, daß dadurch die Politik praktischer deutsch-deutscher Fortschritte gefördert wird.

Bundeskanzler Dr. Helmut Kohl hat in seinem Bericht zur Lage der Nation am 14. März 1986 ausgeführt, daß die Bundesregierung für die strikte Einhaltung und volle Anwendung des Vier-Mächte-Abkommens eintritt. Hieran anknüpfend hat der Regierende Bürgermeister von Berlin, Eberhard Diepgen, am selben Tag vor dem Deutschen Bundestag betont, daß Inhalt und Ergebnisse des Ost-West-Dialogs insgesamt ebenso wie der Dialog zwischen der Bundesregierung und der DDR-Führung an Berlin nicht vorbeigehen dürfen. Berlin müsse voll in die innerdeutsche Zusammenarbeit einbezogen werden. In seiner Erklärung vor dem Abgeordnetenhaus vom 24. April 1986 hat er wiederholt, daß von Berlin aus zugleich Impulse für eine solche, pragmatisch und an der Wahrung und Stärkung des Zusammengehörigkeitsgefühls der deutschen Nation orientierte, Zusammenarbeit ausgehen sollen, die z. B. auf verstärkte Verbindung von Ökonomie und Ökologie in den innerdeutschen Beziehungen, auf die Nutzung des Wirtschaftsstandortes Berlin als Zentrum des innerdeutschen und Ost-West-Handels, auf vermehrte wissenschaftlich-technische Kooperation oder eine Ost-West-Zusammenarbeit bei der Entwicklungshilfe zielen. Der Senat vertraut weiterhin auf die im Vier-Mächte-Abkommen und seinen ergänzenden Vereinbarungen gefundenen Regelungen, die von den alliierten Schutzmächten garantiert werden und Berlin auch künftig eine gesicherte Entwicklung ermöglichen.

Der Transitverkehr zwischen Berlin und Westdeutschland hat sich mit erfreulichen Steigerungsraten fortentwickelt (+ 9 %, vgl. IV. 2.). Durch diese Entwicklung haben die Reisenden eindrucksvoll ihr Vertrauen in die Sicherheit und Zuverlässigkeit des Transitverkehrs bestätigt.

In der Frage eines weiteren Gebietsaustausches konnten mit der DDR keine Fortschritte erzielt werden. Der Senat hofft weiter, daß die Gespräche fortgesetzt und zu einem positiven Abschluß gebracht werden können.

Die Expertengespräche zur Abstimmung der Planungsunterlagen für den Neubau einer zweiten Kammer der Schleuse Spandau wurden fortgeführt. Nachdem die innerpolitischen Diskussionen über dieses Projekt im befürwortenden Sinne beendet sind, ist zu hoffen, daß die Expertengespräche mit der anderen Seite in absehbarer Zeit erfolgreich abgeschlossen werden können. Gespräche mit der Deutschen Reichsbahn über die Anpassung der Südgelände-Vereinbarung von 1974/80 an den Stand der heutigen Entwicklungen zeichnen sich ab.

Schließlich ist Übereinstimmung über die kurzfristige Renovierung des Bahnhofes Zoo erzielt worden.

Am 1. Januar 1986 wurden fristgerecht sogenannte Dritte Reinigungsstufen an zwei Klärwerken in der DDR und einem in Ost-Berlin zum Schutz der Gewässer in und um Berlin in Betrieb genommen. Dadurch erfolgt eine nachhaltige Reduzierung des Phosphatgehaltes von Spree und Unterhavel.

Die Bundesregierung hat ihre Politik des Dialogs und der Zusammenarbeit fortgesetzt und ermöglichte den Abschluß des Abkommens über kulturelle Zusammenarbeit mit der DDR vom 6. Mai 1986 unter Einbeziehung Berlins.

Unter den Kontakten führender westdeutscher Politiker mit der DDR ist aus Berliner Sicht insbesondere herauszuheben die Begegnungen des Bundeskanzlers mit Horst Sindermann und Günter Mittag sowie das Gespräch des Regierenden Bürgermeisters mit dem Staatsratsvorsitzenden Honecker am 16. März 1986 aus Anlaß eines mehrtägigen Besuchs der Leipziger Messe in Begleitung von Senator Pieroth.

Das für die Kontakte zwischen den Menschen in Ost und West wichtigste Ergebnis des Vier-Mächte-Abkommens, die Regelung über den Reise- und Besucherverkehr, hat sich trotz der erkannten Schwierigkeiten wiederum bewährt. Rund 2,1 Mio. Besuche in Ost-Berlin und der DDR zeigen ein anhaltendes, gegenüber dem Vorjahreszeitraum gestärktes Interesse an derartigen Kontakten trotz der Weigerung der DDR, die 1980 verfügte Mindestumtauscherhöhung und -ausweitung rückgängig zu machen. Der Senat wird sich weiterhin um Verbesserungen der Reise- und Besucherverkehrs bemühen. Neben dem Mindestumtausch und den Einreiseverweigerungen, die nach wie vor die Praxis des Besucherverkehrs nachhaltig belasten, steht für den Senat von Berlin die volle Einbeziehung Berlins in die zwischen der Bundesregierung und der DDR vereinbarten, seit 1984 geltenden Verbesserungen des „Kleinen Grenzverkehrs" im Vordergrund:

Beantragung von 2-Tage-Besuchen im Besucherbüro, Verlängerung der Gültigkeitsdauer des Mehrfachberechtigungsscheines auf 6 Monate.

In Vorbereitung der 750-Jahr-Feier Berlins wurden Gespräche zwischen Verantwortlichen für diese Feierlichkeiten in Ost und West aufgenommen. Ziel des Senats ist es, im Jahr 1987 kein Fest der Trennung zu veranstalten, sondern - wo immer es geht - das geschichtlich gemeinsame zu betonen, gegenseitige Hilfe und Rücksichtnahme zu üben und so viel Abstimmung wie möglich zu erreichen. Ob dieses Ziel zu erreichen ist, läßt sich zum gegenwärtigen Zeitpunkt nicht absehen.

Die von der DDR angeordneten Kontrollmaßnahmen von Angehörigen ausländischer Vertretungen in Berlin, die inzwischen auf nachdrückliche Gegenvorstellungen der Schutzmächte und der betroffenen Staaten wieder zurückgenommen wurden, belegen, daß die Meinungsverschiedenheiten zwischen Ost und West über den Status von Groß-Berlin weiter andauern. Es sind keine Anhaltspunkte dafür zu sehen, daß die östliche Seite von ihrer dem Vier-Mächte-Abkommen widersprechenden Interpretation abzugehen bereit ist.

Auch für die Zukunft wird damit zu rechnen sein, daß die Sowjetunion und die DDR weiter versuchen werden, einseitig den Status Berlins zu verändern. Sie müssen dabei jedoch den Zusammenhang jeder Störung mit der Lage in Europa und mit ihren Beziehungen zu den Schutzmächten, zur Bundesrepublik Deutschland sowie den anderen westeuropäischen Staaten und ihren Gemeinschaften in Rechnung stellen. Demgegenüber ist aber ein fortwährendes östliches Interesse an der Teilnahme an international bedeutsamen Veranstaltungen in Berlin festzustellen, soweit dies mit der Berlin-Politik des Warschauer Paktes zu vereinbaren ist.

II. Vier-Mächte-Abkommen

1. Allgemeines

a) Der hohe Stellenwert, den die Schutzmächte und die Bundesregierung Berlin im Rahmen des Ost-West-Verhältnisses beimessen, besteht unverändert fort, ebenso wie andererseits die Lage in und um Berlin weiterhin von dem Gleichgewicht zwischen den beiden Machtblöcken abhängig ist. Die uneingeschränkte Verläßlichkeit und die Kontinuität der alliierten Garantien sind für die Stadt besonders wichtig. Die herzliche Aufnahme, die der französische Staatspräsident Mitterrand bei seinem Besuch (10. Oktober 1985) hier fand, stellte das Vertrauen der Berliner zu ihren Schutzmächten ebenso nachhaltig unter Beweis, wie die des amerikanischen Außenministers (14. Dezember 1985). Die Ausführungen von Präsident Mitterrand zum Status Berlins waren grundlegend und über den Tag hinausreichend. An die Neujahrsbotschaft von Premierministerin Thatcher an die Berliner wird in diesem Zusammenhang erinnert. Die alliierten Berlin-Garantien wurden aber auch im Verlauf des Besuchs des Regierenden Bürgermeisters Eberhard Diepgen in Washington (21. bis 24. Februar 1986) erneut bestätigt.

b) Die Partner der Bundesrepublik Deutschland im Nordatlantischen Bündnis nahmen auf der Ministertagung am 6. und 7. Juni 1985 in Lissabon, am 12. und 13. Dezember 1985 in Brüssel und am 29./30. Mai 1986 in Halifax über ihre förmliche Verpflichtung in bezug auf Berlin hinaus wiederum aufmerksamen Anteil an dem Schicksal der Stadt und unterstrichen zuletzt in der Abschlußerklärung von Halifax die Bedeutung der weiteren Einhaltung des Vier-Mächte-Abkommens über Berlin und, insbesondere angesichts der derzeitigen Lage, der Aufrechterhaltung des freien Verkehrs in der Stadt.

c) Die grundsätzlich gleichbleibenden Unterschiede in der Rechtsauffassung über Berlin zwischen den Schutzmächten und der Sowjetunion bestanden weiterhin fort. Dabei hielt das Bestreben der Sowjetunion und der DDR an, ihre Interpretation des Vier-Mächte-Abkommens bei jeder sich bietenden Gelegenheit zur Wirksamkeit zu bringen. Gleichwohl kann auf eine nunmehr 14jährige Handhabung des Vier-Mächte-Abkommens ohne größere Schwierigkeiten zurückgeblickt werden, zumal die sowjetischen Proteste in bezug auf Berlin in erster Linie der Wahrung von Rechtspositionen dienen. Von den Alliierten wurden sie regelmäßig zurückgewiesen, und die Bundesregierung hat im Rahmen ihrer Zuständigkeiten auf die Beachtung der bestehenden Rechtslage hingewiesen.

d) Die mit Beschluß des DDR-Staatsrats vom 20. Februar 1986 festgelegte Einteilung der Wahlkreise für die Volkskammerwahlen am 8. Juni 1986 und die wiederum in der „Hauptstadt der DDR, Berlin" gebildeten fünf Wahlkreise zielen auf eine Änderung des Status des Ostteils der Stadt ab. Die erneute Direktwahl der Ost-Berliner Volkskammerabgeordneten beeinträchtigt weiterhin das allseitige Interesse an der Aufrechterhaltung einer ruhigen Lage in und um Berlin.

e) Die in der Note des DDR-Ministeriums für Auswärtige Angelegenheiten vom 21. Mai 1986 angekündigten Kontrollmaßnahmen von Angehörigen ausländischer Vertretungen in Berlin (Paßkontrolle bei Verlassen des sowjetischen Sektors bzw. Ausdehnung der Visapflicht bei Tagesbesuchen dort) werden seit dem 26. Mai 1986 durchgeführt, wobei alliiertes Personal davon ausgenommen wird. Die Maßnahmen der DDR sind als Teil einer Strategie anzusehen, die darauf hinzielt, den Status Ost-Berlins als Teil von Groß-Berlin zu verschleiern. Die Außenminister des Nordatlantikpakts haben am 29./30. Mai 1986 in Halifax das bis dahin bekannte Ostberliner Vorgehen sorgfältig geprüft und die erforderlichen Vorkehrungen eingeleitet. Senat und Bundesregierung halten weiterhin an der Forderung fest, daß die Kommunikation innerhalb Berlins nicht erschwert, sondern erleichtert werden muß.

f) Die alliierten Stadtkommandanten verurteilten die anläßlich des 36. Jahrestages der Gründung der DDR am 7. Oktober 1985 in Ost-Berlin durchgeführte Parade der DDR-Volksarmee und die damit erneut verbundene Verletzung des entmilitarisierten Status von Berlin.

2. Bindungen an den Bund

Sicherheit und Lebenskraft Berlins beruhen auf den Garantien der drei westlichen Schutzmächte und auf den Bindungen an den Bund. Beide Bereiche ergänzen sich; unabhängig voneinander könnten sie unter den gegebenen Umständen nicht dauerhaft bestehen.

Die Politik des Bundes und des Senats ist darauf ausgerichtet, die Bindungen Berlins an den Bund unter Beachtung des im Vier-Mächte-Abkommen festgelegten Rahmens aufrechtzuerhalten und zu entwickeln. Die wiederholten Berlin-Aufenthalte des Bundespräsidenten, des Bundeskanzlers und von Bundesministern, Fachministerkonferenzen, Sitzungen von Ausschüssen und Fraktionen des Bundestages, des Bundesrates und von Landesparlamenten stellten erneut ein deutliches Zeugnis für die Enge der Bindungen dar.

Eine Änderung der kritischen Haltung der östlichen Seite gegenüber den verschiedenen Ausdrucksformen der Bindungen - insbesondere der Bundespräsenz in Berlin, der Vertretung der Interessen Berlins im Ausland durch den Bund und der gemeinsamen Teilnahme von Berlinern und Westdeutschen am internationalen Austausch und an internationalen Ausstellungen - war leider nicht zu verzeichnen. Wesentliche neue Schwierigkeiten haben sich jedoch nicht ergeben. Östliche Proteste wurden in der gebotenen Form zurückgewiesen.

3. Vertretung der Interessen Berlins gegenüber dem Ausland

a) Der seit Jahren schwebende Abschluß des Zweijahres-Programms zum Kulturabkommen und des Abkommens über wissenschaftlich-technische Zusammenarbeit sowie des Rechtshilfeabkommens mit der Sowjetunion konnte noch immer nicht erreicht werden.

b) Wiederum sind zahlreiche Repräsentanten fremder Staaten im Rahmen ihrer Besuche in der Bundesrepublik Deutschland nach Berlin gekommen. Neben Vertretern der Schutzmächte sind die Besuche der Präsidenten von Niger, Kountché (4./5. September 1985), und Togo, Eyadéma (29./30. Oktober 1985), des Premierministers von Israel, Peres (29.Januar 1986), des Königs von Spanien, Juan Carlos I. (27. Februar 1986), des Präsidenten von Senegal, Diouf (18./19. März 1986), des portugiesischen Premierministers, Silva (16. April 1986), und des italienischen Staatspräsidenten, Cossiga (25. April 1986), besonders hervorzuheben. Soweit von östlicher Seite beanstandet wurde, daß der Berlin-Aufenthalt im Rahmen eines Besuchs der Bundesrepublik Deutschland stattfand, wurde diese Kritik zurückgewiesen.

c) Die Bedeutung Berlins als Messe-, Festival- und Veranstaltungsort von internationalem Niveau hält weiter an. Zahlreiche internationalen Tagungen, Kongresse und sonstige Veranstaltungen wurden durchgeführt, wobei die Teilnahme von Vertretern aus Osteuropa und aus der DDR/Ost-Berlin wiederum kein grundsätzliches Problem war. Beispielhaft seien erwähnt die 35. Berliner Festwochen vom 4. September bis 2. Oktober 1985, die 36. Internationalen Filmfestspiele Berlin vom 14. bis 25. Februar 1986 und die Internationale Tourismusbörse vom 1. bis 7. März 1986.

Bedauerlicherweise haben die DDR und die Sowjetunion am XI. Weltkongreß für Gynäkologie und Geburtshilfe (15. bis 21. September 1985) nicht teilgenommen. Während die DDR eine Verletzung „wesentlicher Bestimmungen" der Vier-Mächte-Abkommens behauptete, hat die Sowjetische Gynäkologische Gesellschaft ihre Absage damit begründet, daß der Sitz des Kongreßbüros in Frankfurt am Main unvereinbar sei mit den Bedingungen, unter denen internationale Kongresse in Berlin stattfinden können. Beide Begründungen befinden sich nicht in Übereinstimmung mit den einschlägigen Regelungen des Vier-Mächte-Abkommens.

Auch der 7. Kongreß des Verbandes deutscher Schriftsteller (14. bis 16. März 1986) war Gegenstand vergleichbarer östlicher Polemik. Andere wissenschaftliche Veranstaltungen wurden dagegen mehrfach mit Ostblock-Beteiligung durchgeführt.

d) Berlin nimmt seit Gründung der Europäischen Gemeinschaften einen festen Platz in deren Aktivitäten ein. Zahlreiche Veranstaltungen mit EG-Beteiligung, Besuche von EG-Repräsentanten und EG-Gremien sowie die Unterstützung der Gemeinschaft für Projekte in Berlin haben dies auch im vergangenen Jahr bestätigt.

Für 1988 ist Berlin von den im Rat der EG vereinigten für Kultur zuständigen Minister zur „Kulturstadt Europas" ernannt worden.

Brüssel-Besuche des Regierenden Bürgermeisters im Februar 1986 und des Europa-Beauftragten des Senats, Senator Prof. Dr. Scholz, im Juli 1985 bekräftigen die Bindungen Berlins zur Gemeinschaft.

Vom 30. April bis 3. Mai 1986 fand in Berlin der XVI. Europatag der Gemeinden und Regionen statt. Leider sind Vertreter aus östlichen Ländern der Einladung nach Berlin nicht gefolgt.

III. Vereinbarung über den Reise- und Besucherverkehr

1. Durchführung

a) Im Berichtszeitraum sind rd. 2,1 Mio. Besuche nach Ost-Berlin und in die DDR durchgeführt worden (Schätzung). Davon waren rd. 1,70 Mio. Tagesbesuche und 0,40 Mio. Mehrtagesbesuche. Von den Tagesbesuchen wurden rd. 680 000 Besuche (rd. 40 %) als Sofortbesuche mit Mehrfachberechtigungsschein unternommen. Die Gesamtzahl der Besuche seit dem 3. Juni 1972 beträgt damit nahezu 36,70 Mio., vgl. hierzu Anlage 1.

Eine Gegenüberstellung mit dem entsprechenden Zeitraum vor der Mindestumtausch-Erhöhung des Jahres 1980 ergibt weiterhin einen Rückgang bei den Besuchszahlen von 3,04 Mio. auf 2,1 Mio., d. h. um rd. 31 %. Nach rd. 1,67 Mio. Besuchen im Zeitraum 1981/82, rd. 1,66 Mio. Besuchen 1982/83, 1,60 Mio. Besuchen 1983/84 hat sich damit der für 1984/85 mit 1,76 Mio. Besuchen zu verzeichnen gewesene positive Trend weiter fortgesetzt. Die Steigerung gegenüber dem Berichtszeitraum 1984/1985 beträgt im Berichtszeitraum 1985/1986 340 000 Besuche, das sind rd. 19 %.

Ein Grund für diese seit 1984/1985 ansteigenden Besuchszahlen ist möglicherweise die Senkung des Mindestumtausches für Rentner ab 1. August 1984 von 25,– DM auf 15,– DM. Der Senat sieht diese Entwicklung mit Optimismus und hofft, daß sie sich weiter fortsetzt. Seine Orientierungswerte sind dabei Besuchszahlen, wie sie vor der Erhöhung und Ausweitung der Mindestumtauschsätze ab 13. Oktober 1980 mit z. T. weit über 3 Mio. pro Berichtszeitraum zu verzeichnen waren.

b) An Einreisegenehmigungsgebühren sind für die Zeit vom 19. Mai 1985 bis 13. November 1985 aufgrund vorgelegter Abrechnungen rd. 6 Mio. DM an die DDR überwiesen worden. Die aus Mitteln des Bundeshaushalts aufgebrachte Gesamtsumme beträgt seit 1972 212,5 Mio. DM.

c) 1985/86 sind 1 100 Beschwerden über die Handhabung der Reise- und Besuchsregelung erhoben worden, davon 1 028 Beschwerden über Einreiseverweigerungen (s. hierzu unter 3. b) und 72 sonstige Beschwerden (Vorjahreszeitraum 76 Beschwerden). Diese betreffen überwiegend Zollkontrollen. Der seit Mitte 1983 zu beobachtende Rückgang bei den sonstigen Beschwerden hält damit an. Dies zeigt, daß die DDR ihre besucherfreundlichere Haltung auch in diesem Berichtszeitraum fortgesetzt hat.

Die Gesamtzahl der Beschwerden seit 1972 beträgt nunmehr 14 966, das sind unverändert 0,04 % der insgesamt durchgeführten 36,70 Mio. Besuche.

d) Im Berichtszeitraum wurden 10 Berliner während eines Besuches festgenommen, davon zwei unter dem Vorwurf des „Menschenhandels" (Fluchthilfe). Die häufigsten Festnahmen erfolgten 1985/86 wegen ungesetzlichen Aufenthaltes oder Eindringens (3 Festnahmen). Weitere Gründe für Festnahmen waren z. B. Herbeiführung eines schweren Verkehrsunfalles, Spionage, in einem Falle Mord. Im vorangegangenen Berichtszeitraum mit 9 Festnahmen stand der Vorwurf des „Menschenhandels" (Fluchthilfe) an erster Stelle.

Die Gesamtzahl der Festnahmen im Reise- und Besucherverkehr seit dem 3. Juni 1972 beträgt 283. Gegenwärtig sind noch 11 Berliner in Haft; davon 2 wegen des Vorwurfes der Fluchthilfe; 9 wegen sonstiger Straftaten wie z. B. Spionage, ungesetzlichen Aufenthaltes bzw. Eindringens.

e) Seit Juni 1985 haben weitere 4 Gespräche der Beauftragten für den Reise- und Besucherverkehr stattgefunden, in denen die Beauftragte des Senats wiederum vor allem die Rücknahme der Erhöhung und Ausweitung des Mindestumtausches gefordert hat. Die Einreiseverweigerungen sowie der Wunsch weiterer Erleichterungen und Verbesserungen im Reise- und Besucherverkehr, insbesondere auch die **volle** Einbeziehung Berlins **in alle** mit Wirkung vom 1. August 1984 für den sog. „Kleinen Grenzverkehr" geschaffenen Verbesserungen waren weitere Gesprächsthemen. Seit dem 3. Juni 1972 sind insgesamt 162 Beauftragten-Gespräche geführt worden.

f) Im Jahre 1985 sind 609 Touristikreisen durchgeführt worden. Im Vergleich zu 1984 mit 751 Fahrten haben damit 1985 142 Fahrten weniger stattgefunden. Die Zahl der Berliner Teilnehmer an diesen Reisen ist von 27 687 Personen (1984) auf 22 737 Personen (1985) zurückgegangen (Rückgang um 17,9 %).

Diese Entwicklung ist nicht erfreulich. Sie ist darauf zurückzuführen, daß zahlreiche vom Deutschen Reisebüro - DER - angemeldete Sonderfahrten von den Staatlichen Reisebüro der DDR aus Kapazitätsgründen nicht genehmigt worden sind. Ursache war also keinesfalls mangelndes Interesse auf unserer Seite. Der Senat würde es daher sehr begrüßen, wenn die DDR ihre Anstrengungen zur Steigerung der Kapazitäten im touristischen Bereich verstärken würde, um so der Nachfrage genügen zu können. Die positive Bilanz des Jahres 1984, in dem mit 759 Fahrten und 27 687 Teilnehmern die höchste Beteiligung im organisierten Tourismusverkehr seit Inkrafttreten der Reise- und Besuchsregelung im Jahr 1972 zu verzeichnen war, zeigt, daß diese Erwartungen nicht überzogen sind.

g) Die Zahl der im Berichtszeitraum im Reise- und Besucherverkehr benutzten Pkw beträgt rd. 480 000 (geschätzt). Dies ist gegenüber dem Vorbericht mit 450 000 benutzten Pkw ein leichter Anstieg von 6,7 %. Er erklärt sich mit der bereits anfangs erwähnten Steigerung der Besuchszahlen in diesem Berichtszeitraum. (Die im Vorbericht geschätzte Zahl von 425 000 mußte aufgrund der statistischen Endergebnisse korrigiert werden).

2. Verbesserungen

Verbesserungen im Reise- und Besucherverkehr, die vom Senat von Berlin seit Jahren angestrebt werden und die der DDR bekannt sind, konnten trotz Bemühungen des Senats im Berichtszeitraum nicht erreicht werden. Dazu gehören u. a. Vorschläge wie

— weitere bürokratische Erleichterungen wie Erteilung der Einreisegenehmigungen am Übergang
— die Einreise mit Fahrrädern, Motorrädern
— die Mitnahme von Hunden.

Diese Vorschläge hat der Beauftragte des Senats von Berlin für den Reise- und Besucherverkehr zuletzt im Beauftragten-Gespräch am 8. April 1986 wiederholt und Gespräche darüber vorgeschlagen. Die DDR ist dazu weiterhin nicht bereit. Dies gilt gleichermaßen für die volle Einbeziehung Berlins in alle seit dem 1. August 1984 für den „Kleinen Grenzverkehr" bestehenden Verbesserungen. Hier fordert der Senat in Angleichung an die Regelungen im „Kleinen Grenzverkehr" die Verlängerung der Aufenthaltsdauer für Kurzbesuche, die in den Büros für Besuchs- und Reiseangelegenheiten in Berlin (West) beantragt werden, von 1 auf 2 Tage (bis 24.00 Uhr des auf die Einreise folgenden Tages) sowie die Verdoppelung der Geltungsdauer des Mehrfachberechtigungsscheines von 3 Monate auf 6 Monate.

Der Senat und die Bundesregierung werden ihre Bemühungen zur Durchsetzung praxisgerechter und -freundlicher Regelungen sowie für die volle Einbeziehung Berlins in die für den „Kleinen Grenzverkehr" geltenden Verbesserungen fortsetzen.

3. Probleme

a) Die mit Wirkung vom 13. Oktober 1980 einseitig in Kraft gesetzten erhöhten und erweiterten Mindestumtauschsätze stellen trotz steigender Besuchszahlen noch immer die gravierendste Belastung im Reise- und Besucherverkehr dar. Die Befreiung vom Mindestumtausch für Begleitpersonen von Schwerbehinderten (5. Februar 1981), die Befreiung vom Mindestumtausch für Kinder bis zum vollendeten 14. Lebensjahr (27. September 1983) und die Senkung des Mindestumtausches für Rentner (1. August 1984) waren Schritte in die richtige Richtung. Ziel bleibt jedoch weiterhin eine vollständige Rücknahme der seit dem 13. Oktober 1980 erhöhten und erweiterten Mindestumtauschsätze.

b) Das zweite Hauptproblem des Reise- und Besucherverkehrs sind noch immer die Einreiseverweigerungen. In den letzten Jahren, beginnend 1982, ist ein nahezu kontinuierliches Ansteigen der Einreiseverbote zu verzeichnen. 1981 wurden noch 349 Einreiseverbote registriert. 1982 waren es bereits 686, 1983 721, 1984 703, 1985 833 Einreiseverbote. Im Jahre 1986 wurden dem Senat bis zum 31. Mai 513 Einreiseverbote bekannt. Diese Praxis der DDR erklärt sich mit der in den letzten Jahren steigenden Zahl der Übersiedler aus Ost-Berlin und aus der DDR. Ihnen wird nach ihrer Übersiedlung in großer Zahl die besuchsweise Einreise nach Ost-Berlin und in die DDR ohne Begründung abkommenswidrig verweigert.

Von den seit 1972 insgesamt registrierten 7 932 Einreisebeschwerden war die DDR - auch nach Auffassung des Senats - in 1 512 Fällen auf der Grundlage der „Mündlichen Erklärung von Staatssekretär Kohrt" vom 20. Dezember 1971 zur Verhängung der Einreiseverweigerung berechtigt, weil die Betreffenden gegen Gesetze der DDR verstoßen haben. In 6 173 Fällen haben Zweifel und Unklarheiten an den ausgesprochenen Einreiseverweigerungen unter besondere humanitäre Gründe den Senat veranlaßt, eine Überprüfung der Einreiseverweigerungen zu erbitten. 247 Fälle werden z. Z. noch geprüft. 1 151 Fälle sind zwischenzeitlich erledigt. Anhängig sind damit gegenwärtig noch 5 022 Fälle, in denen sich der Senat um eine Überprüfung der Einreiseverweigerungen bemüht.

Der Senat hat gegenüber der DDR auch in den in diesem Berichtszeitraum auf der Ebene der Besuchs-Beauftragten geführten Gesprächen auf die sich kontinuierlich verschlechternde Situation in diesem Bereich hingewiesen und mit Nachdruck verdeutlicht, daß er die nicht zu rechtfertigende Haltung der DDR hinsichtlich der Verhängung von Einreiseverboten auch in Zukunft nicht akzeptieren wird. Er hat darauf gedrungen, dieses Problem endlich einer Lösung zuzuführen. Der Regierende Bürgermeister hat diese Erwartung des Senats in seinem Gespräch mit dem Staatsratsvorsitzenden der DDR am Rande der Leipziger Frühjahrsmesse 1986 bekräftigt und sich eindringlich für die Überwindung des gegenwärtigen Zustandes ausgesprochen, ebenso wie er weitere Fortschritte in der Frage des Mindestumtausches sowie hinsichtlich der seit langem bekannten Verbesserungswünsche des Senats einschließlich der vollen Einbeziehung Berlins in die ab 1. August 1984 für den „Kleinen Grenzverkehr" geltenden Regelungen angemahnt hat.

IV. Verkehr von und nach Berlin

Der Transitverkehr ist für Berlin von lebenswichtiger und stets aktueller Bedeutung. Der Senat von Berlin unterrichtet daher das Abgeordnetenhaus von Berlin regelmäßig über neue Entwicklungen und anstehende Fragen bei der Durchführung des Transitabkommens, obwohl für dessen Durchführung die Bundesregierung – als Vertragspartner der DDR – zuständig ist.

1. Allgemeines

Der Transitverkehr wurde im Berichtszeitraum weitestgehend vertragsgemäß abgewickelt. Engpässe bestehen leider nach wie vor noch im Zusammenhang mit der Abwicklung von Unfällen. Dies gilt vor allem für die Sicherstellung eines zügigen Pannen- und Abschleppdienstes sowie die Bereitstellung von Kommunikationsmöglichkeiten für Pannen- und Unfallbetroffene mit ihren Angehörigen in Westdeutschland oder Berlin. Weiterhin ist die Benachrichtigungspraxis der DDR bei der Zurückweisung von Reisenden nach wie vor verbesserungsbedürftig.

Im Bereich des Binnenschiffsverkehrs wäre aus Gründen der Verkehrssicherheit wünschenswert, daß die DDR die Benutzung der auf den Schiffen installierten Funkgeräte endlich zuläßt.

Die planungsrechtlichen Voraussetzungen für die verkehrsgerechte innerstädtische Anbindung der Autobahn Berlin-Hamburg über den Übergang Heiligensee sind im Berichtszeitraum geschaffen worden. Seit Anfang des Jahres 1986 sind die erforderlichen Bauarbeiten in vollem Gange. Nach den Planungen des Senats werden die Arbeiten im wesentlichen bis Ende 1987 abgeschlossen sein. Diesem Termin kommt insofern besondere Bedeutung zu, als der Übergang Staaken ab 1. Januar 1988 nach der bisherigen Vertragslage für den Transitverkehr nach Westdeutschland von der DDR nicht mehr zugelassen werden wird.

Am 15. August 1985 vereinbarten die Bundesregierung und die Regierung der DDR, daß die DDR unter finanzieller Beteiligung des Bundes an Teilen der Transitautobahn südlich des Hermsdorfer Kreuzes (Richtung Hirschberg/Rudophstein) sowie am Autobahnzubringer vom Übergang Dreilinden zum Berliner Ring eine Grunderneuerung durchführt. Die Baumaßnahmen haben am 15. Januar 1986 begonnen und sollen bis 15. Januar 1988 abgeschlossen sein.

Mit dem Abschluß dieser Arbeiten werden sich die Straßentransitstrecken insgesamt in einem befriedigenden Ausbauzustand befinden. Die Erhaltung der Transitstrecken in einem verkehrsgerechten Zustand obliegt der DDR, so daß in absehbarer Zeit in diesem Zusammenhang keine finanziellen Belastungen mehr auf die Bundesregierung zukommen werden. Der Senat mißt nunmehr einer grundlegenden Verbesserung des Transiteisenbahnverkehrs Priorität zu.

2. Personenverkehr

a) Entwicklung des Berlin-Verkehrs

Der gesamte Personenverkehr von und nach Berlin im Jahre 1985 ist in den Anlagen 2 und 3 dargestellt. Die Gesamtzahl der Reisenden hat sich gegenüber 1984 um 8,6 % erhöht (1984: ca. 26,43 Mio.; 1985: ca. 28,70 Mio.).

Bei dem Transitverkehr gemäß Transitabkommen (Straßen- und Schienenverkehr) ist eine Steigerung von 9 % zu verzeichnen. (1984: 21,78 Mio.; 1985: 23,74 Mio.). Dabei hat der langjährige Trend eines Zuwachses im Straßenverkehr auch 1985 angehalten (+ 9,5 %). Im Schienenverkehr wurde dagegen erstmals wieder eine Steigerung verzeichnet (+ 5,4 %).

Im Luftverkehr erhöhte sich das Passagieraufkommen gegenüber 1984 von 4,29 Mio. (Linienverkehr: 3,71 Mio.; Gelegenheitsverkehr: 0,58 Mio.) auf 4,56 Mio. Passagiere (Linienverkehr: 3,97 Mio.; Gelegenheitsverkehr: 0,59 Mio.) im Jahre 1985. Der Zuwachs beträgt + 6,3 %.

In den ersten vier Monaten des Jahres 1986 ist eine Zunahme des Passagieraufkommens um 3,7 % (Linienverkehr: + 2,9 %; Gelegenheitsverkehr: + 12,1 %) festzustellen.

Die Zahl der am Übergang Waltersdorfer Chaussee vom und zum Flughafen Schönefeld gezählten westlichen Reisenden stieg um 9,1 % von 365 897 (1984) auf 399 266 (1985). Der Senat wird die Entwicklung des Konkurrenzverhältnisses zwischen den Flughäfen Tegel und Schönefeld weiter sorgfältig beobachten.

b) Straßenverkehr

Im Transitverkehr auf der Straße hat sich die Zahl der Reisenden erneut deutlich erhöht: Der Zuwachs gegenüber 1984 (ca. 19,00 Mio. Reisende) betrug 9,5 % (= ca. 1,81 Mio. Reisende); 1985 wurden ca. 20,815 Mio. Reisende gezählt. In den ersten vier Monaten des Jahres 1986 beträgt die Steigerung 5,1 % gegenüber dem Vergleichszeitraum des Vorjahres.

c) Schienenverkehr

Nach Jahren des Rückgangs ist die Zahl der Reisenden im Schienenverkehr 1985 erstmals wieder gestiegen, und zwar um 5,4 %. Während 1984 ca. 2,77 Mio. Reisende gezählt wurden, liegt die Zahl für 1985 bei ca. 2,92 Mio. Reisenden.

In den ersten vier Monaten des Jahres 1986 mußte jedoch bereits wieder eine Abnahme der Fahrgastzahlen verzeichnet werden (− 6,3 %).

Von einer Trendwende im Bahnverkehr kann deshalb nicht gesprochen werden, weil das Verkehrsaufkommen im Berichtszeitraum insgesamt zugenommen hat und der Abstand Schiene/Straße sich eher vergrößert hat.

Maßnahmen zur Hebung der Qualität des Bahnverkehrs (Komfortverbesserung und Fahrzeitverkürzung) haben deshalb für den Senat Priorität, weil die Bahn nur durch eine grundlegende Standardverbesserung verlorene Marktanteile zurückgewinnen kann. In letzter Zeit sind einige Maßnahmen in dieser Richtung verwirklicht worden. Die Deutsche Reichsbahn setzt vor allem Neubauwagen ein (2. Klasse-Abteile mit 6 statt 8 Sitzen). Die Speisewagen sind ebenfalls neuerer Bauart, und die Deutsche Reichsbahn hat mitgeteilt, daß sie künftig nur noch Liegewagen modernsten Standards einsetzen wird.

Die Bundesregierung prüft weitere Verbesserungsmöglichkeiten des Eisenbahnverkehrs von und nach Berlin. Über etwaige Ausbau- bzw. Neubauvorhaben und damit zusammenhängende Fragen der Streckenführung ist bisher nicht entschieden. Zu dem Gesamtkomplex bestehen enge Kontakte zwischen Senat und Bundesregierung. Der Senat hofft, daß die notwendigen Entscheidungen schnell getroffen werden und die erforderlichen Kontakte zwischen Bundesregierung und der Regierung der DDR bald in Gang kommen.

249

3. Güterverkehr

Eine Übersicht über die Entwicklung des Güterverkehrs zwischen Berlin und dem übrigen Bundesgebiet gibt Anlage 4.

Gegenüber dem Vorjahr ist 1985 sowohl bei den Bezügen aus dem übrigen Bundesgebiet (− 0,8 %) als auch bei den Lieferungen (− 1,7 %) insgesamt ein leichter Rückgang zu verzeichnen.

Diese Entwicklung ist auf erhebliche Ladungseinbußen (−21,9 %) der Binnenschiffahrt zurückzuführen. Hier haben sich in erster Linie die eisbedingte Einstellung des Schiffsverkehrs und Niedrigwasserstände stärker ausgewirkt als 1984.

Auf der Schiene kann dagegen eine erfreuliche Zunahme des Ladungsaufkommens (+ 19,0 %) registriert werden. Im Straßengüterverkehr hat sich der kontinuierliche Anstieg der Beförderungsmenge (+ 1,9 %) fortgesetzt.

Auf der Straße wurden 1985 ca. 65,4 % (1984: 63,5 %) der Güter befördert, während der Anteil des Schienenverkehrs ca. 16,7 % (1984: 13,9 %) und der Binnenschiffahrt 17,8 % (1984: 22,6 %) betrugen.

4. Probleme

a) Verdachtskontrollen

1985 lag die Zahl der bekanntgewordenen Verdachtskontrollen bei ca. 22 monatlich. In den ersten vier Monaten des laufenden Jahres ist die Zahl auf ca. 17 monatlich zurückgegangen. Diese Entwicklung ist erfreulich.

Trotz gelegentlicher Probleme in Einzelfällen kann festgestellt werden, daß die Abfertigung durch das DDR-Kontrollpersonal überwiegend in korrekter und freundlicher Form erfolgt.

b) Fluchthilfe

Die DDR hat auch im vorliegenden Berichtszeitraum weiterhin den ungerechtfertigten Vorwurf erhoben, die Bundesregierung verletze die sich aus Art. 17 des Transitabkommens ergebende Verpflichtung, „im Rahmen der allgemein üblichen Vorschriften der Bundesrepublik Deutschland bezüglich der Öffentlichen Ordnung geeignete Maßnahmen zur Verhinderung des Mißbrauchs (zu) treffen".

Von seiten der Bundesregierung sind die Vorwürfe der DDR zurückgewiesen worden. Sie hat dabei dargelegt, daß weder die Bundesregierung noch der Senat von Berlin Fluchthilfeunternehmen unterstützen. Gleichzeitig hat sie unterstrichen, daß die Strafverfolgungsbehörden allen Verstößen gegen geltende Strafgesetze nachgehen und die erforderlichen Maßnahmen zur Strafverfolgung einleiten; dies gilt auch, wenn derartige Delikte im Zusammenhang mit Fluchthilfe stehen. Soweit sich für unsere Ermittlungsbehörden die Notwendigkeit für Rechtshilfeersuchen an die zuständigen Stellen der DDR ergab, hat sich die DDR bisher wenig kooperativ gezeigt.

c) Festnahmen und Zurückweisungen

1985 sind 63 (1984: 68) Personen gemäß Art. 16 Ziff. 2 des Transitabkommens festgenommen worden. 11 Personen wurde Fluchthilfe vorgeworfen. Die überwiegende Zahl der verbleibenden Fälle beruht auf dem Vorwurf der Verkehrsgefährdung durch Trunkenheit und der Herbeiführung von Verkehrsunfällen. In den ersten vier Monaten des Jahres 1986 wurden bisher 19 Festnahmen gezählt.

Die DDR ist nach Art. 16 des Transitabkommens ferner berechtigt, Personen in Mißbrauchsfällen zurückzuweisen. Im Jahre 1985 hat die DDR gegenüber 160 Personen von dieser Möglichkeit Gebrauch gemacht (1984: 153 Personen). Bei weiteren 157 Personen (1984: 167 Personen) erfolgte die Zurückweisung im Wiederholungsfall. In den ersten vier Monaten des Jahres 1986 wurden 99 Zurückweisungen sowie weitere 107 im Wiederholungsfall registriert. Die DDR-Praxis, Reisende zurückzuweisen, die mehrere Verkehrsordnungsstrafen nicht bezahlt haben, hat auch im Berichtszeitraum angehalten.

Anlage 1

**Zahl der Besuche von West-Berlinern
in Ost-Berlin und der DDR**

Zeitraum	Zahl der Besuche in Mio.
Oster- und Pfingst-Besuchsregelung 1972	1,24
4.6.1972 bis 31.5.1973	3,72
1.6.1973 bis 31.5.1974	3,23
1.6.1974 bis 31.5.1975	2,71
1.6.1975 bis 31.5.1976	3,36
1.6.1976 bis 31.5.1977	3,32
1.6.1977 bis 31.5.1978	3,27
1.6.1978 bis 31.5.1979	3,10
1.6.1979 bis 31.5.1980	3,04
1.6.1980 bis 31.5.1981	2,15
1.6.1981 bis 31.5.1982	1,67
1.6.1982 bis 31.5.1983	1,66
1.6.1983 bis 31.5.1984	1,60
1.6.1984 bis 31.5.1985	1,77
1.6.1985 bis 31.5.1986 (geschätzt)	2,10
insgesamt	36,70

Anlage 2

**Reisende von und nach Berlin (West) nach Verkehrsträgern
im Jahre 1985**

		davon entfielen auf			außerdem
Monat	Reisende insgesamt	Straßenverkehr	Eisenbahnverkehr	Luftverkehr	Reisende über den Flughafen Schönefeld
	1	2	3	4	5
Januar	1 439 314	899 392	207 315	309 725	22 882
Februar	1 349 375	879 734	155 654	295 843	18 144
März	2 029 353	1 409 893	205 198	377 133	37 129
April	2 604 524	1 961 140	247 594	361 237	34 553
Mai	2 959 372	2 215 220	278 914	435 056	30 182
Juni	2 739 615	2 030 378	267 883	411 370	29 984
Juli	2 774 721	2 068 754	291 420	371 688	42 859
August	3 307 702	2 526 827	328 416	396 590	55 869
September	2 894 605	2 091 759	278 045	479 745	45 056
Oktober	2 903 715	2 178 076	250 642	442 714	32 283
November	1 904 314	1 325 228	190 676	363 364	25 046
Dezember	1 792 354	1 228 103	220 515	318 457	25 279
Jahr 1985	28 698 964	20 814 504	2 922 272	4 562 922	399 266

Transitverkehr (Straße und Schiene) 1985: 23 736 776
1984: 21 774 458
Steigerung: +9%

Anlage 3

Verkehrszahlen 1957 bis 1985

Jahr	Reisende von und nach Berlin (West) (in Tausend)
1957	4 884
1958	6 584
1959	7 994
1960	8 050
1961	5 740
1962	7 889
1963	9 666
1964	9 833
1965	6 911
1966	9 584
1967	11 114
1968	11 616
1969	10 173
1970	12 505
1971	13 440
1972	15 975
1973	17 566
1974	17 554
1975	18 247
1976	18 836
1977	22 125
1978	22 555
1979	23 098
1980	23 869
1981	23 951
1982	23 927
1983	24 690
1984	26 434
1985	28 699

Anlage 4

Güterverkehr von und nach Berlin (West)
- in tons -

	1985 Bezüge	Lieferungen	zusammen
Eisenbahnverkehr	2 226 750	452 896	2 679 646
Schiffsverkehr	2 297 989	574 576	2 872 565
Straßenverkehr	6 503 665	4 027 791	10 531 456
Luftverkehr	6 849	4 104	10 953
	11 035 253	5 059 367	16 094 620

	1984 Bezüge	Lieferungen	zusammen
Eisenbahnverkehr	1 824 812	427 522	2 252 334
Schiffsverkehr	2 856 978	820 723	3 677 701
Straßenverkehr	6 437 623	3 894 260	10 331 883
Luftverkehr	5 911	2 928	8 839
	11 125 324	5 145 433	16 270 757

Besonders empfehlenswerte Bücher aus unserem Verlagsprogramm:

ESOTERISCHE ASTROLOGIE I
Rahel Bürger

Dieses Buch ist ein Einstieg für jeden, der Interesse an den Grundprinzipen des Lebens hat. Die Autorin hat in erstaunlich leicht verständlicher Weise Zusammenhänge offengelegt, die jedem, der sich damit beschäftigt, die tausend Kleinigkeiten des täglichen Lebens wesentlich erleichtern.

ISBN 3-925756-30-2   DM 24

demnächst erscheint:

ESOTERISCHE ASTROLOGIE II
Rahel Bürger

Die vielfach gewünschte und lange erwartete Fortsetzung von ESOTERISCHE ASTROLOGIE I

ISBN 3-925756-31-0 DM 24

sofort lieferbar:

GÖTTER AUS ZWANG
Rahel Bürger

Eine Frau von 4o schreibt über ihre eigenwillige Art, mit Beziehungen umzugehen. Es werden keine Probleme vertuscht, sondern ungewöhnliche Lösungsmöglichkeiten aufgezeigt.
Autobiographisch, mit Tagebuchauszügen aus dem Jahr 1986

ISBN 3-925756-29-9 DM 36

JAHRESKREIS POSTER

Ein wunderschönes Vierfarbenposter mit den Jahreszeiten. Ein Schmuck für jeden Raum, ein Mandala, ein meditatives Bild und eine anschauliche Information für jeden, der naturverbundener leben will. Kunstdruck, 40 x 50 cm, DM 24,50

in Vorbereitung:

Leben im Gleichgewicht
Rahel Bürger

Durch jahrelange Beobachtung an sich selber und an vielen anderen Menschen hat die Autorin ungewöhnliche Möglichkeiten zur Heilung entdeckt. Theorie und Praxis vereinigen sich in diesem Buch zu einem sinnvollen Ganzen. Es ist nicht nur für Therapeuten interessant, sondern für jeden Menschen, der aktiv an seiner Gesundheit interessiert ist.

ISBN 3-925756-28-0

Bio-Physika

Eingebunden in die hermetische Philosophie wird in dieser Reihe eine Synthese zwischen der heute üblichen Naturwissenschaft und uraltem Menschheitswissen dargelegt.

Durch die Reihe „Bio-Physika"
- wird das Wissen vom Leben erweitert,
- werden Zusammenhänge neu beleuchtet,
- wird die Einheit zwischen Kosmos und Mensch deutlicher.

Zu einem Preis von 9,70 DM bekommen Sie hier fachlich fundiertes Wissen mit praktischen Beispielen zum experimentieren. Die ersten Bände dieser Reihe sind ab Juli 1987 lieferbar.

Lebendige Zahlen
Eckhard Bürger
Ein Weg zum neuen Selbst – Verständnis
ISBN 3-925756-17-5

Belebte Symbole
Rahel Bürger
Antwort aus dem Unbewußten
ISBN 3-925756-18-3

...im Feuer des Lebens
Eckhard Bürger
Leben minus Wissen ist Krankheit plus Erkenntnis ist Heilsein
ISBN 3-925756-19-1

....der Schwung aus der Mitte
Eckhard Bürger
Ein unorthodoxes Pendelbuch
ISBN 3-925756-20-5

.....im Brennpunkt der Kraft
Eckhard Bürger
Erdstrahlen unter die Lupe genommen
ISBN 3-925756-21-3

Bestellungen direkt beim Rahel-Bürger-Verlag oder über den Buchhandel.

ERDSTRAHLEN – WASSERADERN – STÖRFELDER
Dank modernster Computer-Technologie jetzt wissenschaftlich exakt erkennbar! Wir finden den besten Platz für Ihr Bett!

Privatinstitut für Bio-Physik
Eckhard Bürger

Direktauskunft beim R-B-V 0228/25 70 63 Celsiusstr.31 5300 BONN 1